SELECTED CASES DECIDED BY THE INTELLECTUAL PROPERTY COURT OF
THE SUPREME PEOPLE'S COURT OF CHINA

最高人民法院
知识产权法庭
典型案例评析

（第二辑）

最高人民法院知识产权法庭　编写

人民法院出版社 | People's Court Press

图书在版编目（C I P）数据

最高人民法院知识产权法庭典型案例评析. 第二辑 /
最高人民法院知识产权法庭编写. -- 北京 ：人民法院出
版社，2023.12
ISBN 978-7-5109-3929-7

Ⅰ．①最… Ⅱ．①最… Ⅲ．①知识产权法－案例－中
国 Ⅳ．①D923.405

中国国家版本馆CIP数据核字(2023)第201359号

最高人民法院知识产权法庭典型案例评析（第二辑）
最高人民法院知识产权法庭 编写

策划编辑	兰丽专	
责任编辑	丁塞峨	
出版发行	人民法院出版社	
地　　址	北京市东城区东交民巷 27 号 （100745）	
电　　话	（010）67550656（责任编辑）　　67550558（发行部查询）	
	65223677（读者服务部）	
客 服 QQ	2092078039	
网　　址	http：//www. courtbook. com. cn	
E － mail	courtpress@ sohu. com	
印　　刷	天津嘉恒印务有限公司	
经　　销	新华书店	

开　　本	787 毫米×1092 毫米　1/16	
字　　数	390 千字	
印　　张	23. 75	
版　　次	2023 年 12 月第 1 版　2023 年 12 月第 1 次印刷	
书　　号	ISBN 978-7-5109-3929-7	
定　　价	98. 00 元	

编 者 按

    最高人民法院知识产权法庭成立以来高度重视案例研究和规则提炼，不断聚焦技术类知识产权和垄断审判领域难点热点，充分利用集中审理全国技术类知识产权和垄断民事、行政二审案件的制度优势，切实发挥典型案例引领示范作用，及时发现司法实践亟待解决的鲜活问题，积极探索行之有效的处理方案，回应社会关切。

    最高人民法院知识产权法庭从 2021 年审结的 3460 件案件中，精选 46 案，由承办法官对典型案例作深入评析，以进一步明晰裁判要旨所蕴含的司法理念、审理思路。

最高人民法院知识产权法庭

2023 年 11 月

目录 | CONTENTS

1. 以"合理"为出发点和落脚点解释权利要求用语的含义

——上诉人西门子（深圳）磁共振有限公司与上诉人国家知识产权局、上海联影医疗科技有限公司发明专利权无效行政纠纷案

【裁判要旨】

专利授权确权案件中，人民法院应当以"合理"为出发点和落脚点，依据所属技术领域的技术人员在阅读权利要求书、说明书及附图后所理解的通常含义，结合本专利的发明目的，确定权利要求的用语的含义。

【案号】

一审：北京知识产权法院（2018）京 73 行初 1404 号

二审：最高人民法院（2019）最高法知行终 61 号

【案情】

上海联影医疗科技有限公司（以下简称联影公司）是专利号为 201310072198. X、名称为"平面回波成像序列图像的重建方法"发明专利的专利权人。西门子（深圳）磁共振有限公司（以下简称西门子公司）以本专利不具备权利要求不清楚、得不得说明书支持、不具备实用性、新颖性、创造性为由，向国家知识产权局提出无效宣告请求。国家

知识产权局作出决定认为：（1）本专利具备实用性，符合专利法第二十二条第四款的规定；（2）本专利权利要求清楚，且能够得到说明书的支持，符合专利法第二十六条第四款的规定；（3）本专利权利要求1中"通过所述参考回波信号计算出需要对所述平面回波成像数据进行校正的参数"中的"计算"应解释为直接计算，对比文件1为间接计算，未公开本专利权利要求1的技术方案，故本专利权具备新颖性，符合专利法第二十二条第二款的规定；（4）本专利具备创造性，符合专利法第二十二条第三款的规定。综上，专利复审委员会决定维持本专利有效。

西门子公司不服，向北京知识产权法院提起诉讼，请求撤销该决定，并责令国家知识产权局重新作出决定。主要理由为：（1）被诉决定有关本专利权利要求1、2具备新颖性的认定错误。（2）被诉决定有关本专利权利要求2、5及其从属权利要求清楚的认定错误。（3）被诉决定有关本专利权利要求2、5及其从属权利要求能够得到说明书支持的认定错误。（4）被诉决定有关本专利权利要求2、5及其从属权利要求具备创造性的认定错误。

北京知识产权法院经审理认为：（1）本专利权利要求2、5及其从属权利要求清楚，能够得到说明书。（2）关于对本专利权利要求1中"计算"的解释，应遵循最大合理解释原则，不应将"计算"进行缩限解释，"计算"应解释为所有采集三个不同极性的参考回波信号并以此来计算校正参数的计算，本专利权利要求1的技术特征已被对比文件1公开。本专利不具备新颖性。鉴于被诉决定是在本专利权利要求1具备新颖性的基础上，得出其从属权利要求2、5、12也具备新颖性的结论，国家知识产权局应当在对权利要求1的新颖性问题重新进行审查后，再对相关权利要求是否具备新颖性进行审查，一审法院不予以评述。（3）不宜跳过新颖性问题迳行对权利要求2、5及其从属权利要求的创造性问题进行评述。综上，一审法院判决撤销被诉决定，国家知识产权局重新作出决定。

西门子公司、国家知识产权局、联影公司均不服一审判决，提起上诉。西门子公司的上诉请求为：纠正（2018）京73行初1404号行政判决书中的事实认定和法律适用错误。事实和理由为：原审判决对本专利权利要求 2、5 的保护范围解释不清，不应限定"零次项相位偏差因子"和"一次项相位偏差因子""零次项相位偏移因子"和"一次项相位偏移因子"具体的计算方法。国家知识产权局和联影公司的上诉请求为：撤销原审判决；维持被诉决定；驳回西门子公司原审全部诉讼请求。事实和理由为：原审法院用最大合理解释原则来解释本专利权利要求 1 中"计算"一词系法律适用不当，"最大合理解释"原则必须满足"合理"这一条件。本专利权利要求 1 中的"计算"应解释为"直接计算"。

【裁判】

最高人民法院二审认为：

（1）关于本专利权利要求 1、2 是否具备新颖性在该问题上，当事人的争议焦点在于如何解释本专利权利要求 1 "通过所述参考回波信号计算出需要对所述平面回波成像数据进行校正的参数"中的"计算"一词。二审认为，对"计算"一词的解释，不应当简单以其字面含义为准，而应当以本领域技术人员阅读权利要求书和说明书及附图后的理解为准。在适用所谓的最大合理原则解释权利要求时，应当在权利要求用语最大含义范围内，以"合理"解释为出发点和落脚点。结合本专利发明目的、说明书及附图对"计算"的解释与说明可知，本专利中"计算"一词并不包括所有可能的计算方式，而是有其特定含义。首先，本专利在背景技术及发明内容部分指出，现有技术通过第一个和第二个回波信号计算出相位差异，把这些相位差作为校正量来校正采集到的图像数据，并不能有效消除 N/2 伪影；二维相位校正法消除 N/2 伪影的效果虽比较好，但序列采集时间延长，平面回波成像序列失去了快速成像的优点。正因如此，本专利为了克服上述缺陷，意在提供一种更为精准的平面回波成像序列的图像重建方法。可见，本专利的发明目的已经明确排除了两个回波信号计算相位差异因而损失相位信息的计算方法。其次，本领域技术人员通过阅读说明书及附图能够理解，本专利权利要求 1 中的"计算"是不损失相位以及其他信息情况下的直接计算，不应当将"计算"一词根据字面含义进行解释。对比文件 1 虽也采集三个参考回波信号，即第一参考回波 S_1^+、第二参考回波 S_2^- 和第三参考回波 S_3^+，但其所公开的计算过程为：先将第一参考回波 S_1^+ 和第三参考回波 S_3^+ 计算得到一个插值回波 S_2^+，再利用该插值回波 S_2^+ 和第二参考回波 S_2^- 计算出校正参数。这种计算方式将损失第一参考回波 S_1^+ 和第三参考回波 S_3^+ 中的部分信息，导致校正的精准度有所欠缺，而这正是本专利所要避免的。可见，对比文件 1 中的"计算"与本专利权利要求 1 中的"计算"并不相同，并没有公开本专利权利要求 1 中不损失相位信息及其他信息情况下的直接计算方式。因此，本专利权利要求 1 未被对比文件 1 公开，应当认定具备新颖性。基于本专利权利要求 1 具备新颖性，引用权利要求 1 的从属权利要求 2 亦当然具备新颖性。

（2）关于如何解释本专利权利要求 2 中的"零次项相位偏差因子""一次项相位偏差因子"及权利要求 5 中的"零次项相位偏移因子""一次项相位偏移因子"。二审法院认为：上述词汇并非本领域技术人员所知晓的具有明确含义的技术术语。在此情况下，应当以所属技术领域的技术人员在阅读权利要求书、说明书及附图后所理解的通常含义界定权利要求自创术语的含义。说明书［0083］～［0089］段对"零次项相位偏差因子""一次项相位偏差因子""零次项相位偏移因子""一次项相位偏移因子"的具体计算方式进行了界定，上述用语具有特定物理含义。［0089］段只是对"一次项相位偏差因子""零次项相位偏差因子""一次项相位偏移因子""零次项相位偏移因子"的含义进行界定所需考虑的因素之一，还应结合［0083］～［0088］段的记载综合考虑，不应仅用［0089］段的记载解释上述用语的含义。

（3）关于本专利权利要求 2、5 及其从属权利要求是否具备创造性。对比文件 2、3 或 4 未公开本专利权利要求 2 的附加技术特征，进而无法与对比文件 1 结合去评价权利要求 2 的创造性；对比文件 5 或 6 未公开本专利权利要求 5 的附加技术特征，进而无法与对比文件 1 结合去评价权利要求 5 的创造性。被诉决定认定权利要求 2、5 及其从属权利要求具备创造性，并无不当。

综上，最高人民法院判决撤销一审判决，驳回西门子公司的诉讼请求。

【评析】

发明和实用新型专利权的保护范围以权利要求为准。权利要求是以文字记载的发明或实用新型专利权所要求保护的技术方案。文字表达具有局限性，同样的文字不同的人可能产生不同的理解。因此，对于发明和实用新型专利，无论是在授权确权案件中，还是在侵权案件中，通常都会涉及对权利要求的解释问题。

一、权利要求用语解释依据的适用顺序

专利法第五十九条规定："发明或者实用新型专利权的保护范围以其权利要求的内容为准，说明书及附图可以用于解释权利要求的内容。"《最高人民法院关于审理专利授权确权行政案件适用法律若干问题的规定（一）》第二条规定："人民法院应当以所属技术领域的技术人员在阅读权利要求书、说明书及附图后所理解的通常含义，界定权利要求的用语。权利要求的用语在说明书及附图中有明确定义或者说明的，按照其界定。"《最高人民法院关于审理侵犯专利权纠纷案件应用法律若干问题的解释》第二条规定："人民法院应当根据权利要求的记载，结合本领域普通技术人员阅读说明书及附图后对权利要求的理解，确定专利法第五十九条第一款规定的权利要求的内容。"第三条规定："人民法院对于权利要求，可以运用说明书及附图、权利要求书中的相关权利要求、专利审查档案进行解释。说明书对权利要求用语有特别界定的，从其特别界定。以上述方法仍不能明确权利要求含义的，可以结合工具书、教科书等公知文献以及本领域普通技术人员的通常理解进行解释。"

可见，我国法律及司法解释均将说明书及附图作为解释权利要求的首要依据。权利要求是在说明书所记载的技术内容下限定的本专利所要

求保护的技术方案，权利要求的语言文字也是在说明书语境下撰写的。说明书是完整理解发明或实用新型必不可少的技术内容。要正确理解权利要求用语的含义，离不开对说明书及附图的解读。此外，专利审查档案也是解释权利要求的重要依据。通过审查专利申请人或专利权人在授权确权程序中的意见陈述、修改记录等，确定专利申请人或专利权人对技术方案的真实的保护意图，合理适用禁止反悔原则，避免专利权人在专利授权确权程序中主张较大的保护范围，而在专利侵权案件中主张较小的保护范围，从而两头获利。通常情况下，专利说明书、附图及专利审查档案这些内部证据足以解决权利要求解释的问题。只有在依据内部证据仍无法确定权利要求用语的含义的，才需要依靠外部证据，即工具书、教科书等公知文献及本领域普通技术人员的通常理解来解释权利要求。也就是说，在适用顺序上，如果说明书及附图对权利要求用语有明确定义或说明的，应当按照其界定的含义进行解释；如果说明书及附图中没有明确定义或说明，应首先适用内部证据，即说明书、附图及专利审查档案等；如果依据内部证据仍然无法解释权利要求的，则再适用外部证据进行解释。

二、发明目的在权利要求解释中的作用

发明或实用新型专利权保护的是为解决一定技术问题而采用的技术方案。发明或实用新型的发明目的和效果均通过说明书来反映。说明书所记载的发明的目的和所能产生的效果对于解释权利要求具有重要的作用。除非有证据证明说明书所记载的发明目的并非本专利技术方案实际解决的技术问题，则对权利要求用语的解释，应符合说明书中所描述的本专利的发明目的。即使在通过内部证据无法解释权利要求而通过外部证据来进行解释时，对权利要求用语的解释也不得与本专利说明书所记载的发明目的背道而驰。

三、以"合理"为出发点和落脚点解释权利要求用语的含义

对权利要求中的用语，应以所属技术领域的技术人员的角度进行解

释，但必须以"合理"为出发点和落脚点。所谓"合理"，即不能仅仅依据权利要求中用语的字面含义进行解释或依据所属领域技术人员对该用户的通常理解一味作最大范围的解释，而应当将权利要求用语置于说明书的语境中，以所属技术领域技术人员在阅读说明书、附图及专利审查档案等后对本专利的理解，结合本专利的发明目的进行解释。在此过程中，应注意合理限度，既也要避免脱离说明书、附图等所确定的本专利语境而孤立地理解权利要求。一方面应当避免脱离本专利说明书的语境而单纯根据权利要求用语的字面意思孤立地理解权利要求用语的含义，或将其含义范围一味最大化，不适当地扩大专利权的保护范围；另一方面，也要避免把说明书中的具体实施方式或从属权利要求的技术特征读入要解释的权利要求中去，不恰当地缩小专利权的保护范围。以"合理"为出发点和落脚点解释权利要求用语的含义，可以使对权利要求的理解更加精确和严谨，更加符合本专利的发明目的。本案中，无论是对本专利权利要求1中"计算"的解释，还是对权利要求2中的"零次项相位偏差因子""一次项相位偏差因子"、权利要求5中的"零次项相位偏移因子""一次项相位偏移因子"的解释均遵循了这一原则。

（撰写人：徐飞，最高人民法院知识产权法庭法官）

2. 限定机械部件数量的数值范围技术特征的新颖性评价

——上诉人苏某芳与被上诉人国家知识产权局发明专利申请驳回复审行政纠纷案

【裁判要旨】

限定机械部件数量的数值范围是自然数区间，其区别于长度等具有连续性物理量的数值范围；限定机械部件数量的数值范围技术特征原则上应当视为并列技术手段的集合而非一个技术手段，当对比文件仅公开其中一个或者部分数量时，不足以认定该对比文件已经直接公开了该技术特征所限定的其余并列技术手段。

【案号】

一审：北京知识产权法院（2019）京 73 行初 12584 号

二审：最高人民法院（2021）最高法知行终 349 号

【案情】

在上诉人苏某芳与被上诉人国家知识产权局发明专利申请驳回复审行政纠纷一案中，涉及申请号为 201410141800.5，名称为"三轮摩托车、电动三轮车及柴油三轮车辆的人力制动构造"的发明专利申请，申请人为苏某芳。本申请权利要求 1 的内容为："1. 一种三轮摩托车的后轮人力行车制动构造，它至少包含二个杠杆，各杠杆之间动力臂与阻力臂按顺序连接，其特征是：使第一个杠杆的动力臂除以该第一个杠杆上的单独一个阻力臂所得的商为：5.7≤商<5.9。"

经实质审查，国家知识产权局原审查部门作出驳回决定，驳回了本申请，并引用了对比文件1：CN102826155A。该对比文件的公开日为2012年12月19日，其公开了一种三轮摩托车及电动三轮车的后轮拉杆式行车制动构造，并具体公开如下技术特征：包括四个杠杆：由位于两个后轮制动底板上的各一个摆臂杠杆（摆臂5和凸轮轴6组成的杠杆），一个位于驾驶员脚下的踏板杠杆（踏臂1和踏杆2组成的杠杆）和一个位于该三个杠杆之间的中间杠杆（摇臂3和摇杆4组成的杠杆）组成，驾驶员脚下的杠杆的阻力臂（踏杆2）与中间杠杆的动力臂（摇臂3）用拉杆20连接，中间杠杆的两个阻力臂（摇杆4）分别与两个后轮制动底板上的杠杆的动力臂（摆臂5）用拉杆21和拉杆22连接（即各杠杆之间动力臂与阻力臂按顺序连接）；$D = \frac{E}{e} \times \frac{R}{2r} \times \frac{C}{c}$ 这一公式，根据公式定义，E表示第一个杠杆的动力臂，e表示第一个杠杆的阻力臂；对比文件1还给出了多个计算实施例，其中放大倍数D为25.2时，E/e=5.824。

国家知识产权局作出第183664号复审请求审查决定（以下简称被诉决定），以本申请权利要求1~10所涉技术方案或不具备新颖性，或不具备创造性为由，维持原驳回决定。苏某芳不服，向北京知识产权法院提起诉讼，请求撤销被诉决定。

【裁判】

北京知识产权法院认为：本申请权利要求1、3、4、5、7、9包括"至少包含二个杠杆""使第一个杠杆的动力臂除以该第一个杠杆上的单独一个阻力臂所得的商"在内的全部技术特征均被对比文件1公开，上述权利要求所要保护的技术方案不具备专利法（2008年修正）第二十二条第二款规定的新颖性。权利要求2、6、8与对比文件1关于上述商值的区别特征，系本领域技术人员无需付出创造性劳动即可得到的，故均不具备创造性。此外，权利要求 10 也不具备创造性。一审法院于 2020 年 9 月 18 日作出判决：驳回苏某芳的诉讼请求。

苏某芳不服，向最高人民法院提起上诉，主张本申请与对比文件 1 在包含的杠杆数量等技术特征方面存在不同，不能依照数值和数值范围的审查原则来判断本申请的新颖性。

最高人民法院二审认同一审判决和被诉决定对本申请权利要求 2、6、8、10 的创造性判断，但认为对本申请权利要求 1、3、4、5、7、9 进行新颖性判断时，应区分为"包含四个杠杆"技术特征与"包含非四个杠杆"技术特征的两种情形。

最高人民法院认为：

机械部件的数量是自然数，这与长度、温度、压力、含量、时间等具有连续性的物理量存在区别，故对于限定机械部件数量的数值范围技术特征的理解，应当区别于限定具有连续性的物理量的数值范围技术特征。对于后者，其应视为一个技术特征，当对比文件公开的数值或者数值范围落在上述限定的技术特征的数值范围内，即可认定对比文件已经公开了该技术特征。但是对于限定机械部件数量的数值范围技术特征，应当视为并列技术手段的集合，当对比文件仅公开其中一个或者部分数量时，不足以认定该对比文件已经公开了该技术特征所限定的其余并列技术手段。

本案中，本申请权利要求中关于"使第一个杠杆的动力臂除以该第一个杠杆上的单独一个阻力臂所得的商"技术特征，其中的商值是一个具有连续性质的物理量的比值，亦具有连续的性质，故本申请权利要求限定的商值范围，应视为一个技术特征。但本申请权利要求中"至少包含二个杠杆"数值范围技术特征限定的对象是杠杆数量，故该技术特征应当视为并列技术手段的集合。

就本申请权利要求 1、3、4、5、7、9 中采用四个杠杆的技术方案而言，对比文件 1 公开的杠杆数量为四个，关于杠杆数量技术特征已经被对比文件 1 直接公开。关于商值范围技术特征，因对比文件 1 公开的数值均落在本申请上述权利要求各自限定的连续数值范围内，故根据有关连续性数值范围技术特征新颖性判断规则，对比文件1公开了本申请上述权利要求所限定的商值范围技术特征。故本申请权利要求1、3、4、5、7、9中采用四个杠杆技术方案的全部技术特征均已被对比文件1所公开，从而不具备新颖性。

但在无证据证明本申请权利要求1、3、4、5、7、9中非四个杠杆的技术手段与四个杠杆的技术手段之间存在惯用手段直接置换关系的情况下，本申请权利要求的非四个杠杆技术方案与最接近的现有技术公开的四个杠杆技术方案之间存在明显区别。被诉决定和原审判决忽略了杠杆数量技术特征的区别，认为对比文件1已经公开本申请权利要求1、3、4、5、7、9的所有技术特征，从而认定不具备新颖性，本质上属于遗漏区别技术特征，或者是将本申请的"至少包含二个杠杆"的技术特征，等同于限定具有连续性物理量的数值范围技术特征，从而认定现有技术的"四个杠杆"公开了本申请"至少包含二个杠杆"的技术特征，并最终作出非四个杠杆的技术方案不具备新颖性的不当认定，应予纠正。鉴于该不当认定并未影响到本申请不应予以授权的最终结论，故被诉决定以及一审判决可予以维持。

最高人民法院在纠正新颖性判断论述的基础上，于2021年6月27日作出判决：驳回上诉，维持原判。

【评析】

一、关于新颖性的审查原则

本案为发明专利申请驳回复审行政纠纷，因本申请的申请日在2008年修正的专利法实施期间，故本案应适用2008年修正的专利法。该法第二十二条第二款规定："新颖性，是指该发明或者实用新型不属于现有技术；也没有任何单位或者个人就同样的发明或者实用新型在申请日以前向国务院专利行政部门提出过申请，并记载在申请日以后公布的专利申请文件或者公告的专利文件中。"据此，授予专利权的发明和实用新型应当具备新颖性。因此，申请专利的发明和实用新型具备新颖性是授予其专利权的必要条件之一。

进行新颖性判断时，应采取单独对比原则，判断被审查的技术方案是否与对比文件的技术方案实质上相同，如果专利申请与对比文件公开的内容相比，其权利要求所限定的技术方案与对比文件公开的技术方案实质上相同，所属技术领域的技术人员根据两者的技术方案可以确定两者能够适用于相同的技术领域，解决相同的技术问题，并具有相同的预期效果，则认为两者为同样的发明或者实用新型。所谓单独对比，是指在对比时，应当将发明或者实用新型专利申请的各项权利要求分别与每一项现有技术的内容单独地进行比较，这与创造性的判断方法有所不同。

二、关于数值和数值范围的新颖性审查规定

《专利审查指南》第二部分第三章3.2.4对"数值和数值范围"作了具体的审查规定："如果要求保护的发明或者实用新型中存在以数值或者连续变化的数值范围限定的技术特征，例如部件的尺寸、温度、压力以及组合物的组分含量，而其余技术特征与对比文件相同，则其新颖性的判断应当依照以下各项规定。（1）对比文件公开的数值或者数值范围落在上述限定的技术特征的数值范围内，将破坏要求保护的发明或者实用新型的新颖性。（2）对比文件公开的数值范围与上述限定的技术特征的数值范围部分重叠或者有一个共同的端点，将破坏要求保护的发明或者实用新型的新颖性。"

三、限定机械部件数量的数值范围的新颖性评价

在本案中，以权利要求1为例，其记载的内容为："1.一种三轮摩托车的后轮人力行车制动构造，它至少包含二个杠杆，各杠杆之间动力臂与阻力臂按顺序连接，其特征是：使第一个杠杆的动力臂除以该第一个杠杆上的单独一个阻力臂所得的商为：$5.7 \leq 商 < 5.9$。"

对比文件1公开了一种三轮摩托车及电动三轮车的后轮拉杆式行车

制动构造，其具体公开如下内容：包括四个杠杆；根据说明书记载的公式定义能够计算出说明书已公开的"第一杠杆的动力臂除以第一杠杆上的单独一个阻力臂所得的商"具体数值有 4.88、5.824、6.24、6.656、7.39、10.4。

由以上可知，本申请存在两个与数值和数值范围相关的技术特征，其一为"至少包含二个杠杆"，其二为"使第一个杠杆的动力臂除以该第一个杠杆上的单独一个阻力臂所得的商"。其中，第一个特征所涉数值是"≥2"，第二个特征所涉数值是"5.7≤商<5.9"。而对比文件 1 公开的数值为"包括四个杠杆"中的"4"，以及具体的商值"5.824"，从表面上看来，这两个数值分别落在本申请权利要求 1 限定的技术特征的数值范围"≥2"和"5.7≤商<5.9"内，将破坏要求保护的发明的新颖性。

但显然，本申请所涉的两个与"数值和数值范围"相关的技术特征，结合到技术方案中看，是存在区别的。前者与杠杆数量相关的数值，是与机械部件相关的，只能是一种自然数，而且是有限、可数的，这与长度、温度、压力、含量、时间等具有连续性的物理量不同，后者区间范围的数值使得其并不十分确定。对限定机械部件数量的数值范围技术特征的理解，也应当区别于限定具有连续性的物理量的数值范围技术特征。后者能够视为一个技术特征，按照《专利审查指南》的新颖性审查规定作出判断。但前者应当视为并列技术手段的集合，当对比文件仅公开其中一个数量时，并不足以认定该对比文件已经公开了该技术特征所限定的其余并列技术手段。

（撰写人：佘朝阳，最高人民法院知识产权法庭法官）

3. 新颖性审查中单独对比原则的适用以及对比文件公开内容的认定

——上诉人巴斯夫涂料有限公司与被上诉人国家知识产权局专利申请驳回复审行政纠纷案

【裁判要旨】

如果本领域技术人员对一份现有技术文献作整体性解读后可以直接地、毫无疑义地确定，记载于该文献不同部分的技术内容之间存在属于同一技术方案的逻辑关系，将该不同部分的技术内容共同构成的技术方案作为新颖性判断的比对对象，不违反单独比对原则。

同一现有技术文献所记载的特定技术方案内容与其所记载的其他关联内容存在矛盾，本领域技术人员完整阅读文献后，结合公知常识亦不能作出合理解释或者不能判断其正误的，可以认定该现有技术文献未公开上述特定技术方案。

【案号】

一审：北京知识产权法院（2019）京 73 行初 14577 号
二审：最高人民法院（2021）最高法知行终 83 号

【案情】

上诉人巴斯夫涂料有限公司（以下简称巴斯夫公司）与被上诉人中

华人民共和国国家知识产权局（以下简称国家知识产权局）发明专利申请驳回复审行政纠纷案中，涉及申请号为 201510452769.1、名称为 "水不溶性的碱式硝酸铋在可阴极沉积的电泳漆中作为交联催化剂用于降低电泳漆的烘烤温度的用途" 的发明专利申请。巴斯夫公司认为：（1）国家知识产权局作出的第 183507 号复审请求审查决定（以下简称被诉决定）违反了新颖性判断中的单独比对原则。被诉决定在评述本申请权利要求 1 的新颖性时引用了专利号为 EP1518906A1 的欧洲专利（以下简称对比文件 1）多个不同技术方案结合起来与本申请权利要求 1 进行对比。（2）对比文件 1 并未公开在电泳漆的制备中使用水不溶性的碱式硝酸铋。综上，本申请权利要求 1 相对于对比文件 1 具备专利法第二十二条第二款规定的新颖性。一审法院认为：（1）被诉决定引用对比文件 1 的多个段落涉及的技术特征组成一个单独、完整的技术方案，而并非将不同技术方案的特征进行再次组合，因此被诉决定没有违反新颖性的单独对比原则；（2）对比文件 1 实施例之一即为采用了水不溶性的碱式硝酸铋的技术方案，虽然存在与其说明书 "发明内容" 的部分所描述的要采用水溶性金属硝酸盐的技术方案存在前后不一致的问题，但本领域技术人员可以将上述问题理解为对比文件 1 对水溶性硝酸盐涵盖范围进行了重新定义，因此对比文件 1 客观公开了本申请技术方案。据此，维持了驳回本申请的被诉决定。巴斯夫公司不服，向最高人民法院提起上诉，主张被诉决定和一审判决关于本申请是否具备新颖性的判断方法和结论错误，应当予以撤销。最高人民法院于 2021 年 11 月 2 日判决撤销一审判决和被诉决定，国家知识产权局就本申请重新作出复审请求审查决定。

【裁判】

一审法院认为：

（1）被诉决定关于新颖性判断是否违反了单独对比原则。本申请权利要求 1 限定的内容涉及电泳漆的组成和制备方法，其由不同的技术特征构成一个完整的技术方案。虽然对比文件 1 实施方案详述是对总体技术方案的详细描述，其中关于组成、制备方法有多种选择，但是通过分析可知，对比文件 1 所涉及组成、制备方法等技术特征的多种选择构成了本领域技术人员可以预期的有限多个具体的技术方案，被诉决定引用对比文件 1 的多个段落涉及的技术特征组成一个单独、完整的技术方案，只是属于该有限多个具体技术方案中的一个，而并非将不同技术方案的特征进行再次组合，因此被诉决定关于新颖性的判断没有违反单独对比原则。巴斯夫公司的相关理由缺乏依据，一审法院不予支持。

（2）对比文件 1 是否公开了"在电泳漆的制备中不使用水溶性的硝酸铋"。首先，根据对比文件 1 说明书公开的内容，对比文件 1 对于水溶性硝酸盐范围的理解是包括碱式硝酸铋的，虽然该理解不同于本领域对碱式硝酸铋是非水溶性的认知，但是基于对比文件 1 对于碱式硝酸铋的定义，本领域技术人员可以理解为对比文件 1 对水溶性硝酸盐所涵盖范围进行了重新定义，并不会因为该定义与本领域常规认识不一致就认为对比文件 1 没有公开碱式硝酸铋。其次，根据对比文件 1 说明书的记载，无论是水溶性还是水不溶性金属硝酸盐均可以解决粘合力不足的技术问题，对比文件 1 在提高粘合力上并未排除使用水不溶性金属硝酸盐（碱式硝酸铋）的教导。再次，对比文件 1 客观上公开了碱式硝酸铋，对应本申请中的水不溶性碱式硝酸铋，以及在电泳漆的制备中不使用水溶性的硝酸铋。综上，对比文件 1 公开了"在电泳漆的制备中不使用水溶性的硝酸铋"。

一审法院判决：驳回巴斯夫公司的诉讼请求。

二审法院认为：

（1）关于被诉决定是否违反单独对比原则。在新颖性判断中遵循单独对比原则的意义在于，能够确保与专利要求保护的技术方案进行对比的现有技术属于申请日之前已客观存在的技术方案。如果用于与专利技术方案对比的技术方案是由若干个现有技术组合而得到的、仅存在于观念中的技术方案，则这种对比方式及其判断结论的性质，已经超出新颖性判断的范畴，而属于创造性判断的范畴。基于此，新颖性判断过程是否遵循单独对比原则，取决于与专利技术方案进行对比的技术方案是否确属于申请日前已经公开并客观存在的技术方案，而不在于该技术方案在现有技术文献中的记载方式。如果本领域技术人员对一份现有技术文献进行整体性地解读后可以直接地、毫无疑义地确定，那些记载于该文献不同部分的各技术内容之间存在着归属于同一技术方案的逻辑关系，则可以认定由前述各技术内容共同构成的整体技术方案即为该现有技术文献公开的技术方案，将专利权利要求与上述各技术内容共同构成的整体技术方案相比较，不违反单独对比原则。本案中，对比文件1系一份欧洲专利文献，该专利文献所记载的是一种"通过阴极电沉积涂覆在导电基材上制备涂层的方法"。被诉决定所引用对比文件1的说明书相关内容，虽然没有在对比文件1中予以集中记载，而且属于从各具有可选步骤中分别择取的部分技术内容，但本领域技术人员在系统性地解读对比文件1后容易理解，上述分散在各段中的技术内容，系对比文件1所要保护的专利技术方案的各组成部分，彼此之间存在着归属于同一技术方案的逻辑关系。因此，被诉决定所引用的对比文件1说明书中公开的相关内容所共同构成的整体技术方案，应认定为属于在本申请优先权日前即已被对比文件1公开的技术方案，而不应当被认定为系在多个现有技术方案的基础上重新组合而成的新的技术方案，被诉决定将本申请权利要求1与公开在对比文件1各段中的上述相关技术内容共同构成的整体技术方案相比较，不违反新颖性判断所要求的单独对比原则。

（2）关于对比文件1是否公开了"在电泳漆的制备中不使用水溶性的硝酸铋"。以出版物公开方式公开的现有技术，其技术方案的内容以该出版物的客观记载为准。但是，如果该出版物关于该技术方案的记载内容与其他关联内容存在明显前后矛盾，且本领域技术人员根据该出版物记载的其他内容以及其掌握的本领域的公知常识无法给出合理解释的，则不能认定该技术方案被该出版物所公开，即不能构成专利法意义上的现有技术。本案中，根据对比文件1的"发明背景"部分的记载内容，对比文件1的背景技术（WO01/40550）系通过一种用于制造电沉积涂层的方法解决了随后的涂层不充分粘合的问题，该方法使用的电沉积涂料组合物包含一种或多种水不溶性有机亚硝酸盐和/或硝酸盐。在上述背景技术的基础上，对比文件1提出了一种替代方案，即在涂料组合物中使用某些水溶性金属硝酸盐作为添加剂来代替背景技术中公开的水不溶性有机亚硝酸盐和/或硝酸盐的技术方案。因此，对比文件1所记载的专利技术方案所采用的金属硝酸盐添加剂，应当理解为具有水溶性的物理性质。相应地，作为记载在对比文件1的"具体实施方式"部分中的具体实施方案，也应当理解为采用水溶性的金属硝酸盐的技术方案。然而，在对比文件1的说明书第［0020］段中却记载了采用碱式硝酸铋这一水不溶性的金属硝酸盐的技术方案，这明显与对比文件1第［0010］段所记载的技术构思存在矛盾。由于对比文件1的其他部分并没有就碱式硝酸铋这一水不溶性的金属硝酸盐也能够实现对比文件1所记载的专利技术方案的发明目的作出特别说明（事实上，从对比文件1记载内容来看，对比文件1将碱式硝酸铋当做水溶性的金属硝酸盐予以对待），亦无其他证据能够对上述明显的矛盾作出合理解释，故对比文件1记载的采用碱式硝酸铋添加剂的技术方案，应当被排除在对比文件1公开的范围之外，不应当被认定为属于现有技术。二审法院注意到，在本申请的说明书中却详细分析了水溶性硝酸铋的技术缺陷，即"与本申请中所用的水不溶性的次硝酸铋相比，硝酸铋具有良好的水溶性。溶解的铋盐在所述电泳漆中，可能会表现出一些缺点。可溶性盐会在超滤液中被吸收，并因此以这种方式被持续地从所述电泳漆中除去。而且，在车身的预处理之后，外来离子可能会被带入电泳漆浴中。这些外来离子可能会使可溶性铋催化剂失活（EP1342757）。"故二审法院更有理由相信，本申请权利要求1所要保护的"在电泳漆的制备中不使用水溶性的硝酸铋"技术方案，与对比文件1所公开的技术方案存在明显不同，对比文件1不能破坏本申请的新颖性。被诉决定和原审判决均以客观公开为由，在没有给出足够的合理解释的情况下，将对比文件1中相关段落记载的、与同记载在对比文件1中的其他关联内容存在明显前后矛盾的技术方案认定为现有技术，系对出版物公开这种公开方式的机械理解，将会不当损害为创新作出实际努力和贡献的申请人的利益，应予纠正。

综上，对比文件1未公开本申请权利要求1要求保护的技术方案，二审法院遂撤销一审判决和被诉决定，由国家知识产权局就本申请重新作出复审决定。

【评析】

本案涉及专利的新颖性判断。专利法第二十二条第二款规定："新颖性，是指该发明或者实用新型不属于现有技术；也没有任何单位或者个人就同样的发明或者实用新型在申请日以前向国务院专利行政部门提出过申请，并记载在申请日以后公布的专利申请文件或者公告的专利文件中"。根据此规定，新颖性的审查内容，主要是判断发明是否属于现有技术，或者是判断发明是否已被"申请在先、公开在后"的抵触申请文件所公开。[①] 本案双方当事人就本申请相对于对比文件是否具备新颖性的问题所存在的争议点，集中于新颖性的判断方法和对比文件公开内容的认定这两个方面，即被诉决定的新颖性判断方法是否遵循单独比对原则以及对比文件是否公开了本申请技术方案。

一、关于新颖性的判断标准和方法

根据《专利审查指南》的规定，新颖性审查时应当遵循"同样的发明或者实用新型"和"单独对比"这两项原则。所谓同样的发明或者实用新型原则，是指被审查的专利（申请）与现有技术或者抵触申请的相关内容相比，如果其技术领域、所解决的技术问题、技术方案和预期效果实质上相同，则认为两者为同样的发明或者实用新型。而所谓的单独对比原则，是指应当将专利（申请）的各项权利要求分别与每一项现有技术或抵触申请的相关技术内容单独地进行比较，不得将其与几项现有技术或者抵触申请的内容的组合、或者与一份对比文件中的多项技术方案的组合进行对比。由上述《专利审查指南》关于同样的发明或者实用

[①] 在新颖性的审查中，无论对比对象属于现有技术还是属于抵触申请文件中记载的技术方案，新颖性的判断方法和认定标准都是一样的，区别仅在于对比对象本身的公开时间与专利的申请日相比存在先后而已。

新型和单独对比原则的具体内容可知，《专利审查指南》中的同样的发明或者实用新型原则，实质上是关于新颖性判断标准的规定，而单独对比原则则是关于新颖性判断方法的规定。

二、关于单独对比原则

专利法针对专利设置新颖性的授权门槛，旨在防止对已为公众知悉的技术被授予发明和实用新型专利权，[①] 由此可知，新颖性判断时要遵循"单独对比"原则或者方法的根本目的在于，要保证被审查专利的比较对象属于专利申请日之前已经客观存在的技术方案。如果新颖性的比较对象是由多项现有技术或抵触申请文件中的技术方案拼接、组合而成，则正如本案二审判决所揭示的，该技术方案不属于客观实际存在的技术方案，而只是存在于观念或者想象中的技术方案，将被审查专利与该观念或者想象中的技术方案相比较，已不属于新颖性、而属于创造性审查的范畴。基于此认识，二审判决给出了辨别新颖性审查是否遵循单独对比原则的关键以及具体方法，即在于与专利技术方案进行对比的技术方案是否确属于申请日前已经公开并客观存在的技术方案，而不在于该技术方案在现有技术文献中的记载方式。如果本领域技术人员对一份现有技术文献作整体性解读后可以直接地、毫无疑义地确定，记载于该文献不同部分的技术内容之间存在属于同一技术方案的逻辑关系，将该不同部分的技术内容共同构成的技术方案作为新颖性判断的比对对象，不违反单独对比原则。值得进一步讨论的问题是，在专利的新颖性判断过程中，将记载于同一份对比文件中的不同实施例组合形成的技术方案，与专利相比较，是否违反单独对比原则。对于该问题，笔者认为，可同样采用本案二审裁判给出的辨别方法予以判断：如果对比文件中记载的多个实施例，均属于相互独立的、完整的技术方案，则在新颖性判断中，不能将这些实施例组合起来与专利进行对比；如果对比文件中的实施例，仅仅是为了举例说明整体技术方案中各个局部的可选技术手段或者技术特

---

① 参见王瑞贺主编：《中华人民共和国专利法释义》，法律出版社 2021 年版，第 61 页。

征，则这些相互之间存在属于同一技术方案逻辑关系的实施例组合起来与专利相比较，并不违反单独对比原则。

三、关于对比文件公开内容的认定

适用同样的发明或者实用新型原则进行新颖性判断，首先要查明用于与待审查的专利相比较的现有技术方案的内容。相对于使用公开方式下技术方案"隐于物内"，出版物公开是以"书面方式"将相关技术信息直接公之于众，因此对于出版物公开的情形，关于对比文件公开内容的认定，似乎不存在什么疑难点，专利文献中记载了什么内容，就应当认定该对比文件公开了什么内容，即所谓的客观公开。在专利审查实践中，绝大多数情况下也是按照这种标准认定的。但是这并不意味着，在新颖性审查中，对于出版物公开的内容就无需进行任何的实质审查。

出版物公开方式与使用公开方式相比较，除上述已提及的对于技术方案披露的直接程度不一样外，两者区别还在于：使用公开方式下，相关技术方案是否在专利申请日之前客观存在，只需考察该技术方案所依附的物或者使用过程的公开时间早于专利申请日即可；但对于出版物公开尤其是对于专利文献公开，基于一些主客观因素，例如非正常目的的专利申请、明显的撰写错误等，其记载的相关技术信息并非必定满足"在专利申请日之前客观存在"这一要件。这些虽在先公开但所记载内容并不符合专利法对于现有技术要求的出版物，会给在后完成的专利申请构成本不应存在的障碍，而且这种类型的出版物日积月累达到一定规模和数量后，前述情况发生的可能性会越来越大，影响创新成果的专利保护。因此，在进行新颖性审查时，需要对出版物记载的内容作基本的实质性审查，以排除明显编造或者存在明显错误的技术方案，净化创新空间。

需要注意的是，专利法并不要求现有技术已经在实际生产生活中得到实施，而且新颖性审查解决的也不是专利要求保护的技术方案是否可以实施、是否得到说明书支持等的问题，故在对出版物进行"基本的实质性审查"以认定该出版物公开的技术方案是否属于"在专利申请日之前客观存在"时，审查的标准应当是该技术方案对于本领域技术人员而言是否明显违背公知常识，或者虽存在违背公知常识的情况，但在该出版物限定的特定情形下，是否仍能得出合理解释。基于上述审查标准，本案二审结合具体案情给出了一种不应认定出版物已经公开了特定技术方案的情形，即同一现有技术文献所记载的特定技术方案内容与其所记载的其他关联内容存在矛盾，本领域技术人员完整阅读文献后，结合公知常识亦不能作出合理解释或者不能判断其正误的，可以认定该现有技术文献未公开上述特定技术方案。具体而言，对比文件说明书明确记载其发明内容为提出了一种替代方案，即在涂料组合物中使用某些水溶性金属硝酸盐作为添加剂来代替背景技术中公开的水不溶性有机亚硝酸盐和/或硝酸盐的技术方案。然而，在对比文件说明书给出的若干可选金属硝酸盐的实施例中，列举了水不溶性的碱式硝酸铋（碱式硝酸铋具有水不溶的特性系公知常识），这就存在着明显的前后矛盾，对比文件并未就此给出合理解释，在此情况下，难以认定对比文件公开了本申请权利要求涉及包含有"水不溶性的碱式硝酸铋"成分的电泳漆涂料。

本案二审判决依据专利法和审查指南的规定，在理解新颖性实质的基础上，针对案件具体争议内容，对专利新颖性审查中单独对比原则适用和对比文件公开内容的认定这两个方面展开释法析理，给出了辨别新颖性审查是否遵循单独对比原则以及对比文件是否公开特定技术方案的具体判断方法、判断标准，该裁判指引便于操作，既深化了对于专利新颖性问题的认识，又具有重要的实践指引价值。

（撰写人：张晓阳，最高人民法院知识产权法庭法官；杨莹，最高人民法院知识产权法庭法官助理）

4. 中药领域发明专利的创造性判断

——上诉人罗某琴与被上诉人国家知识产权局发明专利申请驳回复审行政纠纷案

【裁判要旨】

中药发明专利创造性判断中，对于最接近现有技术的选择，不宜过度关注现有技术披露的发明技术特征数量，如药味重合度，而应当根据中药领域技术特点，特别是配伍组方、方剂变化、药味功效替代等规律，综合考虑发明技术方案和现有技术方案的适应症及有关治则、治法、用药思路是否相同或者足够相似。

中药发明创造性判断中，关于现有技术是否给出将区别技术特征用于最接近现有技术以解决技术方案实际要解决的技术问题的启示，应当基于中医药传统理论，结合中医辨证施治的基本治疗原则，从治则、治法、配伍、方剂、效果等方面全面分析。

【案号】

一审：北京知识产权法院（2019）京 73 行初 11986 号

二审：最高人民法院（2021）最高法知行终 158 号

【案情】

罗某琴系申请号为 201410046681.5、名称为"用于治疗肿瘤的药磁贴"（以下简称本申请）的发明专利申请人。

本案专利申请属于中药领域的发明创造，本申请权利要求 1 请求保护用于治疗肿瘤的药磁贴的制备方法，对比文件公开了一种用于肿瘤消肿镇痛的纳米药磁贴及其制备方法。

经实质审查，国家知识产权局驳回了本申请。罗某琴提出复审请求并修改了权利要求，国家知识产权局复审后维持原驳回决定。国家知识产权局认为，本领域技术人员根据方从法出的原则，在解决相同的技术问题时，可以根据治则在具有相同或相似功效的药物中自由选择用何种药物，且本申请对于中药材、制备方法、药磁贴具体组成和结构的选择均为本领域的常规选择，在对比文件的基础上结合公知常识给出的治疗肿瘤的治法治则和各中药材的功效能够得到本申请的技术方案，故本申请不具备创造性。罗某琴不服，诉至北京知识产权法院，请求撤销被诉决定，判令国家知识产权局重新作出决定。

【裁判】

北京知识产权法院经审理后认为：本申请与对比文件均可用于解决抑制肿瘤细胞生长、控制扩散和止痛的技术问题，属于相同的技术领域，将对比文件作为最接近的现有技术并无不当。本申请和对比文件中相关药味成分的功效属于本领域的公知常识，本申请区别于对比文件所选用的热熔压敏胶是制备贴片的常用辅料，相关制备操作是本领域制备贴片的常规操作，在制成的药膏贴后加入合适磁场强度的永磁体是本领域的常规技术，因此，在对比文件的基础上结合本领域的常规技术手段得到本申请的技术方案对于本领域技术人员来说是显而易见的，无需付出创造性劳动，本申请不具备创造性。

一审法院判决：驳回罗某琴的诉讼请求。

罗某琴不服，向最高人民法院提起上诉，认为本申请与对比文件技术方案中发挥治疗作用的中药材存在 10 味以上不同，不应将对比文件作为最接近的现有技术；本申请与对比文件比较，二者之间存在药物配伍、构造结构、剂型类别等诸多区别，同时根据本申请技术方案制备的药磁贴疗效显著，因此本申请具备创造性，请求撤销一审判决，撤销被诉决定，判令国家知识产权局重新作出复审决定。

二审中，罗某琴提交了两组证据，拟证明本申请用于肿瘤治疗的真实性以及优于对比文件的治疗效果。第一组证据为患者韩某在北京罗琴中医医院的门诊病历复印件、韩某的贴药照片以及韩某使用药磁贴前后于北京协和医院和北京市健宫医院的诊断报告复印件。韩某本人亦出庭作证，陈述其患病经历以及在使用本申请的药磁贴后经超声波检查显示已没有病变占位。第二组证据为患者吴某使用药磁贴前后于广西医科大学第一附属医院的检查报告和病历复印件。国家知识产权局对罗某琴所提交证据及证人证言均不认可其真实性。最高人民法院对第一组证据及韩某的证人证言的真实性、合法性予以确认，对该证据的关联性及能否达到其证明目的，结合全案事实综合认定；对第二组证据因其未详细记载患者的治疗方案、用药剂量等情况，不予采信。

二审法院认为，对比文件和本申请的发明目的、技术领域、技术问题具有高度相似性，尽管两者技术方案中所选用的中药材存在不同，但具有相同功能的中药材之间具有可替代性是本领域的公知常识，将对比文件作为最接近的现有技术并无不当。本申请基于中医治疗理论，从具有类似功效的中药材中进行选择并组合获得的疗效相当的中药组合物，对于本领域技术人员来说，无须付出创造性劳动即可获得本申请的技术方案，而从本申请说明书记载的内容中也看不出所作出的中药材替换、增加以及用量的限定产生了预料不到的技术效果。本申请与对比文件之间的其他区别技术特征也属于本领域的常规技术手段。因此，被诉决定和一审判决认定本申请不具备创造性，并无不当。

二审法院判决：驳回上诉，维持原判。

【评析】

中医药学是中华民族的伟大创造，为中华民族繁衍生息作出了巨大贡献，对世界文明进步产生了积极影响。2019年10月，中共中央、国务院颁布《关于促进中医药传承创新发展的意见》，指出要加快推进中医药科研和创新，加强中医药产业知识产权保护和运用。然而，如何在专利法框架下保护传统中医药领域的创新成果依然面临诸多挑战。

一、中药发明专利创造性判断面临的挑战及解决路径

与西医相比，中医将人体看作是一个内在关联的系统，以辨证施治原则为指导治疗疾病，中药的特点也主要体现在医学理论和药物的物理特性两个方面，[①] 然而，《专利审查指南》中的相关审查标准主要是针对西医化学品和药物制剂，中药的上述特殊性在现有《专利审查指南》中并未得到充分体现。

例如，对西药而言，大都由化学物质组成，在判断西药的创造性时，通常选择将药物的化学成分和分子式与现有技术进行对比分析。但是，对于中药复方来说，可能含有几种、几十种甚至上百种成分，而且在炮制过程中又极易发生复杂的化学反应，几乎不可能按照西药的标准来要求中药复方通过实验室分析得出明确的化学成分和分子式。又如，对现有中药复方进行药味加减后形成新的中药复方，在创造性判断时，不能简单根据加减药味的数量，而需要把复方中的中药材归为君、臣、佐、使四类，其中，君药和臣药的功效基本决定了整个中药复方所针对的主病和主症，在中药复方中起关键作用，因此，如果新的中药复方是在现有中药复方基础上对君药和臣药进行替换，那么其对中药领域的普通技术人员来说通常就具有非显而易见性。但有，由于中药材种类繁多，不同的中药材可能具有相同的功效，如果新的中药复方虽然对现有中药复方进行了君药和臣药的替换，但仅仅是用与之功能相同的同类中药材进行简单替换，那么，对于本领域技术人员来说则是容易想到的，因而不

---

① 参见陈一乎：《论专利法和传统中药之间的兼容性——以在专利申请中产品界定为例》，载《中国法律》2010年第2期。

具有非显而易见性。①

要解决中药发明专利创造性判断面临的挑战，就必须基于中医药的特点，深入了解中药的作用机理，包括中医辨证论治理论、方剂的配伍理论、组方原则以及中药的用药禁忌等。为此，国家知识产权局起草了《中药领域发明专利审查指导意见（征求意见稿）》并于 2020 年 4 月向社会公开征求意见。在该指导意见中，对中药组合物发明的创造性审查基准予以了进一步规范，并指出："在中药组合物创造性的审查中首先要准确站位本领域技术人员。""作为中医药领域的技术人员，应当具备中医药的基本知识，掌握中医基础、诊断、治疗等各种基本理论，熟悉组方配伍的常见规律和变化原则、以及中医药现代研究的基本技能等。"

二、本案裁判要点

本案专利申请属于中药领域的发明创造，争议焦点集中于本申请是否具有创造性。二审裁判基于中药发明创新的特点，结合中医药辨证施治的基本原则展开说理，重点围绕中药发明专利创造性判断中最接近的现有技术的选择以及如何判断现有技术对中药发明技术的启示展开论述。

在判断发明是否具有创造性时，通常遵循以下步骤：在确定最接近的现有技术的基础上界定发明的区别特征，根据该区别特征所能达到的技术效果确定发明实际解决的问题，并从最接近的现有技术和发明实际解决的技术问题出发，判断要求保护的发明对本领域技术人员来说是否显而易见。

首先，最接近的现有技术是指现有技术中与要求保护的发明最密切相关的一个技术方案。针对中药领域的发明，特别是在药物有效成分涉及几味、十几味甚至几十味中药材时，不宜过度关注现有技术披露的发明技术特征的数量，如药味重合度，而应当根据中药领域技术特点，特别是配伍组方、方剂变化、药味功效替代等规律，综合考虑发明技术方案和现有技术方案的适应症及有关治则、治法、用药思路是否相同或者

---

① 参见杨崇森、杨显滨：《本土意境下中药复方专利的涅槃场域——以中医药学原理为研究路径》，载《法学杂志》2013 年第 10 期。

足够相似。本案中，对比文件公开了一种用于肿瘤消肿镇痛的纳米药磁贴及其制备方法，采用行气活血、通络散结、消肿止痛为治则，发挥治疗作用的药物有效成分主要由 23 种中药材按重量份数制备而成，使用时根据肿瘤不同循经取穴在穴位上贴敷。本申请是一种用于治疗肿瘤的药磁贴的制备方法，采用通络散瘀、祛痰利湿、拔毒止痛、化瘀消积等消积导滞法，发挥治疗作用的药物有效成分主要由 22 种中药材按重量份数制备而成，使用时贴于肿瘤病灶的经络或有关穴位。可见，对比文件和本申请的发明目的、技术领域、技术问题和用途都具有高度相似性，尽管两者技术方案选所用的中药材存在 10 味以上不同，但由于具有相同功能的中药材相互之间具有可替代性是本领域的公知常识，因此被诉决定将对比文件作为最接近的现有技术并无不当。

其次，本申请与对比文件都是一种药磁贴的制备方法，关于原料的组分、制作过程、使用方式等，本申请权利要求 1 相对于对比文件的区别特征在于：（1）原料中减去了雪莲、乌骨藤、草乌、川乌、马钱子、生南星、细辛、蟾酥、郁金、川楝子、胡椒、青皮、路路通、纳米远红外陶瓷粉；加入血竭、大黄、秦艽、野山参、全蝎、蜈蚣、太子参、黄柏、木香、香附、黑白牵牛子、磁粉，并限定了用量。（2）增加以 1∶3~8 的热熔压敏胶加热混匀的步骤；包装前制成药膏贴或巴布药贴后加贴永磁体，并限定了永磁体的磁场强度，增加了加盖医用胶带、保护层的步骤；限定了药磁贴治疗肿瘤的作用途径和使用方式。结合本申请权利要求 1 的区别特征以及说明书的记载，本申请所要实际解决的技术问题应该是：提供一种治疗肿瘤的药磁贴的制备方法。

再次，判断本申请所请求保护的发明对本领域技术人员来说是否显而易见，需要在最接近的现有技术的基础上，判断为了解决本申请所要解决的技术问题而采用的技术方案对于本领域技术人员而言是否容易想到。针对中药领域的发明，在判断一项发明对于本领域技术人员否显而易见时，需要以中医药传统理论为指导，结合中医辨证施治的基本治疗原则，对发明和现有技术的技术方案从治则、治法、配伍、方剂、效果等方面全面分析和比较，从而确定现有技术整体上是否提供了某种技术启示，使本领域技术人员用以解决本发明所要解决的技术问题。如果现有技术存在这种技术启示，则发明是显而易见的。本案中，本申请要求保护的是一种用于治疗肿瘤的药磁贴的制备方法，对比文件公开了一种用于肿瘤消肿镇痛的纳米药磁贴及其制备方法，两者所属的技术领域相同，所要解决的技术问题亦相同。如前所述，本申请权利要求1与对比文件相比，区别技术特征在于：（1）原料中减去雪莲等原料，加入血竭等原料并限定了用量；（2）增加热熔压敏胶加热混匀的步骤、包装前制成药膏贴等后加贴永磁体并限定磁场强度、增加加盖医用胶带、保护层步骤、限定药磁贴治疗肿瘤的作用途径和使用方式。关于区别技术特征1，根据公知常识性证据林丽珠主编的《肿瘤中西医治疗学》，中医肿瘤内治法中包括扶正和祛邪两大原则，扶正是指扶助人体正气，增强行气化滞之力，提高机体抗癌能力；祛邪是针对肿瘤邪实病机确定的治疗法则，主要包括理气活血、祛湿化痰、清热解毒、软坚散结、以毒攻毒等。根据对比文件，本领域的技术人员可以清楚地知道从活血化瘀、消肿止痛、通络行气等角度选取中药材进行组合，并辅之以养阴扶正、升阳行气的中药材可以有效消除肿块，缓解肿瘤病人的疼痛。本申请基于相同的中医治疗理论，从具有类似功效的中药材中进行选择并组合获得的疗效相当的中药组合物，由此可知，对比文件给出了相应的技术启示，对于本领域技术人员来说，无需付出创造性劳动即可获得本申请的技术方案。而从本申请说明书记载的内容中也看不出所作出的中药材替换、增加以及用量的限定产生了预料不到的技术效果。关于区别技术特征2，对比文件中已经公开的技术方案中将中药组合物混合粉碎，加入乙醇处理后获得药物提取物，再加入氮酮、纳米远红外陶瓷粉处理获得浸流膏，用医药材料吸附后，经过加工获得贴膏，使用时根据肿瘤不同循经取穴在穴位上贴敷；本申请也是将中药组合物粉碎，用酒精提取、浓缩至稠膏，加入氮酮，再以热熔压敏胶加入混匀，放置于透皮骨架材料上制成药膏片后加贴永磁体，使用时贴于肿瘤病灶的经络或有关的腧穴、神阙穴。本申请与对比文件相区别的技术特征均属于本领域的常用辅料、常规操作等常规技术手段。因此，本申请要求保护的技术方案对于本领域技术人员而言是容易想到的，相对于现有技术是显而易见的。

另外，针对罗某琴主张其根据本申请技术方案制备的药磁贴疗效显著的问题，本申请记载的疗效标准主要针对疼痛强度进行分类，治愈标准也主要针对疼痛缓解程度并提及肿瘤或积水缩小；而对比文件中记载的疗效标准也同样是针对疼痛强度进行分类，并且对比文件说明书中记载的3例典型病例均为癌症患者，其中1例肝癌转胰腺癌患者在用药后肝肿块明显缩小，未进行其他治疗，没有复发疼痛。因此，对比文件所记载的疗效与本申请所主张的具有抑制肿瘤的生长、控制中晚期癌症扩散和疼痛的技术效果近似。在本申请没有提供关于治疗效果的详细数据信息的情况下，不能认定本申请产生了预料不到的技术效果。

综上，在对比文件的基础上结合本领域的公知常识和常规技术手段获得本申请权利要求1请求保护的技术方案，对于本领域技术人员来说是显而易见的，故本申请不具有创造性。

（撰稿人：何隽，最高人民法院知识产权法庭法官；刘清启，最高人民法院知识产权法庭法官助理）

5. 创造性判断中对具有协同关系的区别技术特征的考量

——上诉人国家知识产权局、卡西欧计算机株式会社与被上诉人深圳光峰科技股份有限公司发明专利权无效行政纠纷案

【裁判要旨】

创造性判断中，对于紧密联系、相互依存、具有协同作用、共同解决同一技术问题、产生关联技术效果的区别技术特征，可以作整体考虑，而不宜简单割裂评价。

【案号】

一审：北京知识产权法院（2018）京 73 行初 2210 号
二审：最高人民法院（2020）最高法知行终 155 号

【案情】

卡西欧株式会社为专利号为 201010293730.7、名称为"光源装置、投影装置及投影方法"的发明专利的专利权人，深圳光峰科技股份有限公司（以下简称光峰公司）以本专利权利要求 1-13 不具备创造性为由，向国家知识产权局提出无效宣告请求。国家知识产权局经审查认为本专利权利要求 1-13 具备创造性，作出被诉决定维持本专利权有效。光峰公

司不服，向北京知识产权法院提起诉讼，请求撤销被诉决定，并责令国家知识产权局重新作出决定。一审法院判决判决撤销被诉决定，由国家知识产权局重新作出无效宣告请求审查决定。国家知识产权局、卡西欧计算机株式会社不服，向最高人民法院提起上诉，二审判决撤销一审判决，驳回光峰公司的诉讼请求。

【裁判】

一审法院认为，本专利权利要求 1 相对于对比文件 1 的区别技术特征在于将已把发光期间设定较短的特定颜色光的光源驱动电力设定较大，要解决的技术问题是调整不同荧光体的驱动电力以获得更好的发光效果。本领域技术人员在对比文件 1 的基础上，结合对比文件 2、3 以及本领域公知常识，得到本专利权利要求 1 的技术方案是显而易见的。因此，权利要求 1 的技术方案不具备突出的实质性特点和显著的进步，不具备专利法第二十二条第三款规定的创造性，故判决撤销被诉决定，由国家知识产权局重新作出无效宣告请求审查决定。国家知识产权局、卡西欧计算机株式会社不服一审判决，向最高人民法院提起上诉，主张本专利权利要求 1 与对比文件 1 的整体构思不同，一审判决对本专利权利要求 1 相比对比文件 1 的区别技术特征认定错误。

二审法院认为，本专利与最接近现有技术之间的区别技术特征的认定，应当建立在充分理解发明和现有技术的技术方案基础上。在此过程中，应当准确把握发明构思，对具有协调配合关系的技术内容的技术特征予以确定，准确界定技术方案各部分内容与发明为解决技术问题采用的发明构思以及产生的技术效果之间的关系。对于技术方案中存在紧密联系、相互依存、通过协同作用共同解决同一技术问题、产生关联技术效果的技术特征，在发明与最接近现有技术进行对比时，应当将其作为一个或一组技术特征予以整体考虑，不应机械地将构成整体技术方案中的技术特征割裂评价。发明实际解决的技术问题，应当基于整体发明构思的区别技术特征，并根据区别技术特征给整个发明带来的技术效果予以确定。本专利权利要求1请求保护一种光源装置，该技术方案针对不同荧光体的饱和特性不同，发光效率存在差异，在技术构思上采取"光源控制部件，其控制上述光源和上述光源光发生部件的驱动定时，将发光效率较高的至少1种颜色的光源光的发光期间设定得比其他颜色的光源光的发光期间短"的同时，设定"将已把该发光期间设定得较短的颜色的光源光发生时的上述光源的驱动电力设定得比其他颜色的光源光发生时的上述光源的驱动电力大"，二者在技术方案中通过协调配合、协同发挥作用，共同解决荧光体饱和及绝对光量不足的技术问题，产生图像尽可能明亮且颜色再现性高的关联技术效果，应当作为一个或一组技术特征整体予以考虑，不应割裂该技术特征予以评价。对比文件1虽然在色轮上设置荧光材料，进而调整发光期间，但其系利用光源中的紫外光，提高光源利用效率的技术方案，与本专利发明构思不同，解决的技术问题不同，没有公开上述协调配合的区别技术特征。对比文件2、对比文件3亦没有公开该区别技术特征的整体技术手段，本领域技术人员在不付出创造性劳动的前提下，难以通过简单地结合对比文件的技术方案来显而易见地得到权利要求1限定的技术方案。因此，本专利权利要求1具备专利法第二十二条第三款规定的创造性。

【评析】

本案关于创造性判断中对具有协同关系的区别技术特征的考量具体涉及区别特征的认定、实际解决的技术问题的确定和技术启示的认定三个方面的问题。

一、关于区别技术特征的认定

认定本专利与最接近现有技术之间的区别技术特征，应当建立在充分理解发明和现有技术的技术方案基础上完成。在此过程中，应该综合考虑权利要求中记载的各部分内容与其在技术方案中所起的作用、解决的技术问题、产生的技术效果的关系，注意技术特征之间的协调配合关系，及其与整体技术方案之间的关联性，通过准确把握发明构思，准确界定技术方案各部分内容与发明为解决技术问题采用的发明构思以及产生的技术效果之间的关系，不应机械地将构成整个技术手段中的不同技术特征割裂评述。当技术方案中特定技术手段之间存在紧密联系、通过协同作用共同解决同一技术问题、产生关联技术效果，则在发明与最接近现有技术进行比对时，应当将其作为一个或一组技术特征来整体考虑，才能保证这种通过技术方案中相关部分之间的相互配合作出的技术贡献不会被忽视。

本专利权利要求1请求保护一种光源装置，其特征在于具备："光源，在规定的波段发光；光源光发生部件，利用上述光源的发光，以分时的方式发生发光效率不同的多种颜色的光源光；以及光源控制部件，其控制上述光源和上述光源光发生部件的驱动定时，使得由上述光源光发生部件发生的多种颜色的光源光中，将发光效率较高的至少1种颜色的光源光的发光期间设定得比其他颜色的光源光的发光期间短，并且将已把该发光期间设定得较短的颜色的光源光发生时的上述光源的驱动电力设定得比其他颜色的光源光发生时的上述光源的驱动电力大……"该技术方案在考虑"光源控制部件，其控制上述光源和上述光源光发生部件的驱动定时，将发光效率较高的至少1种颜色的光源光的发光期间设定得比其他颜色的光源光的发光期间短"的同时，设定"将已把该发光期间设定得较短的颜色的光源光发生时的上述光源的驱动电力设定得比其他颜色的光源光发生时的上述光源的驱动电力大"，二者之间具有关联配合关系，而非各自独立、互不相关的技术特征。准确理解上述技术特征，应当结合本专利发明构思、说明书记载的发明所要解决的技术问题予以界定。

本专利说明书记载了"当激发光照射荧光体的每单位面积的输出超过某一值时，荧光体会处于饱和状态。由此，存在荧光体的发光效率急剧恶化的情况。进而，当为使荧光体不饱和而照射低输出的激发光时，绝对光量会不足，相反地为了充分得到绝对光量而照射高输出的激发光时，荧光体的发光效率会下降"的技术问题。本专利为解决该技术问题，在发明构思上考虑将光源和荧光体组合来共同提高各种颜色光的发光效率，在考虑避免荧光体饱和的同时，也保证绝对光量充足，使得图像尽可能明亮且颜色再现性高。在技术手段上采取"光源控制部件，其控制上述光源和上述光源光发生部件的驱动定时，将发光效率较高的至少1种颜色的光源光的发光期间设定得比其他颜色的光源光的发光期间短"的同时，设定"将已把该发光期间设定得较短的颜色的光源光发生时的上述光源的驱动电力设定得比其他颜色的光源光发生时的上述光源的驱动电力大"，二者在技术方案中通过协调配合、协同发挥作用，共同解决上述荧光体饱和及绝对光量不足的技术问题，产生图像尽可能明亮且颜色再现性高的关联技术效果，应当作为一个或一组技术特征整体予以考虑。而对比文件1的光源（超高压水银灯）功率不变，并未涉及各色光荧光体层的转换效率或各色光合光时所占比例来调整光源的发光功率。尽管对比文件1的方案也公开了对色盘发出不同颜色光的发光时间进行调整，从而调整整个单位时间段内三种颜色的出光量，用于完善色彩的平衡性的技术手段，但是这种调整并不是因为考虑到不同颜色的荧光体层的发光效率存在差异而进行的相应调整，并且也没有对不同颜色的光产生时的光源的驱动电力的大小同时进行调整。因此，权利要求1与对比文件1的技术构思不同，解决技术问题的相应技术手段也不同，对比文件1并没有公开上述协调配合的技术特征。

二、关于实际解决的技术问题的确定

发明实际解决的技术问题，应当基于区别技术特征，并根据区别技术特征给整个发明带来的技术效果予以确定。当本专利设定光源照射具备涂覆了发出规定波段光的荧光体的区域的色轮产生光源光时，由于荧光材料饱和临界值不同，当单位面积荧光材料输入值超过阈值时，先饱和的荧光材料会出现光源光发光效率恶化，而不容易饱和的荧光材料或者没有涂覆荧光材料的光源光则光量不够。因此，上述区别技术特征通过设定光源控制部件，控制光源和光源光发生部件的驱动定时，并使得由光源光发生部件发生的多种颜色的光源光中，将发光效率较高的至少1种颜色的光源光的发光期间设定得比其他颜色的光源光的发光期间短，并且将已把该发光期间设定得较短的颜色的光源光发生时的光源的驱动电力设定得比其他颜色的光源光发生时的光源的驱动电力大。实施的技术手段是调整发光时间的同时调整光源的驱动电力，在光源照射容易饱和的荧光材料时，使照射时间长一些，但驱动电力小一些，从而既提高出光量又避免荧光材料发生饱和的情况，反之在光源照射不容易饱和的荧光材料或者没有涂覆荧光材料的色轮部分时，设置光源的驱动电力大一些，相应的照射时间设置的短一些，从而提高光源和荧光体组合的整体发光效率，使得亮度更高，还原性更好。因此，基于区别技术特征，本专利实际解决的技术问题是，因荧光体饱和而出现发光效率恶化，绝对光量不足的问题。

三、关于技术启示的认定

判定现有技术中是否存在解决技术问题的技术启示，需要以所属领域的技术人员的视角，围绕发明实际解决的技术问题，判断要求保护的发明是否显而易见。本案中，对比文件2公开了一种源自涂覆有绿色/红色磷光体的 InGaN 基蓝光 LED 芯片的三带白光，具体公开了采用蓝光 LED 照射绿色和红色磷光体来生成绿光和红光，并将蓝光、绿光和红光混合成白光的技术方案，实际是通过检测出绿色荧光体和红色荧光体在蓝光 LED 的驱动电流超过多少时会发生饱和，从而导致发光效率下降，并以此找到一个合适大小的驱动电流同时生成蓝色光、绿色光和红色光，从而形成三带白光，即光源在生成三种颜色时的驱动电力的大小是一样的，并且是同时生成的。因此，对比文件2并没有就本专利实际解决的技术问题，给出采用分时方式生成三种不同颜色的光时，通过调节驱动光源的驱动电流的大小来提高各种颜色的光的出光量的技术启示。

对比文件3公开了一种驱动投射系统中放电灯的方法以及驱动单元，

该方案成立的基础是基于其采用无荧光材料的色轮才得以实现的，因此该方案对于光源驱动电力的调整不需要考虑荧光材料饱和的问题，也就不需要将驱动电力大小的调整与发光时间长短的调整结合起来进行考虑。因此，对比文件3的方案所要解决的技术问题与本专利不同，没有公开上述本专利权利要求1与对比文件1的区别技术特征，没有给出解决不同颜色荧光体发光效率不同的有关技术问题的启示。

整体而言，创造性的评述，是要判断不同技术方案之间是否存在结合的技术启示，并且需要将区别技术特征作为一个整体的技术手段来看待其设置的目的和所要起到的作用，是否有改进或替换的技术启示，而不能机械地将构成整个技术手段中的不同技术特征割裂开来分别进行评述。首先，如上所述，对比文件1的方案是一种强调不调整超高压水银灯的驱动电力大小的情况下来提高光源发出的光的利用效率的技术方案，并且该方案的实现都是以如何提高超高压水银灯发出的光的利用效率来作为改进目的，在色轮上设置荧光粉的本质目的就在于要将光源中原本没有利用上的紫外光利用起来。而本专利相对于对比文件1的区别技术特征在本专利中所要达到的技术目的是，考虑到不同荧光体的发光效率存在差异，饱和特性也不相同，因此通过将生成不同颜色的光的发光时间和光源在生成该种颜色的光的时候的驱动电力两个方面同时来进行调节，以达到提高发光亮度保证色彩平衡的效果。对比文件2、对比文件3都没有公开该区别技术特征的整体技术手段。那么，由于对比文件1没有给出相应改进技术启示，本领域技术人员在不付出创造性劳动的前提下，难以通过简单地结合对比文件的技术方案来显而易见地得到权利要求1限定的技术方案。

本案中，对于区别技术特征准确划分及实际解决的技术问题的认定，是专利创造性判断中的基础性问题和重点难点所在。本案通过综合考量发明构思，准确认定权利要求中具有协调配合、协同作用技术内容的技术特征，避免了对于整体技术特征的割裂评价，并基于整体技术方案的技术效果，确定本专利实际解决的技术问题，保证这种通过技术方案中相关部分之间的相互配合作出的技术贡献不会被忽视，对于准确认定专利的创造性，有效保护并激励创新具有积极意义。

（撰写人：徐燕如，最高人民法院知识产权法庭法官；赵云，最高人民法院知识产权法庭法官助理）

6. 已知化合物药用发明的创造性判断

——上诉人诺华股份有限公司与被上诉人国家知识产权局发明专利申请驳回复审行政纠纷案

【裁判要旨】

已知产品的用途发明中，该产品用途能否从产品本身已知的活性性质以及现有用途中显而易见地得出，是创造性判断的关键。如果该已知产品的用途发明是从现有技术概括的用途中选择其中一种适应症且并未取得预料不到的技术效果，则其不具备创造性。

【案号】

一审：北京知识产权法院（2019）京 73 行初 4108 号
二审：最高人民法院（2020）最高法知行终 558 号

【案情】

2002 年 2 月 18 日，诺华股份有限公司（以下简称诺华公司）向中华人民共和国国家知识产权局（以下简称国家知识产权局）提出了申请号为 201410286316.1、名称为"癌症的治疗"的发明专利申请。本申请的权利要求 1 为：40-O-（2-羟乙基）-雷帕霉素作为单一活性成分用于制备治疗除淋巴癌以外的肾实体瘤的药物的用途。

2017 年 3 月 21 日，国家知识产权局经实质审查后以本申请不具备专利法第二十二条第三款规定的创造性为由驳回了本申请。驳回决定引用的对比文件 1（WO9409010A1）的公开日为 1994 年 4 月 28 日，公开了具有药用价值的雷帕霉素及其衍生物，具体公开了 40-O-（2-羟基）乙基-雷帕霉素；所述化合物可作为单一活性成分用于制备治疗多种疾病的药物，所述疾病包括肿瘤或过度增殖性疾病。

诺华公司对驳回决定不服，提出复审请求，未对申请文件进行修改。

2017 年 3 月 21 日，国家知识产权局作出第 162306 号复审请求审查决定，认为权利要求 1 请求保护 40-O-（2-羟乙基）-雷帕霉素（以下简称化合物 A）作为单一活性成分用于制备治疗除淋巴癌以外的肾实体瘤的药物的用途。对比文件 1 已公开与本申请相同的化合物 A 及其作为单一活性成分制备治疗肿瘤等疾病的制药用途。本申请权利要求 1 与对比文件 1 的区别技术特征在于：权利要求 1 中化合物 A 用于治疗除淋巴癌以外的肾实体瘤，而对比文件 1 中化合物 A 用于治疗包括肿瘤在内的多种疾病。对比文件 1 已公开了化合物 A 作为单一活性成分或联合其他组分可治疗包括肿瘤在内的多种疾病，所属技术领域的技术人员在对比文件 1 的基础上有动机将化合物 A 用于治疗具体的肿瘤。而非淋巴癌的肾实体瘤是所属技术领域常见的肿瘤之一，因此所属技术领域的技术人员有动机将化合物 A 作为单一活性成分用于治疗非淋巴癌的肾实体瘤。权利要求 1 相对于对比文件 1 是显而易见的，不具备创造性，不符合专利法第二十二条第三款的规定。据此，维持了对本申请作出的驳回决定。

诺华公司不服被诉决定，于 2019 年 4 月 15 日向北京知识产权法院提起诉讼，请求撤销被诉决定，判令国家知识产权局重新作出决定。主要理由包括：对比文件 1 以通式方式公开了一些新的雷帕霉素衍生物，概括了多种用途，并进一步说明并非通式（I）涵盖的所有化合物都能够用于 a）至 i）中的任意一种用途，因此，对比文件 1 中有关新化合物病症段落中的"所述新化合物"不能直接替换为通式（I）所涵盖的任何一个具体化合物，不能从对比文件 1 公开的内容获得何种化合物能够用于治疗何种疾病的信息。所属技术领域的技术人员基于对比文件 1 无法想到将化合物 A 用于治疗肾实体瘤。

【裁判】

北京知识产权法院认为，对比文件 1 的发明目的在于改善雷帕霉素的难溶性等物理特性，对雷帕霉素进行结构改造获得一系列衍生物，以获得更高的稳定性和生物利用度，上述衍生物具有和雷帕霉素相同的主环结构单元，所属技术领域的技术人员会认为此类改善物理特性的衍生物具有和基础化合物雷帕霉素相同或相似的药理学活性。对比文件 1 记载了新的衍生物的适应症中包括"e）治疗增殖性疾病，例如肿瘤"。因此，雷帕霉素是现有技术已知的兼具免疫抑制、抗肿瘤和抗真菌活性的化合物。对比文件 1 记载了"大多数本文所述的新化合物具有高度的免疫抑制性，尤其是在 C40 位上 O-被取代的那些新化合物，这些新化合物在适应症 a 和 b 中特别有用，但是在适应症 i 中无用。具有较小的免疫抑制性的那些新化合物，尤其是仅在 C28 位上 O-被取代的那些新化合物在适应症 h 和 i 中特别有用，但是较不优选适用于适应症 a 或 b"，从上述记载的内容可以看出，该记载并未显示何种具体衍生物能够或不能用于何种疾病的治疗，即使提及 C40 位上 O-被取代的新型化合物，也仅能说明不适用于适应症 i，对于是否不适用于适应症 e 并未提及。抗肿瘤是现有技术已知的雷帕霉素的重要适应症之一，对比文件 1 亦记载了新化合物的药理活性的测试方法"8. 抗肿瘤和 MDR 活性"。即使对比文件 1 没有以化合物 A 为测试物具体测定其抗肿瘤效果，所属技术领域的技术人员也可以根据雷帕霉素的抗肿瘤作用和对比文件 1 记载的衍生物的适应症范围认定化合物 A 具有抗肿瘤作用。本申请说明书中亦未记载和实验证实将化合物 A 用于治疗肾实体瘤能够取得预料不到的技术效果。所属技术领域的技术人员基于对比文件 1 公开的内容，有动机将其中的优选化合物 A 用于抗肿瘤，而肾实体瘤是常见的肿瘤类型，所属技术领域的技术人员对于化合物 A 治疗肾实体瘤的效果有合理的成功预期，即使验证该治疗效果需要一定的累积性实验劳动，亦无需付出创造性劳动。因

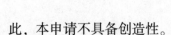

此，本申请不具备创造性。

北京知识产权法院于 2020 年 6 月 29 日作出一审判决：驳回诺华公司的诉讼请求。

诺华公司不服一审判决，向最高人民法院提起上诉，请求撤销一审判决和被诉决定，责令国家知识产权局重新作出审查决定。主要理由包括本申请化合物 A 用于治疗除淋巴癌以外的肾实体瘤，对比文件 1 中化合物 A 是免疫抑制剂，用于治疗或预防移植排斥、自身免疫性疾病和炎性病症。本申请实际解决的技术问题是提供化合物 A 的一种新用途，即治疗除淋巴癌以外的肾实体瘤。本申请具备创造性。

最高人民法院认为，对比文件 1 对于雷帕霉素的衍生物治疗的疾病进行了罗列，其中就包括如上所述治疗增殖性疾病如肿瘤的病症，其作为治疗肿瘤的药物，具有抑制血管生成的抗肿瘤活性。基于对比文件 1 公开的技术方案，所属技术领域的技术人员能够得出化合物 A 作为单一活性成分具有可抗肿瘤活性适用于抗增殖性疾病。

用途发明的本质在于产品性能的应用，不在于产品本身，用途发明是在对医药化学产品进行研究过程中，发现其具有本质上不同于现有技术应用的某种或某些特有的性质。用途发明可以分为新产品的用途发明和已知产品的用途发明。对比文件 1 公开了化合物 A，已经教导了化合物 A 可以用作抗肿瘤的药物，本申请权利要求限定的肾实体瘤是肿瘤的一种，对于已知产品的用途发明，该用途是否能从产品本身已知的活性性质以及现有用途中显而易见的得出是判断该技术方案是否具备创造性的关键。当发明是从现有技术概括的用途中选择其中一种适应症时，因现有技术的技术教导较强，发明是否非显而易见还要考虑其是否取得了预料不到的技术效果。如果技术效果是从现有技术中可以合理预见到的，则该用途发明不具备创造性。本申请仅仅是验证了化合物 A 治疗肿瘤的作用机理，并根据该机理推测其可对多种具体肿瘤产生治疗效果，而这一效果，所属技术领域的技术人员在对比文件 1 的启示下存在合理的预期。本申请推断出化合物 A 能够治疗包括肾实体瘤在内的多个肿瘤的效果，与在对比文件 1 公开内容基础上对化合物 A 治疗肿瘤的活性的预期效果是一致的，属于对比文件 1 的验证，未超出所属技术领域的技术人员的预期。本申请实际解决的技术问题是提供化合物 A 治疗一种具体肿瘤的用途。本申请权利要求虽然存在肾实体瘤的限定，但并未在说明书中记载与此限定相关的创造性的贡献。本申请权利要求所限定的治疗肾实体瘤的用途并非采用新的技术方案解决了现有技术存在的技术问题，仅是在验证了对比文件 1 的基础上得出的技术方案，在对比文件 1 公开的抗肿瘤以及记载有抗肿瘤检测方案的基础上得到本申请所限定的肾实体瘤的技术方案，对所属技术领域的技术人员而言，并未取得预料不到的技术效果。本申请不具有突出的实质性特点和显著的进步，不具备创造性。

最高人民法院于 2021 年 12 月 2 日作出二审判决：驳回上诉，维持原判。

【评析】

本案涉及对已知产品用途发明的驳回复审。

本申请化合物 A 的原型化合物雷帕霉素是一种已知的大环内酯类抗生素，具有抗肿瘤和抗真菌活性，是有效的免疫抑制剂。对比文件 1 针对药物用途的雷帕霉素存在极低和可变的生物利用度以及其高毒性的限制，为获得比雷帕霉素更好的药理学特性，更大的稳定性和生物利用度，进行结构改造获得一系列衍生物，公开了包括化合物 A 的通式化合物，并在实施例 8 中公开了该化合物的制备方法。专利申请人认可对比文件 1 公开了化合物 A，但认为未公开可用于治疗肿瘤的用途，主张本申请实际解决的技术问题是提供化合物 A 的一种新用途，并提交证据认为根据雷帕霉素的活性无法推测其衍生物化合物 A 具有抗肿瘤的活性，所属技术领域的技术人员基于对比文件 1 无法想到将化合物 A 用于治疗肾实体瘤，而本申请对治疗肾实体瘤具有预料不到的技术效果。

用途发明是在对医药化学产品进行研究过程中，发现其具有本质上不同于现有技术应用的某种或某些特有的性质。用途发明可以分为新产品的用途发明和已知产品的用途发明。用途发明的本质在于产品性能的应用，不在于产品本身。对比文件1公开了特别用于病症 a）至 i）中病症 e）是治疗增殖性疾病，如肿瘤、过度增殖性皮肤病等。本申请权利要求1相对于对比文件1，区别技术特征在于限定了化合物 A 用于治疗除淋巴癌以外的肾实体瘤，而对比文件1中化合物 A 用于治疗包括肿瘤在内的多种疾病。本申请属于已知产品的用途发明，该用途是否能从产品本身已知的活性性质以及现有用途中显而易见的得出，是判断该技术方案是否具备创造性的关键。

化学领域的发明作为实验科学，其预测性差，但化合物的衍生物通常与原型化合物之间拥有相同的主环结构单元，其是否具有相同的药理学活性并非完全没有规律可循。虽然专利申请人提交的证据能够证明雷帕霉素作为对化学修饰敏感的化合物，不同的雷帕霉素衍生物活性各异，雷帕霉素及其衍生物之间即使结构差异小也可能导致活性不同，但尚不能得出无法根据雷帕霉素的活性来推测其衍生物活性的结论。化合物雷帕霉素作为免疫抑制剂，具有抗肿瘤以及抗真菌活性是已知的。在药物研发领域，免疫抑制与抗肿瘤活性并不完全对立，药物可具有多种活性，当化合物具有免疫抑制活性，也具有抗肿瘤活性时，所属技术领域的技术人员会根据不同的适应症和用药需求等多种因素综合决定其具体的用途。对比文件1所罗列的雷帕霉素衍生物治疗的疾病中已经包括增殖性疾病如肿瘤的病症，其作为治疗肿瘤的药物，具有抑制血管生成的抗肿瘤活性。对虽然比文件1没有具体的抗肿瘤的测试数据，但对比文件1说明书在抗肿瘤和 MDR 活性的试验记载了抗肿瘤活性及其通过减轻多药抗药性增强抗肿瘤药物性能的能力，公开了抗肿瘤药理活性的测定方法。基于对比文件1公开的技术方案，所属技术领域的技术人员能够得出化合物 A 用作抗肿瘤的药物的教导，而肾实体瘤为肿瘤中的一种。

当发明是从现有技术概括的用途中选择其中一种适应症时，因现有技术的技术教导较强，发明是否非显而易见还要考虑其是否取得了预料不到的技术效果。如果技术效果是从现有技术中可以合理预见到的，则该用途发明不具备创造性。本申请是否具有预料不到的技术效果是决定其创造性的关键因素。判断预料不到的技术效果的比较对象是专利申请文件，根据本申请说明书实施例记载的内容，如，实施例 A.2 抗血管生成活性记载在用人脐静脉内皮细胞进行的测定雷帕霉素或其衍生物如化合物 A 的抗增殖活性中的体外实验表明，化合物 A 可以抑制 HUVEC 的增殖，特别对抗 VEGF-诱导的增殖有效；在实施例 B.6 抗血管生成活性中记载化合物 A 减小了原发肿瘤和转移瘤中的血管密度，还改变了转移瘤中血管尺寸的分布。在实施例 B.7 与抗血管生成药联合给药中记载了化合物 A 与抗血管生成药之间有协同作用。由于所属技术领域的技术人员知晓肿瘤与血管生成之间具有密切联系，大部分肿瘤的发展、转移的过程均与血管异常增生相关，因此，根据本申请说明书的上述记载，本申请推断出化合物 A 能够治疗包括肾实体瘤在内的多个肿瘤的效果，与在对比文件 1 公开内容基础上对化合物 A 治疗肿瘤的活性的预期效果是一致的，属于对比文件 1 的验证，未超出所属技术领域的技术人员的预期。

本申请权利要求虽然存在肾实体瘤的限定，但并未在说明书中记载与此限定相关的创造性的贡献。所限定的治疗肾实体瘤的用途并非采用新的技术方案解决了现有技术存在的技术问题，仅是在对比文件 1 的基础上验证了化合物 A 治疗肿瘤的作用机理，并根据该机理推测其可对多种具体肿瘤产生治疗效果，而这一效果，所属技术领域的技术人员在对比文件 1 的启示下存在合理的预期。在对比文件 1 公开的抗肿瘤以及记载有抗肿瘤检测方案的基础上得到本申请所限定的肾实体瘤的技术方案，对所属技术领域的技术人员而言，并未取得预料不到的技术效果。

（撰写人：罗霞，最高人民法院知识产权法庭法官）

7. 化合物组合产品权利要求中的用途限定对创造性判断的影响

——上诉人拜耳知识产权有限责任公司与被上诉人国家知识产权局发明专利申请驳回复审行政纠纷案

【裁判要旨】

化合物组合产品权利要求中的用途限定通常不会影响或者改变化合物组合的组分、配比、理化性质等，故在对化合物组合产品权利要求的创造性判断中，原则上无需考虑用途限定。

【案号】

一审：北京知识产权法院（2019）京 73 行初 2507 号

二审：最高人民法院（2020）最高法知行终 286 号

【案情】

2012 年 3 月 21 日，拜耳知识产权有限责任公司（以下简称拜耳公司）向中华人民共和国国家知识产权局（以下简称国家知识产权局）提出了申请号为 201280014014.8、名称为"活性化合物组合"的发明专利申请。本申请的最早优先权日为 2011 年 3 月 23 日。本申请说明书记载，氟吡菌胺的杀真菌用途是已知的，由于施用于如今的作物保护组合物的环境和经济要求不断提高，例如涉及作用谱、毒性、选择性、施用率、残余物的形成和有利的可制备性，此外还可能存在例如涉及抗性的问题，因此持久的任务是开发新型组合物，特别是杀真菌剂，其在一些领域中至少帮助满足上述要求。本申请组合不仅引起涉及原则上预期遏制的不期望的微生物的作用谱的叠加增强，还实现了协同效应。实施例部分对氟吡菌胺+氰霜唑对马铃薯晚疫病进行了田间实验，结果表明，75g/ha 氟吡菌胺和 60g/ha 氰霜唑的组合在马铃薯晚疫病的控制中提供了出乎预料的协同作用。

2017 年 8 月 14 日，国家知识产权局经实质审查后以本申请不具备专利法第二十二条第三款规定的创造性为由驳回了本申请。驳回决定引用的对比文件 1 为 WO02069712 A1，公开日 2002 年 9 月 12 日。

拜耳公司对驳回决定不服，提出复审请求。2018 年 8 月 20 日，拜耳公司提交了意见陈述书，并提交了权利要求书的全文修改替换页，修改后的权利要求 1 为：

"1. 用于控制晚疫病的活性化合物组合，其包含：

（B）式（I）的氟吡菌胺

（I）

或其农用化学品上可接受的盐，

和

（C）（1-1）氰霜唑；

其中氟吡菌胺与氰霜唑的比例为 2：1 至 1：2 的重量比。"

2018 年 9 月 13 日，国家知识产权局作出第 162438 号复审请求审查决定（以下简称被诉决定），认为对比文件 1 公开了氟吡菌胺与复合体 Ⅲ 机理的一类杀菌剂组合，并验证了其中一个具体组合氟吡菌胺与咪唑菌酮在特定用量配比下对特定对象杀菌增效。所属技术领域的技术人员在对比文件 1 已经就氟吡菌胺和氰霜唑组合给出强烈教导的情况下，有强烈动机获得氟吡菌胺或其农业上可接受的盐+氰霜唑组合，并可通过常规方法对其杀菌活性是否增效予以验证。因此，在对比文件 1 的基础上获得权利要求 1 的技术方案对于所属技术领域的技术人员而言是显而易见的，权利要求 1 不具备创造性。权利要求 2-7 也不具备创造性。据此，维持了国家知识产权局对本申请作出的驳回决定。

拜耳公司不服被诉决定，于 2019 年 3 月 11 日向北京知识产权法院提起诉讼，请求撤销被诉决定，判令国家知识产权局重新作出决定。主要理由包括：本申请实际解决的技术问题应为控制晚疫病的协同效应，所属技术领域的技术人员根据对比文件 1 无法预料到氟吡菌胺和氰霜唑的组合在控制晚疫病方面能取得协同效应。本申请的说明书及补充数据可以得出上述组合物针对晚疫病的协同效应起到了预料不到的效果。因此本申请具备创造性。

【裁判】

北京知识产权法院认为，权利要求 1 与对比文件 1 的权利要求 11 相比区别在于，与氟吡菌胺复配的杀菌剂不同，且权利要求 1 进一步限定了组分配比。权利要求 1 相对于对比文件 1 实际解决的技术问题为如何获得氟吡菌胺和其它杀菌剂增效的杀菌组合物。在此基础上，判断权利要求 1 是否具备创造性的关键在于现有技术中是否给出了启示或教导将氟吡菌胺和氰霜唑按照权利要求 1 的配比进行复配以期增效。对比文件 1 已经明确教导了将式 I 类的杀菌剂例如氟吡菌胺或其农业上可接受的酸加成盐与复合 III 抑制剂进行复配，并证实了其中一种优选组合的增效杀菌作用。所属技术领域的技术人员在对比文件 1 的基础上，要获得氟吡菌胺和其它杀菌剂增效的杀菌组合物有非常强烈的指向，而对比文件 1 权利要求 10 已经就氟吡菌胺与氰霜唑的组合给出了强烈的教导，并不需要在现有技术中漫无目的进行选择。在对比文件 1 已经验证了氟吡菌胺与咪唑菌酮的组合在特定情况下（如适当的浓度，配比，特定的靶标对象等）

增效的基础上，所属技术领域的技术人员可以合理预期与咪唑菌酮杀菌机理相同的其他复合 III 抑制剂 Qo，例如嘧菌酯、双孢菌素、醚菌酯、苯氧菌胺、吡唑醚菌酯、保磷菌素、肟菌酯或噁唑菌酮与氟吡菌胺组合后在特定情形下也可能实现杀菌增效。对于杀菌机理与咪唑菌酮略有不同的氰霜唑而言，虽然所属技术领域的技术人员在对比文件 1 的基础上难以预期其与氟吡菌胺组合是否必然能够实现杀菌增效，但基于咪唑菌酮与氰霜唑同为复合 III 抑制剂，对于氟吡菌胺与氰霜唑可能构成增效组合依然是存在一定合理预期的，在对比文件 1 已经就该组合本身给出如此强烈教导的前提下，对于活性化合物组合杀菌活性的测试方法为所属技术领域的技术人员所公知，是否具备协同增效作用经常规实验便可获知。因此，为解决前述如何获得增效的杀菌组合物的技术问题，所属技术领域的技术人员在对比文件 1 已经就氟吡菌胺和氰霜唑组合给出强烈教导的情况下，有强烈动机获得氟吡菌胺或其农业上可接受的盐+氰霜唑组合，并可通过常规方法对其杀菌活性是否增效予以验证。此外，所属技术领域的技术人员有动机对化合物之间比例进行简单调整以期获得可增效的最佳配比，因此，在对比文件 1 的基础上获得权利要求 1 的技术方案对于所属技术领域的技术人员而言是显而易见的，权利要求 1 不具备创造性。权利要求 2-7 也不具备创造性。

北京知识产权法院于 2020 年 2 月 25 日作出一审判决：驳回拜耳公司的诉讼请求。

拜耳公司不服一审判决，向最高人民法院提起上诉，请求撤销一审判决和被诉决定，责令国家知识产权局重新作出审查决定。主要理由包括被诉决定对权利要求 1 实际解决的技术问题认定错误，将技术手段与技术问题相混淆，没有具体反映出本申请技术方案的技术效果"控制晚疫病的协同效应"。

最高人民法院认为，根据审理查明的事实，拜耳公司在复审阶段增加用途限定，在修改没有超范围的情况下，被诉决定针对该审查文本进行了审查，其修改后的本申请权利要求 1 的主题为用于控制晚疫病的活性化合物组合。本申请权利要求 1 用于控制晚疫病的活性化合物组合的用途只是对产品的用途或使用方式的描述，没有影响化合物的结构组成，对该化合物组合是否具备创造性并不当然产生作用。本申请实际解决的技术问题是为获得与氟吡菌胺复配控制疫霉菌的组合物。对比文件 1 权利要求 11 和实施例公开了一种特定的氟吡菌胺和咪唑菌酮组合的杀菌组合物。还公开了该杀菌剂组合物适用于被植物病原真菌控制的农作物，列举了疫霉菌属、葡萄霉菌属、向日葵霉菌属、烟草霉菌属等，提到了疫霉菌，茄科的霉菌，特别是马铃薯或番茄的晚疫病。可见，对比文件 1 关于氟吡菌胺和咪唑菌酮二元增效杀菌组合物及其效果的记载是明确的。在对比文件 1 明确列举的式 II 包括氰霜唑和咪唑菌酮的情况下，所属技术领域的技术人员对于将氟吡菌胺复配的杀菌剂进行替换，将咪唑菌酮替换为氰霜唑形成另一种组合物的作用存在合理预期。由于对比文件 1 中存在明确的列举，而且氰霜唑与咪唑菌酮均适用于有卵菌引起的霜霉病、疫病等，其具有大致相同的作用，所属技术领域的技术人员有动机将对比文件 1 氟吡菌胺与咪唑菌酮的组合物中的咪唑菌酮替代为类似的复合 III 抑制剂氰霜唑，用于特定靶标致病疫霉。在对比文件 1 的基础上，所属技术领域的技术人员存在将氟吡菌胺与咪唑菌酮的组合物中的咪唑菌酮替代为氰霜唑进行复配后提高防治疫霉菌效果的尝试。在现有技术整体上存在明确的技术启示的情况下，通过有限次的试验得到增效区间，并未付出创造性劳动。由此带来的协同增效并未超出所属技术领域的技术人员的合理预期，并非预料不到的技术效果。因此，被诉决定以及原审判决认定在对比文件 1 的基础上获得权利要求 1 的技术方案对于所属技术领域的技术人员而言是显而易见的，权利要求 1 不具有突出的实质性特点和显著的进步，不具备创造性。权利要求 2-7 也不具备创造性。

最高人民法院于 2021 年 9 月 28 日作出二审判决：驳回上诉，维持原判。

【评析】

本案系涉及化合物组合的发明申请的创造性审查，争议焦点在于基于发明的技术方案和最接近的现有技术的区别技术特征，如何确定发明实际解决的技术问题，然后在此基础上判断发明对于所属技术领域技术人员是否显而易见。合理确定请求保护的范围是确定区别技术特征和技术问题从而评价是否具备创造性的重要前提。本申请权利要求1是产品权利要求，请求保护用于控制晚疫病的活性化合物组合，限定了（A）式（Ⅰ）的氟吡菌胺和（B）（1-1）氰霜唑及其重量比。本申请权利要求1的主题"用于控制晚疫病的活性化合物组合"是专利申请人答复复审通知书时增加用途限定后修改而来，在修改没有超范围的情况下，被诉决定进行了审查，并作出了不具备创造性的审查决定。主题名称中含有用途限定的产品权利要求，用途限定在确定产品权利要求保护范围时应当予以考虑的，但其实际的限定作用取决于对所要求保护的产品本身带来何种影响。用于控制晚疫病的活性化合物组合的用途对于化合物组合是否具有限定作用，在于该限定对所要求保护的产品是否带来了影响。本案中，氟吡菌胺与氰霜唑属于已知化合物，在其化合物结构固定的情况下，对其用途进行限定并没有改变其组成成分，对用途的限定只是对产品使用用途或使用方式的描述，未影响化合物的结构组成，在评价该化合物组合是否具有新颖性、创造性时，该用途限定并不当然产生作用。

专利申请人上诉认为本申请权利要求1实际解决的技术问题是控制晚疫病的协同效应，被诉决定认为本申请实际解决的技术问题是如何获得氟吡菌胺和其它杀菌剂增效的杀菌组合物存在错误。在创造性审查判断的三步法中，发明实际解决的技术问题取决于区别技术特征在请求保护的发明中所产生的技术效果。由于本申请修改后的用途限定对保护范围没有产生限定，对比文件1权利要求11公开了组合氟吡菌胺和咪唑菌酮，因此本申请权利要求1请求保护的组合物相对于对比文件1的区别仅在于：与氟吡菌胺复配的不同杀菌剂，以及作出进一步限定的组分配比。

本申请权利要求 1 与氟吡菌胺复配的第二种杀菌剂是氰霜唑，对比文件 1 是咪唑菌酮，对于该区别技术特征，通常化合物组合杀菌剂产生的技术效果是通过一定配比复配组合实现的，在没有证据表明组合杀菌剂的效果是与氟吡菌胺配合的另一组分单独带来时，应当将复配组分作为整体进行判断，不能将发挥组合效果的组分拆分后单独认定。因此，本申请实际解决的技术问题是，为获得与氟吡菌胺复配控制疫霉菌的组合物。

对于化合物组合的产品权利要求尤其是农药类来而言，由于组合物中化合物基本上是已知的活性成分，其单一组分的效果是所属领域已知的，因此与现有技术相比，复配组合后的技术效果的合理预期是判断具备创造性的关键。本案中，专利申请人认为咪唑菌酮属于化合物（IIb），而氰霜唑属于化合物（IIa），两者作用的位点和对象不同，从对比文件 1 的咪唑菌酮的效果不可能推断出本申请氰霜唑的效果，主张协同效应通常是无法预测的，本申请取得了预料不到的技术效果，被诉决定以及一审判决关于不具备创造性的认定错误。根据审理查明的事实，对比文件 1 关于氟吡菌胺+咪唑菌酮二元增效杀菌组合物及其效果的记载是明确的。而作为已知低毒杀虫剂，氰霜唑针对作物被真菌浸染导致的发病，可以阻断卵菌纲真菌如疫霉菌、腐霉菌的生物活性，适用于马铃薯等田间作物的疫病、霜霉病等，所属领域的技术人员对其防治效果有着普遍的认知。而且氰霜唑与咪唑菌酮均适用于有卵菌引起的霜霉病、疫病等，其具有大致相同的作用。在对比文件 1 明确列举的式 II 包括氰霜唑和咪唑菌酮的情况下，对于将氟吡菌胺复配的杀菌剂进行替换，将咪唑菌酮替换为氰霜唑形成另一种组合物后产生的作用，所属领域技术人员存在合理预期，有动机将对比文件 1 组合物中的咪唑菌酮替代为类似的复合 III 抑制剂氰霜唑用于特定靶标致病疫霉。因此，在对比文件 1 的基础上，存在将氟吡菌胺与咪唑菌酮的组合物中的咪唑菌酮替代为氰霜唑进行混配后提高防治疫霉菌效果的技术启示。

在认定是否存在预料不到的技术效果时，应当综合考虑发明所属技术领域的特点尤其是技术效果的可预见性、现有技术中存在的技术启示等因素。通常，现有技术中给出的技术启示越明确，技术效果的可预见性就越高。本申请为农药领域，合理地混配农药是所属技术领域克服有害生物对农药产生抗性、发挥增效作用、扩大防治对象的种类的常规技术手段，如将原料混合加工制成复配制剂或者是在准确的农药混配顺序下现场混配使用，采取农药混配顺序来实现混配增效，如微肥、水溶肥、可湿性粉剂、水分散粒、悬浮剂、微乳剂、水乳剂、乳油，合理地混配达到一药多治等作用。对于化学结构作用机制不同但可能增效的农药品种进行复配使用，混合搭配用药，存在杀虫剂、增效剂、杀菌剂、除草剂交叉混用的情形，混配后能够提高防治效果或者延缓病虫害产生抗药性。农药领域对复配使用所带来的技术效果具有普遍的预期。因此，在现有技术整体上存在明确的技术启示的情况下，通过有限次的试验得到增效区间，并未付出创造性劳动。由此带来的协同增效未超出本领域技术人员的合理预期，并非预料不到的技术效果。被诉决定和一审判决关于对比文件 1 的基础上获得权利要求 1 的技术方案对于所属领域技术人员而言是显而易见的，亦未取得意料不到的技术效果，不具备创造性，二审予以了维持。

（撰写人：罗霞，最高人民法院知识产权法庭法官）

8. 实用新型专利创造性判断中对于非形状构造类技术特征的考量

——上诉人浙江莎普爱思药业股份有限公司与被上诉人国家知识产权局等实用新型专利权无效行政纠纷案

【裁判要旨】

实用新型专利权的保护对象是由形状、构造或者其结合所构成的技术方案。如果权利要求中非形状构造类特征对产品的形状、构造或者其结合不具有影响，则其通常对于该权利要求的创造性不产生贡献。

【案号】

一审：北京知识产权法院（2018）京73行初3105号

二审：最高人民法院（2021）最高法知行终621号

【案情】

在上诉人浙江莎普爱思药业股份有限公司（以下简称莎普爱思公司）与被上诉人国家知识产权局、原审第三人李某成实用新型专利权无效行政纠纷一案中，涉及专利号为201420651984.5，名称为"一次性单剂量药用低密度聚乙烯滴眼剂瓶"的实用新型专利（以下简称本专利），专利权人为莎普爱思公司。

经审查，国家知识产权局作出第 34330 号无效宣告请求审查决定（以下简称被诉决定），宣告本专利权全部无效。被诉决定针对的权利要求 1 的内容为："1. 一次性单剂量药用低密度聚乙烯滴眼剂瓶，其特征在于该滴眼剂瓶由瓶盖（1）、瓶嘴（2）、瓶身（3）、滴眼剂（4）和标签板（5）所构成，其中滴眼剂（4）灌入瓶身（3）中，瓶身（3）下端与标签板（5）相连；所述低密度聚乙烯滴眼剂瓶由 5 个或 10 个为一组合相互连接在一起，每个滴眼剂瓶瓶身（3）与此相连的标签板（5）之间有一条连接缝（6）；所述滴眼剂（4）为无防腐剂的苄达赖氨酸。"

被诉决定认为：本专利权利要求 1 与最接近的现有技术证据 1 存在三个区别特征：（1）本专利中的滴眼剂瓶采用低密度聚乙烯制成，而证据 1 中仅公开了采用聚乙烯；（2）本专利中的滴眼剂瓶由 5 个或 10 个为一组合，每个滴眼剂瓶瓶身和标签板之间有一条连接缝，而证据 1 中仅公开了两个或两个以上的单剂量液体容器相互之间可采用排式非刚性软连接；（3）本专利中还限定了滴眼剂为无防腐剂的苄达赖氨酸。本专利权利要求 1-5 相对于证据 1、证据 8 或证据 9 及本领域公知常识的结合不具有实质性特点和进步，不具备专利法（2008 年修正）第二十二条第三款规定的创造性。莎普爱思公司不服，向北京知识产权法院（以下简称一审法院）提起诉讼，请求撤销被诉决定并判令国家知识产权局重新作出决定。

【裁判】

一审法院认为：本专利权利要求 1 和证据 1 存在三个区别特征。其中区别特征（1）滴眼剂瓶采用低密度聚乙烯制成，因证据 1 已公开滴眼液可使用聚乙烯容器，证据 8 或证据 9 均公开滴眼液可使用低密度聚乙烯容器，故由此容易想到可使用低密度聚乙烯容器来盛装滴眼液；区别特征（3）滴眼剂为无防腐剂的苄达赖氨酸，因在一次性单剂量的滴眼液中不再需要添加防腐剂、抑菌剂等多余成分，这对于本领域人员是显而易见的，苄达赖氨酸滴眼剂被选用为滴眼液是常规选择。区别特征（2）亦是常规选择。故，在证据1的基础上结合证据8或证据9及本领域公知常识得到本专利权利要求1的技术方案是显而易见的，权利要求1及引用权利要求1的权利要求2-5均不具备创造性。一审法院于2020年10月15日作出判决：驳回莎普爱思公司的诉讼请求。

莎普爱思公司不服，向最高人民法院提起上诉，主张不同材质的容器与滴眼液的化学成分有关联性，本专利未申请之前，市面上均未出现利用低密度聚乙烯容器盛装苄达赖氨酸滴眼液的技术方案，莎普爱思公司为此付出创造性劳动，本专利应具备创造性。

最高人民法院二审认为：证据1从发明构思来说，已基本实现本专利权利要求1的整体发明目的，即滴眼剂瓶均为一次性、可从组合排式剥离单独使用，所盛装的滴眼剂不含抑菌剂。本专利权利要求1与证据1具备的三个区别特征，集中在滴眼剂瓶的材质、滴眼剂瓶在组合排式情况下的剥离方式，以及瓶内盛装的滴眼剂具体药物组合物三个方面。鉴于本专利为实用新型专利，实用新型专利保护的是产品的形状、构造或者其结合所提出的适于实用的新的技术方案。在实用新型专利创造性的审查中，对于材料特征和方法特征，应当主要考虑其对产品的形状、构造或者其结合是否产生影响；如果其没有对产品的形状、构造或者其结合产生影响，则未对产品的形状、构造或者其结合作出技术贡献，通常不会为实用新型专利带来创造性。

本案中，本专利权利要求1限定的滴眼剂瓶的材质与瓶内盛装的滴眼剂具体药物组合物的相容性问题，是否会为本专利带来创造性，主要取决于二者的改进是否会对本专利要求保护的滴眼剂瓶产品的形状、构造或者其结合产生影响。从本专利权利要求及说明书的记载内容来看，本领域技术人员无法确定，权利要求1限定的滴眼剂瓶的材质与瓶内盛装的滴眼剂具体药物组合物的相容性问题，将会对本专利的形状、结构或者其结合产生何种影响，故二审法院认定上述区别特征，对本专利的技术方案并未产生创造性贡献。一审法院对创造性判断的最终结论正确，予以确认。

最高人民法院于 2021 年 12 月 9 日作出判决：驳回上诉，维持原判。

【评析】

本案专利权人莎普爱思公司是国内一家大型上市公司，生产众多眼科药品，在眼科用药方面的科技创新及成果转化应用较多。根据莎普爱思公司在本案中提交的证据，本专利在申请实用新型专利的同时即已向国家食品药品监督管理局申请了相关医疗器械设备批文。莎普爱思公司主张其做了很多科研创新，在本专利申请日之前，市面上从未出现过低密度聚乙烯包装苄达赖氨酸滴眼液的产品。分析莎普爱思公司的上诉理由，主要集中在滴眼剂瓶的材质与瓶内盛装的滴眼剂具体药物组合物的相容性问题，这两个非形状构造类特征是否对滴眼剂瓶产品的形状、构造或者其结合具有影响，从而对该权利要求的创造性产生贡献，是评判本实用新型专利是否具备创造性的关键。

首先，如何理解实用新型专利的保护内容。专利法第二条第三款规定："实用新型，是指对产品的形状、构造或者其结合所提出的适于实用的新的技术方案。"《专利审查指南》第一部分第二章 6.1 "实用新型专利只保护产品"、6.2 "产品的形状和/构造"两节对具体保护的内容有进一步的明确规定：实用新型专利仅保护针对产品形状、构造提出的改进技术方案。其中，产品的形状是指产品所具有的、可以从外部观察到的确定的空间形状；产品的构造是指产品的各个组成部分的安排、组织和相互关系。

其次，如何评价一项完整的实用新型技术方案的创造性。在理解专利法第二条第三款规定的实用新型时，其落脚点在所谓要求保护的实用新型发明创造，是一个完整的技术方案，是对要解决的技术问题所采取的利用了自然规律的技术手段的集合，而技术手段通常是由技术特征来体现的。在实用新型专利创造性的审查中，应当考虑其技术方案中的所有技术特征，包括材料特征和方法特征。而材料特征和方法特征是非形状构造类特征，其是否对实用新型产生实质性贡献，即是否会使得实用新型具有实质性特点和进步，主要考虑的是其对产品的形状、构造或者二者的结合是否产生影响。如果非形状构造类特征没有对产品的形状、构造或者二者的结合产生影响，则未对产品的形状、构造或者二者的结合作出技术贡献，通常不会为实用新型专利带来创造性。

最后，行政授权确权的审查标准与民事侵权判定（包括现有技术抗辩）原则保持相对协调。本案裁判是在（2017）最高法民申 3712 号再审申请人谭熙宁与被申请人镇江新区恒达硅胶有限公司侵害实用新型专利权和外观设计专利权纠纷一案基础上，经进一步提炼裁判规则之后作出的。上述 3712 号案民事裁定书中提到："实用新型专利权利要求中非形状构造类技术特征对于该实用新型专利权利要求的新颖性和创造性不能产生贡献。因此，审查针对该具有非形状构造类技术特征的实用新型专利权利要求所提出的现有技术抗辩时，原则上不考虑该现有技术是否公开了该非形状构造类技术特征。相反，如果考虑该非形状构造类技术特征，则会将已经全部公开了有关形状构造类技术特征的现有技术囊括在该具有非形状构造类技术特征的实用新型专利权利要求的保护范围之内，导致该实用新型专利权利要求的保护范围与其技术贡献不相适应。"故，无论是 3712 号案还是本案，通过非形状构造类特征对权利要求的创造性技术贡献的判断，能更精确地厘清实用新型专利的保护范围，防止权利人不当扩张其权利，造成对公众利益的损害。

（撰写人：佘朝阳，最高人民法院知识产权法庭法官）

9. 创造性判断中对预料不到的技术效果的考虑

——上诉人耐玩专利博物馆有限公司与被上诉人国家知识产权局、原审第三人浙江天猫网络有限公司、苹果电子产品商贸（北京）有限公司、中国工商银行股份有限公司发明专利权无效行政纠纷案

【裁判要旨】

专利创造性判断中广泛使用的"三步法"是具有普适性的逻辑推演方法；基于解决长期技术难题、克服技术偏见、实现预料不到的技术效果、获得商业成功等直接证据判断创造性的方法则属于经验推定方法，两者都属于创造性判断的分析工具。运用"三步法"判断的结论是技术方案具备创造性时，一般无需再审查有关创造性直接证据；运用"三步法"判断的结论是技术方案不具备创造性时，应当审查有关创造性的直接证据，并根据基于创造性直接证据的经验推定结论复验"三步法"分析，综合考虑逻辑推演和经验推定两方面结论作出判断。

基于预料不到的技术效果认定专利创造性时，专利权人应当对存在该预料不到的技术效果且其来源于相关区别技术特征承担举证责任。该预料不到的技术效果应当足以构成技术方案实际要解决的技术问题的改进目标。如果某一技术方案是解决技术问题的必然选择，即便有关技术效果难以预料，其也仅为本领域技术人员均可作出的必然选择的"副产

品"，仅此尚不足以证明该技术方案具备创造性。

【案号】

一审：北京知识产权法院（2018）京 73 行初 12921 号

二审：最高人民法院（2021）最高法知行终 119 号

【案情】

在上诉人耐玩专利博物馆有限公司（以下简称耐玩公司）与被上诉人国家知识产权局、原审第三人浙江天猫网络有限公司（以下简称天猫公司）、苹果电子产品商贸（北京）有限公司（以下简称苹果商贸公司）、中国工商银行股份有限公司（以下简称工商银行）发明专利权无效行政纠纷案中，涉及专利号为 97121280.5、名称为"一种多元置信度适配系统及其相关方法"的发明专利。本专利权利要求 1 为：

"1. 一种由多个用户使用的计算机适配系统，所述系统包括：

——数据库，用于存贮用户输入的要约数据；

——要约创建程序装置，用来在数据库中为每个用户输入的要约创建一个实体并把所述要约存贮于其中；和

——检索引擎，用于将由一个用户输入的需求与其它用户的存贮在该数据库中的要约进行比较和适配，其中所述需求包括多个元素作为检索判别式，每个所述元素被分配有一个表示重要性的权重，从而每个适配结果具有一表示所述用户的满意程度的检索得分，并且返回所述适配结果给该用户。"

针对天猫公司、苹果商贸公司、工商银行先后分别针对本专利权提出的无效宣告请求，国家知识产权局作出第 36402 号无效宣告请求审查决定，认为本专利权利要求 1 保护一种由多个用户使用的计算机适配系统。证据 A4 公开了一种用于商品或服务的代理的计算机辅助系统。本专利权利要求 1 相对于证据 A4 和公知常识的结合不具备创造性。本专利权利要求 2、3、5 引用权利要求 1，权利要求 4 引用权利要求 3，有关附加

技术特征亦均已经被证据 A4 所公开或者为本领域技术人员容易想到和实现，故本专利权利要求 2-5 亦不具备创造性。本专利权利要求 6-9 是权利要求 1-4 对应的方法权利要求，基于相似的理由，其也不具备创造性。故本专利全部权利要求不具备专利法第二十二条第三款规定的创造性。国家知识产权局据此宣告本专利权全部无效。耐玩公司不服，提起行政诉讼，请求撤销被诉决定，判令国家知识产权局重新作出决定。

【裁判】

北京知识产权法院认为，权利要求 1 保护一种由多个用户使用的计算机适配系统。证据 A4 公开了一种用于商品或服务的代理的计算机辅助系统。权利要求 1 保护的方案与证据 A4 相比区别在于：证据 A4 中将检索判别式中包括的多个元素分为"必须具有的"和"想具有的"，其中"必须具有的"元素不具有权重，仅对"想具有的"元素分配权重，并且在存在太少命中的情况下，可以将"必须具有的"元素转换成"想具有的"元素。而本专利权利要求 1 中是直接将检索判别式中的每个元素都被分配权重，即不区分"必须具有的"和"想具有的"，相当于全部元素均为"想具有的"元素。权利要求 1 相对于证据 A4 实际解决的问题是简化对检索元素进行权重分配的处理方式。

证据 A4 虽然将各元素分为"必须具有的"和"想具有的"，仅对"想具有的"元素进行加权处理，但就其检索方法中在具体针对"想具有的"元素所进行的加权处理的搜索方法中，所实现的手段以及达到的效果都与本专利所实现的手段和效果并无不同，均是为了实现一种非精确化的检索，以实现为用户提供可能满足其需求的要约的最大信息量。并且证据 A4 还公开了在判定为存在太少命中的特定情况下，也可以将"必须具有的"元素转换成"想具有的"元素进行检索处理。因此，为了在检索操作时对检索元素的权重分配实现简化处理，本领域技术人员在证据 A4 公开内容的基础上容易想到，可以不对检索判别式中包括的各个元素区分"必须具有的"和"想具有的"，而是直接将检索判别式中的每个元素都视为"想具有的"元素进行处理，由此既简化了处理方式，亦不会影响为用户提供可能满足其需求的要约的最大信息量的处理效果。

北京知识产权法院确认，国家知识产权局认为上述区别特征属于本领域技术人员在证据A4公开内容的启示下容易想到和实现的，属于公知常识，并没有使得该权利要求的技术方案具有意料不到的技术效果，权利要求1相对于证据A4和公知常识的结合不具备专利法第二十二条第三款规定的创造性，并无不当。故判决驳回耐玩公司的诉讼请求。

耐玩公司不服一审判决，提出上诉，请求撤销一审判决，判令国家知识产权局重新作出审查决定。主要事实与理由为：本专利与最接近的现有技术证据A4相比具有的简化输入、简化权重、简化需求、简化检索等四个预料不到的技术效果，具备创造性。

最高人民法院认为，耐玩公司作为专利权利人主张本专利权利要求1所限定的技术方案因取得了简化输入、简化权重、简化需求、简化检索等预料不到的技术效果而具备创造性，其应就存在上述技术效果、上述技术效果达到不可预料的程度，以及上述技术效果与有关区别技术特征之间的对应关系承担证明责任。对上述技术效果及其与区别技术特征的对应关系，专利说明书中没有明确具体的记载，耐玩公司在本案行政审查阶段和一审期间均未提出此主张，只是在上诉理由和二审庭审中才提出有关主张，但并未举证证明其所主张的简化输入、简化权重、简化需求、简化检索技术效果确实存在，更未能够证明所谓的技术效果与最接近的现有技术相比达到了本领域技术人员不可预料的程度。耐玩公司上诉中所称"最接近的现有技术中，检索页面繁杂，90%的用户因此放弃检索，9%的用户能够开始检索但难以完成，1%的用户能够完成检索。权利要求1中，检索页面简化，不存在因页面繁杂而放弃检索的用户，仅1%的用户因知识局限或者个性差异能够开始检索但难以完成，99%的用户能够完成检索"，仅系其单方陈述，其未能提供充分证据加以证明。

实际上，本专利权利要求1限定的方案与最接近现有技术证据A4相比的区别仅在于，证据A4中区分"必须具有的"元素和"想具有的"

元素，仅对"想具有的"元素分配权重，且仅在命中过少的情况下，将"必须具有的"元素转换成"想具有的"元素；而本专利权利要求 1 不区分"必须具有的"和"想具有的"，全部元素均为"想具有的"元素，均分配权重。证据 A4 的检索方法中具体针对"想具有的"元素作加权处理的检索方法和本专利权利要求 1 的检索方法，在手段和效果上均不具有显著差异；更何况在证据 A4 已经公开了命中太少即不再设置"必须具有的"元素的技术方案。本领域技术人员为简化处理，在证据 A4 公开的内容的启示下，容易想到自始即不区分"必须具有的"和"想具有的"元素这一技术方案，也很容易预料自始即不区分"必须具有的"和"想具有的"元素的技术效果。

总之，耐玩公司在专利确权行政审查程序和本案一审程序中并未明确以取得预料不到的技术效果为由主张本专利权利要求 1 具备创造性，其在本案二审程序中提出这一主张也未能提供证据证明本专利权利要求 1 所限定技术方案的实际技术效果超出了本领域技术人员的可预见技术效果。故被诉决定和一审判决关于本专利权利要求 1 不具备创造性的认定并无不当；耐玩公司关于本专利权利要求 1 具备创造性的主张，缺乏依据，不能成立。遂判决驳回上诉，维持原判。

【评析】

在专利创造性的判断中，为提高专利创造性评价过程的客观性和创造性评价结论的可预见性，司法审判和行政审查实践中关于权利要求所限定的技术方案是否属于显而易见的判断，通常需要借助分析工具。常见的创造性判断分析工具一般有两类：一类是逻辑推演工具。如专利审查实践中运用最为广泛的所谓的"三步法"，即"问题—解决方案"思路，通过确定最接近的现有技术、确定发明的区别技术特征和发明实际解决的技术问题、判断要求保护的发明对本领域技术人员而言是否显而易见三个步骤，完成创造性判断。其实质是通过还原发明场景、模拟发明过程，以本领域技术人员视角对技术方案是否显而易见作出的逻辑推演。另一类是经验推定工具。如解决了一直渴望解决但始终未能解决的技术难题、克服了技术偏见、取得了预料不到的技术效果、获得了商业上的成功等（为方便起见，可一并简称为经验推定因素），其是通过认定技术方案具备创造性的直接证据，并基于这些直接证据与技术方案本身的对应性或者因果关系，在适当考虑获得该技术方案困难程度的基础上，最终对技术方案是否显而易见作出的经验推定。

原则上，对于同一技术方案的创造性问题，从逻辑角度和经验角度的分析应当殊途同归。技术方案的创造性未必来源于解决长期技术难题、克服技术偏见、实现预料不到的技术效果，未必带来商业成功；但解决了长期技术难题、克服了技术偏见、实现了预料不到的技术效果、获得了商业成功却是技术方案具备创造性的重要标志。逻辑推演工具的适用具有普适性，而经验推定工具则因仅涵盖了有限的几种典型情形而适用场景有限。故仅在有关创造性判断涉及前述经验推定因素时，才涉及逻辑推演和经验推定结论的协调问题。

逻辑推演和经验推定结论不一致的情形一般有两种：一是"三步法"认定具备创造性，但并不存在经验意义上能够充分体现发明创造价值和效果的创造性直接证据，或者虽然存在创造性直接证据但其与有关区别技术特征缺乏对应性或者因果关联；二是"三步法"认定不具备创造性，但存在经验意义上能够充分体现发明创造价值和效果的创造性直接证据，且其与有关区别技术特征具有对应性或者因果关联。对于第一种情形而言，如前所述，因技术方案的创造性未必来源于经验推定因素，故不具备经验推定因素不足以否定技术方案的创造性，可以直接基于"三步法"结论认定技术方案具备创造性。对于第二种情形而言，则需要对"三步法"的结论进行复验。根据有关直接证据的不同，复验的重点也会有所不同：技术方案解决了长期技术难题、克服了技术偏见、获得了商业上的成功的，要重点考察"三步法"分析中，是否未充分考虑技术发展的阶段性和局限性进而错误判断了结合启示；技术方案取得了预料不到的技术效果的，则要重点考察是否错误认定了区别技术特征的技术效果，进而错误归纳了技术方案实际要解决的技术问题。如果复验结论是原先基于"三步法"的分析有误，则实现了分析结论的校准；如果复验结论是原先基于"三步法"的分析无误，则有必要再次审视，关于创造性直接证据的认定，及其与区别技术特征的对应性和因果关系认定是否有误，以及是否存在其他难以基于创造性直接证据认定创造性的情形。据此，原则上，当"三步法"结论是技术方案具备创造性时，无需再审查有关创造性直接证据；当"三步法"结论是技术方案不具备创造性时，应当根据专利权人或者申请人的主张审查有关创造性直接证据，并根据基于创造性直接证据的经验推定结论复验"三步法"分析，综合考虑逻辑推演和经验推定两方面结论，作出判断。

具体到基于预料不到的技术效果认定专利创造性而言：首先，有关证明责任应当由专利权人或者申请人承担，其至少应当证明存在预料不到的技术效果，且该预料不到的技术效果来源于有关区别技术特征；其次，预料不到的技术效果认定中的判断时点应当是申请日或者优先权日，比对基准应当是最接近现有技术而非现有技术整体，判断主体应当是本领域技术人员；最后，预料不到的技术效果应当足以构成技术方案实际要解决的技术问题的改进对象，换言之，其应当构成技术方案选择的重要考量或者重要目标，如果某一技术方案是解决技术问题的必然选择，即便有关技术效果难以预料，该技术效果也仅为本领域技术人员均可作出的必然选择的"副产品"，其不能成为必然选择技术方案的创造性来源。

（撰写人：廖继博，最高人民法院知识产权法庭法官助理；高雪，最高人民法院知识产权法庭法官助理）

10. 说明书公开充分的审查对象

——上诉人宋某根、宋某炜、宋某承与被上诉人国家知识产权局实用新型专利申请驳回复审行政纠纷案

【裁判要旨】

关于专利说明书是否充分公开的判断，应当以权利要求限定的技术方案及其所要解决的技术问题为对象，以本领域技术人员阅读说明书后能否实现该技术方案和解决该技术问题为标准。说明书中与权利要求限定的技术方案及其所解决的技术问题无关的内容，对于说明书公开是否充分的判断一般不产生影响。

【案号】

一审：北京知识产权法院（2017）京 73 行初 7281 号
二审：最高人民法院（2020）最高法知行终 520 号

【案情】

宋某根、宋某炜、宋某承于 2016 年 5 月 6 日申请名称为"高效转盘式水力发电机组"的实用新型专利，申请号为 201620402906.0。经审查，国家知识产权局原审查部门于 2016 年 11 月 30 日发出驳回决定，驳回了本申请，其理由是：本申请不符合专利法（2008 年修正）第二十六条第

三款的规定。驳回决定针对的本申请的申请文本共有六项权利要求：

"1. 一种高效转盘式水力发电机组，它包括若干阻力杆（8），阻力杆（8）安装在组合承重塔柱（1）上，每根阻力杆（8）的外端均安装有能单向转动的阻水板（7），阻水板（7）在沟槽或河流（11）中的水流的作用下推动阻力杆（8）转动，阻力杆（8）带动组合承重塔柱（1）转动，进而带动安装在组合承重塔柱（1）上的齿轮（4）转动，齿轮（4）通过高速器（5）驱动发电机（6）转动而发电，其特征是所述的组合承重塔柱（1）的下端安装在底座（13）上，底座（13）安装在一个减摩机构上以便能在减摩机构上轻松地转动。

2. 根据权利要求1所述的高效转盘式水力发电机组，其特征是所述的减摩机构由滚珠（9）和承重基础（10）组成，所述底座（13）被限制在承重基础（10）中，底座（13）的底面和圆周面均通过滚珠（9）与承重基础（10）的底面和侧壁相接触。

3. 根据权利要求1所述的高效转盘式水力发电机组，其特征是所述的阻力杆（8）支承在承重柱（12）组成的圆形支承墙表面转动。

4. 根据权利要求1所述的高效转盘式水力发电机组，其特征是所述的阻力杆（8）的两端各连接有一根配重吊索（2），每根配重吊索（2）均穿过组合承重塔柱（1）上对应的滑轮与配重块相连。

5. 根据权利要求1所述的高效转盘式水力发电机组，其特征是所述的阻力板（7）连接有阻水板吊索（3），阻水板吊索（3）穿过组合承重塔柱（1）上对应的滑轮与配重块相连。

6. 根据权利要求1所述的高效转盘式水力发电机组，其特征是所述的阻力板（7）连接有阻水板吊索（3），阻水板吊索（3）穿过阻水杆（8）上安装的滑轮与配重块相连。"

本申请说明书［0005］段记载：本实用新型的目的是针对现有的转盘式水力发电中存在的转轴因承重大而影响转动效率，易产生摩擦损耗而影响水力转换成电力，发电效率难以提高的问题，设计一种转轴转动灵活，能明显提高发电效率，提高电能转换效率的高效转盘式水力发电机组，以实现对现有转盘式水力发电方法的进一步完善，使之能适应商品化发电的需求。[0013] 段记载：本实用新型创造性地将平面轴承技术应用于转轴（即组合承重塔柱）支承中，减小了转动摩擦力，使水能尽可能多地转换成电能。[0014] 段记载：本实用新型创造性地将配重技术应用到阻水板的角度调节中，使之能更好地实现无能耗角度匹配。进一步完善了现有技术中阻力板的配置，使之更高效地实现击水获取动能，并能轻松无能耗转过无水段。[0020] 段记载：具体实施时，为了减少阻力杆 8 转动过程中的阻力，尤其是在无水段的阻力，可将阻力杆 8 支承在承重柱 12 组成的圆形支承墙表面转动，与此同时，还可通过在阻力杆 8 的两端各连接一根配重吊索 2，每根配重吊索 2 均穿过组合承重塔柱 1 上对应的滑轮与配重块相连，这样可减少阻力杆的重力转矩，使阻力杆的重力向组合承重塔柱 1 的轴心转移。为了使阻水板转动灵活，也可使每个阻力板 7 均连接一根阻水板吊索 3，阻水板吊索 3 既可穿过组合承重塔柱 1 上对应的滑轮与配重块相连，也可穿过阻水杆 8 上安装的滑轮与配重块相连。

宋某根、宋某炜、宋某承对上述驳回决定不服，于 2016 年 12 月 8 日向原国家知识产权局专利复审委员会（以下简称专利复审委员会）提出复审请求，同时对权利要求书和说明书进行了修改，删除了原权利要求 3 -6 的内容。

2017 年 7 月 12 日，专利复审委员会作出第 126394 号复审请求审查决定，维持国家知识产权局于 2016 年 11 月 30 日对本申请作出的驳回决定。

宋某根、宋某炜、宋某承不服被诉决定，向北京知识产权法院提起诉讼，请求：撤销被诉决定，并判令国家知识产权局重新作出审查决定。一审法院经审理，判决驳回宋某根、宋某炜、宋某承的诉讼请求。

宋某根、宋某炜、宋某承不服一审判决，向最高人民法院提起上诉，请求撤销一审判决，依法改判。

【裁判】

北京知识产权法院认为：本申请要实现说明书记载的"阻力杆 8 支承在承重柱 12 组成的圆形支承墙表面转动"，至少包含以下内容：（1）承重柱 12 组成圆形支承墙；（2）阻力杆 8 能支承在圆形支承墙表面转动。首先，本申请说明书未记载承重柱组成的圆形支承墙的具体结构，从说明书附图中也无法清楚获知"圆形支承墙"的具体结构方案。其次，"墙"在本领域不具有确定含义，且形式多样，"承重柱""支承"对"墙"的结构无限定作用。最后，如仅仅是将多个承重柱 12 简单围成一个圆形，则无法达到支承阻力杆 8 的技术效果。

本申请是通过阻水板 7 在水流的作用下推动阻力杆 8 转动，阻力杆 8 带动组合承重塔柱 1 转动，进而带动齿轮 4 通过高速器 5 驱动发电机 6 转动而发电，因此阻水板 7 的结构和作用必不可少。根据说明书记载可知，"为使阻水板转动灵活，也可使每个阻水板 7 均连接一根阻水板吊索 3"，阻水板吊索 3 与配重块的连接方式有两种：一是穿过组合承重塔柱 1 上对应的滑轮与配重块连接；二是穿过阻力杆 8 上安装的滑轮与配重块相连。说明书仅记载阻水板 7 通过阻水板吊索 3 与配重块连接的结构，但没有记载阻水板 7 的具体调整结构，以及如何通过配重调节阻水板的角度。

因此，对本领域技术人员来说，上述技术手段是含糊不清的，根据说明书记载的内容无法实现，附图中也缺少实施该设想的具体产品结构，使得说明书及附图所记载的内容不能构成一个清楚完整的技术方案，因而不符合专利法第二十六条第三款的规定。

最高人民法院认为：

专利说明书的作用在于清楚、完整地描述发明或者实用新型的技术方案，使本领域技术人员能够理解和实施技术方案。专利说明书记载的内容并非必然针对权利要求所要求保护的内容，其可能承载超出权利保护范围的技术方案及其技术效果，当事人也可以基于同样的说明书内容分别要求多项权利的保护。要求说明书充分公开，是因为专利权需要以技术方案的公开换取专有权的保护，由于授权的对象是权利要求所要求保护的技术方案，故判断说明书是否公开充分也应当针对权利要求所要求保护的技术方案及其所要解决的技术问题。对于说明书中虽有记载，但并非权利要求所要求保护的技术方案及其所要解决的技术问题，本技术领域技术人员能否实现该技术方案，解决该技术问题，不应当影响专利申请的授权。

本案中，本申请说明书记载的有益技术效果及其对应的技术手段包括：将平面轴承技术应用于转轴（即组合承重塔柱）支承中，减小转动摩擦力，使水能尽可能多地转换成电能；将配重技术应用到阻水板的角度调节中，使之能更好地实现无能耗角度匹配；进一步完善现有技术中阻力板的配置，使之更高效地实现击水获取动能，并能轻松无能耗转过无水段；将阻力杆支承在承重柱组成的圆形支承墙表面转动，减少阻力杆转动过程中的阻力，尤其是在无水段的阻力。可见，尽管本申请整体要解决提高电能转换效率、减少能耗的问题，但系通过不同技术手段在不同层面解决减少能耗的问题，相互之间亦不存在协同作用的关系。其中，降低阻力杆和阻水板转动的能耗系通过配重、圆形支撑墙等技术手段解决，降低承重塔柱转动的能耗系通过设置减摩机构的技术手段解决。经查，宋某根、宋某炜、宋某承在提交复审请求时修改的权利要求中，删除了原从属权利要求3-6中关于圆形支撑墙及通过配重调节阻水板角度的技术特征，该修改已经被专利复审委员会接受。就修改后保留的权利要求1、2而言，其并未涉及圆形支撑墙及通过配重调节阻水板的角度等技术特征，相应的技术效果亦并非本申请权利要求1、2限定的技术方案所要解决的技术问题，不应成为评价本申请说明书是否公开充分的对象。被诉决定的决定理由部分及原审判决仅以本领域技术人员不能清楚地知晓圆形支撑墙的具体结构及通过配重调节阻水板的角度如何实现为由，认定本申请说明书公开不充分，有所不当。

关于本申请权利要求1、2所要求保护的技术方案在说明书中是否公开充分，被诉决定在对宋某根、宋某炜、宋某承相关意见的评述部分，还指出本申请仅仅依靠"使承重柱的下端支承在一个类似轴承的结构"无法实现"设计一种转轴转动灵活，能明显提高发电效率，提高电能转换效率的高效转盘式水力发电机组"。对此，说明书中记载的本申请所要解决的技术问题，是其声称相对于背景技术所要解决的技术问题，且本案中该技术问题是对多项改进的总的概括。本申请说明书记载了转盘式水力发电机的基本结构，并分别指出了本申请作出的多项改进及其技术效果，其中包括将平面轴承技术应用于转轴（即组合承重塔柱）支承中，通过减小转动摩擦力使水能尽可能多地转换成电能。本申请说明书对承重柱下端的类似轴承的结构进行了说明，本领域技术人员能够根据说明书的记载实现相对于背景技术减少转动摩擦力，提高电能转换效率的技术效果。形成圆形支承墙及通过配重调节阻水板亦为本申请说明书中记载的实现提高电能转换效率的技术手段，但其作用是减少阻力杆转动过程中的阻力。申请人放弃在本申请中保护形成圆形支承墙及通过配重调节阻水板的技术手段后，本申请要求保护的技术方案不再要解决减少阻力杆转动过程中的阻力这一技术问题，说明书中仅清楚地记载通过安装减摩机构提高电能转换效率的实施方式并不会导致说明书公开不充分。因此，针对宋某根、宋某炜、宋某承修改后的权利要求，本申请说明书公开充分，符合专利法第二十六条第三款的规定。

【评析】

专利法第二十六条第三款规定："说明书应当对发明或者实用新型作出清楚、完整的说明，以所属技术领域的技术人员能够实现为准；必要的时候，应当有附图。摘要应当简要说明发明或者实用新型的技术要点。"该条规定对专利说明书的公开提出了清楚、完整、能够实现的要求。《专利审查指南》进一步规定了清楚、完整、能够实现的审查标准。但上述规定并未明确说明书公开充分的审查对象，如果不从专利法要求说明书公开充分的目的出发，有可能得出全部说明书的内容都必须清楚、完整、能够实现的结论。

专利制度的最终目的在于推动科学技术的发展。为了实现这一目的，既要为已经完成的发明创造提供有效的保护，又要让其他人能够借鉴在先的技术方案进行新的发明创造。为此，专利制度设置了"以公开换保护"的基本原则，即专利申请人应当在专利文件中充分披露其认为尚不为公众所知的技术方案，达到所属领域的普通技术人员可以实施的程度，然后由专利审查部门通过专门渠道向社会公开，使社会公众能够及时了解。相应地，国家对经过公开并符合其他授权条件的发明创造给予一定期限的排他保护，以使发明人能够获得与其技术贡献相匹配的利益。而在专利保护期之外，"以公开换保护"的原则意味着公众可以自由、正当地使用该技术方案。因此，要求说明书公开充分，是实现专利制度目的的必要条件，但对说明书公开充分程度的要求，应当与为专利权人提供的保护相适应。

由于专利法规定发明和实用新型专利权的保护范围以权利要求为准，所以专利申请人最终要通过权利要求确定其所要求保护的权利范围，在专利申请的过程中其可以通过修改权利要求的方式，确定既可以获得授权又有利于保护的权利范围。此外，在一件专利申请包括两项以上的发明、实用新型时，申请人也可以提出分案申请。实践中，除了按照单一性的要求提出分案申请外，申请人也可能出于申请策略和弥补错误等考虑提出分案申请，虽然此种情形并不符合分案申请制度的本意，但也不违反法律、法规的规定。可见，专利说明书可以承载的内容范围远远超过权利要求的内容范围。对于申请人没有在权利要求中要求保护的技术方案，如果也要求说明书相应的内容都符合专利法第二十六条第三款规定的条件，否则就不授予专利权，显然不符合"以公开换保护"的原则。因此，说明书是否公开充分的审查对象，应当是权利要求所要求保护的技术方案及其所要解决的技术问题。对于说明书中虽有记载，但并非权利要求所要求保护的技术方案及其所要解决的技术问题，本技术领域技术人员能否实现该技术方案，解决该技术问题，不应当影响专利申请的授权。

本案中，本申请说明书描述了三套提高电能转换效率、减少能耗的机制，针对驳回决定指出的关于圆形支撑墙及通过配重调节阻水板的角度公开不充分的缺陷，申请人删除了权利要求3-6，其保留的权利要求1、2要求保护的只是将平面轴承技术应用于转轴（即组合承重塔柱）支承中的技术方案，解决的是通过减小转动摩擦力来减小损耗的技术问题。对此，本申请说明书记载的内容已经达到了清楚、完整、可以实现的程度。因此，针对修改后的权利要求，本申请说明书公开充分，符合专利法第二十六条第三款的规定。

（撰写人：崔宁，最高人民法院知识产权法庭法官）

11. 外观设计专利申请文件修改超范围的认定

—— 上诉人上海帛琦婴童用品有限公司与被上诉人国家知识产权局及原审第三人米玛国际控股有限公司外观设计专利权无效行政纠纷案

【裁判要旨】

对外观设计专利申请文件的修改是否超出原图片或者照片表示的范围的认定,应当审查"修改后示出的外观设计"与"修改前示出的外观设计"是否属于相同设计。删除外观设计专利申请文件中存在明显错误的图片或者照片,未导致原申请文件中其他图片或者照片表示的外观设计发生变化的,该删除不构成修改超范围。

【案号】

一审:北京知识产权法院(2018)京 73 行初 12891 号
二审:最高人民法院(2021)最高法知行终 9 号

【案情】

专利号为 200930190393.7、名称为"婴儿手推车"的外观设计专利的申请日为 2009 年 9 月 14 日,授权公告日为 2010 年 7 月 14 日。涉案专利的专利权人原为郭某卫、王某琦,后于 2014 年 5 月 20 日变更为米玛国际控股有限公司(以下简称米玛公司)。

涉案专利申请人在向国家知识产权局提出外观设计专利申请时提交的申请文件中共计八幅图片，包括六面正投影视图、立体图和另一角度立体图，没有变化状态图，也未附简要说明。在初步审查阶段，审查员向涉案专利申请人发出第一次补正通知书，指出：从提交的立体图和另一角度立体图来看，另一角度立体图产品的座椅朝向明显与其他正投影视图表达的座椅朝向不一致，建议删除该另一角度立体图。之后，涉案专利申请人接受审查员的建议，删除了另一角度立体图，其余图片未作修改。

针对涉案专利权，上海帛琦婴童用品有限公司（以下简称帛琦公司）于2018年6月1日向原国家知识产权局专利复审委员会（以下简称专利复审委员会）提出无效宣告请求。帛琦公司认为，涉案专利原申请文件中存在"另一角度立体图"，由此表明涉案专利提出申请时明确要求保护的是一种座椅能够按使用状态图所示方式反向安装的婴儿推车，由于涉案专利申请人在授权阶段删除了该"另一角度立体图"，导致修改后的涉案专利权的保护对象包含不可反向安装以及可以按其它方式、方向安装的婴儿推车，明显扩大了涉案专利权的保护范围，前述删除图片的行为构成外观设计申请文件修改超范围，违反2000年修正的专利法第三十三条的规定，涉案专利权应被宣告无效。

专利复审委员会经审查认为，涉案专利申请文件修改后的各视图的设计内容皆与原图片中的相应视图记载的内容相同，修改后的内容在原图片记载的范围之内，二者表达了相同的设计，因此修改并未超出原图片表示的范围，符合2000年专利法第三十三条的规定。维持涉案专利权有效。

2018年11月1日，专利复审委员会作出第37801号无效宣告请求审查决定，维持涉案专利权有效。

帛琦公司对被诉决定不服，向北京知识产权法院提起行政诉讼，请求撤销被诉决定。

【裁判】

北京知识产权法院经审理认为，修改后的外观设计与原始申请文件中表示的相应的外观设计相比，产品的设计特征并未发生变化，属于相同设计，故修改并未超出原图片表示的范围。修改后的涉案专利视图清楚地表达了请求保护的外观设计为座椅朝向前方的婴儿手推车。涉案专利申请人删除另一角度立体图的行为，并未使涉案专利请求保护的设计变为不确定的设计，且修改后的设计包含在原始申请文件表示的范围之内，因此，对涉案专利申请文件的修改不属于修改超范围的情形。

2020 年 7 月 30 日，北京知识产权法院作出（2018）京 73 行初 12891 号行政判决：驳回帛琦公司的诉讼请求。

帛琦公司对一审判决不服，向最高人民法院提起上诉，请求：撤销一审判决及被诉决定，责令国家知识产权局重新作出无效宣告请求审查决定。帛琦公司的上诉理由为：（1）2000 年专利法第三十三条规定中的"原图片或者照片表示的范围"应当解释为"原始申请文件所限定的保护范围"，一审判决和被诉决定将其解释为"原始申请文件记载的范围"，缺乏法律依据。（2）判断对外观设计申请文件的修改是否构成超范围，应当比较修改前后的两个外观设计是否整体相同。一审判决及被诉决定均未采用整体比较的方式，而是拆分成设计特征或设计信息进行比较，实质上忽略了外观设计的法律属性。（3）涉案专利申请人删除"另一角度立体图"，导致涉案专利的保护范围扩大。

最高人民法院经审理认为，涉案专利申请人删除了"另一角度立体图"，并对其余七幅图片原封不动地予以保留，系对原始申请文件采取"删除视图"的修改方式。结合其他七幅图片中婴儿推车的座椅均是朝向前方以及涉案专利申请文件并无"简要说明"记载"座椅朝向可变化"等情况，可以认定申请人在提出涉案专利申请之初，仅是针对"座椅朝向前方的婴儿手推车"申请外观设计专利。"另一角度立体图"中出现"座椅朝向后方"的情形，与其他七幅图片所示出的"座椅朝向前方"

的外观设计明显存在冲突，属于"绘制视图中的错误"。涉案专利申请人根据国家知识产权局发出的补正通知书的建议，删除该"另一角度立体图"，是对绘制视图中的错误所作的修正，且该修正未导致原申请文件中其他七幅图片所示出的外观设计发生变化。因此，上述修改并未超出原图片或者照片表示的范围，符合 2000 年专利法第三十三条的规定。

2021 年 11 月 30 日，最高人民法院作出（2021）最高法知行终 9 号行政判决：驳回上诉，维持原判。

【评析】

2000 年专利法第三十三条规定："申请人可以对其专利申请文件进行修改，但是，对发明和实用新型专利申请文件的修改不得超出原说明书和权利要求书记载的范围，对外观设计专利申请文件的修改不得超出原图片或者照片表示的范围。"该条规定表明了两层含义：一是申请人有权对专利申请文件进行修改；二是申请人对专利申请文件进行修改应当遵守相应的要求。具体到外观设计专利申请文件，申请人应当遵守的要求是修改不得超出原图片或照片表示的范围。根据 2002 年修订的《专利法实施细则》第六十四条的规定，被授予专利的发明创造不符合专利法第三十三条的规定，可以成为向专利复审委员会请求宣告该专利权无效或者部分无效的理由。

以上法律、行政法规的规定，是本案纠纷产生的法律背景。下面围绕外观设计专利申请文件的相关规范要求，结合本案案情，对"外观设计申请文件修改超范围如何认定"这一法律问题展开评述。

一、图片或照片在外观设计专利申请文件中发挥的作用

专利法第二条规定："本法所称的发明创造是指发明、实用新型和外观设计。"《专利法实施细则》第二条第三款规定："专利法所称外观设计，是指对产品的形状、图案或者其结合以及色彩与形状、图案的结合所作出的富有美感并适于工业应用的新设计。"由此可知，外观设计专利

保护的客体是由产品的形状、图案、色彩等设计特征或设计特征结合形成的新设计。外观设计专利所保护的客体，决定了最能直观展现和反映外观设计内容的载体就是图片或照片，因为依托文字显然难以全面、准确、清楚地表示产品的外观设计内容。外观设计专利所保护的客体特点决定了其不适合采用如同发明、实用新型所采用的权利要求书和说明书的方式来对其保护范围进行界定。因此，图片或照片成为判断能否对外观设计专利申请予以授权、界定业已获得授权的外观设计专利权保护范围的最重要依据。某种意义上而言，外观设计专利申请文件或授权文件中的图片或照片，兼有发明、实用新型专利权利要求书和说明书的作用，这也使得图片或者照片成为外观设计专利申请文件和授权文件中最为重要的材料。

二、外观设计专利申请对于图片、照片的提交要求

根据 2006 年《专利审查指南》① 的相关规定，申请人应当就每件外观设计产品所要求保护的内容提交有关视图（图片或者照片），清楚地显示请求保护的对象。其中的"有关视图（图片或者照片）"，就立体外观设计产品而言，产品设计要点涉及六个面的，应当提交六面正投影视图；产品设计要点仅涉及一个或几个面的，应当至少提交所涉及面的正投影视图和立体图；就平面外观设计产品而言，产品设计要点涉及一个面的，可以仅提交该面正投影视图；产品设计要点涉及两个面的，应当提交两面正投影视图。必要时，申请人还可以提交该外观设计产品的展开图、剖视图、剖面图、放大图、变化状态图以及使用状态参考图。六面正投影视图的视图名称，是指主视图、后视图、左视图、右视图、俯视图和仰视图。其中，主视图所对应的面应当是使用时通常朝向消费者的面或者最大程度反映产品的整体设计的面。各视图的视图名称应当标注在相应视图的正下方。对于有多种变化状态的产品的外观设计，其专

---

① 因涉案专利申请日在 2001 年 7 月 1 日以后、2009 年 10 月 1 日前，故应当参考的国家知识产权局制定的专利审查指南版本应当是其于 2006 年制定的《专利审查指南》。

利申请中显示变化状态的视图名称后，应当以阿拉伯数字顺序编号，并可以在简要说明中写明"产品的状态是变化的情况"。

三、图片内容的缺陷分类、修改时机、修改方式和相应审查处理

根据 2006 年《专利审查指南》的相关规定，外观设计专利申请文件中的图片、照片的内容的缺陷包括两类：

一类是"形式缺陷"，对此 2006 年《专利审查指南》规定了十一种情形，其中一种情形为"视图投影关系有错误，例如投影关系不符合正投影规则、视图之间的投影关系不对应或者视图方向颠倒等"。对于图片或者照片的内容存在形式缺陷的外观设计专利申请，审查员在初审阶段应当向申请人发出补正通知书，指明专利申请存在的缺陷，说明理由，同时指定答复期限。

另一类是"明显实质性缺陷"，对此 2006 年《专利审查指南》规定了八种情形，其中一种情形为"对专利申请的修改明显超出了原图片或者照片表示的范围"。对于图片或者照片的内容存在明显实质性缺陷的外观设计专利申请，审查员应当向申请人发出审查意见通知书，指明专利申请存在的实质性缺陷，说明理由，同时指定答复期限。

四、外观设计专利申请授权阶段允许修改申请文件的原因、修改时机和相应审查处理

外观设计专利申请授权阶段允许申请人修改申请文件，除了专利法第三十三条一体赋予发明、实用新型和外观设计专利的申请人对申请文件均享有修改权这一共通原因外，还有另一个重要原因在于，根据《专利法实施细则》第六十八条的规定，在无效宣告请求的审查过程中，发明或者实用新型专利的专利权人可以修改其权利要求书，但是不得扩大原专利的保护范围。发明或者实用新型专利的专利权人不得修改专利说明书和附图，外观设计专利的专利权人不得修改图片、照片和简要说明。

可见，不同于发明专利和实用新型专利的专利权人，外观设计专利权人在无效宣告请求审查阶段已不再享有对授权文本进行修改的机会，如果不允许外观设计专利申请人在申请授权审查阶段对申请文件中的图片或照片所存在的缺陷进行修改，在获得专利授权后，一旦授权文本中图片或照片存在的既有缺陷被他人作为无效理由指出，则该外观设计专利权基本难逃被宣告无效的命运。因此，在外观设计专利授权阶段，允许申请人修改申请文件中的原图片或照片，有其制度上的必要性和重要价值。

申请人在授权阶段对于外观设计专利申请文件的修改，主要有两个时机点：一是可以自申请日起两个月内对外观设计专利申请文件提出修改，此谓之"主动修改"。对于主动修改，根据2006年《专利审查指南》的相关规定，审查员应当审查其修改是否超出原图片或者照片表示的范围。经审查如认为修改超出原图片或者照片表示的范围的，审查员应当发出审查意见通知书，通知申请人该修改不符合专利法第三十三条的规定。申请人陈述意见或补正后仍然不符合约定的，审查员可以根据专利法第三十三条和《专利法实施细则》第四十四条的规定作出驳回决定。二是按照审查员发出的通知书的要求在指定期限内进行修改，此谓之"被动修改"。对于被动修改，根据审查指南的相关规定，审查员应当审查该修改是否超出原图片或者照片表示的范围以及是否按照通知书的要求进行修改。经审查如认为申请人提交的修改文件超出原图片或者照片表示的范围，审查员应当发出审查意见通知书，通知申请人该修改不符合专利法第三十三条的规定。申请人陈述意见或补正后仍然不符合规定的，审查员可以根据专利法第三十三条和《专利法实施细则》第四十四条的规定作出驳回决定。

五、外观设计专利申请文件修改超范围的判断标准

根据2006年《专利审查指南》的相关规定，修改超出原图片或者照片表示的范围，是指修改后的外观设计与原始申请文件中表示的相应的外观设计相比，属于不相同的设计。鉴于2008年第三次修正的专利法并

未对 2000 年专利法第三十三条的规定内容进行修改，故 2010 年《专利审查指南》中针对"修改不得超出原图片或者照片表示的范围"这一问题所新增的规定内容，可以作为辅助判断的重要参考依据。2010 年《专利审查指南》进一步补充规定如下内容："在判断申请人对其外观设计专利申请文件的修改是否超出原图片或者照片表示的范围时，如果修改后的内容在原图片或者照片中已有表示，或者可以直接地、毫无疑义地确定，则认为所述修改符合专利法第三十三条的规定。"由此可知，2006 年《专利审查指南》系立足于从反面角度明确"修改超范围"的含义，而 2010 年《专利审查指南》则是侧重于从正面角度明确"修改不超范围"的情形。

因此，对于 2000 年专利法第三十三条关于"申请人对外观设计专利申请文件的修改不得超出原图片或者照片表示的范围"的规定，可以作如下理解。

首先，修改是否超范围，审查对象是"修改后的图片或照片所表示的外观设计"，参照对象是"修改前的外观设计专利申请文件中图片或照片所表示的外观设计"。

其次，修改是否超范围，判断标准的核心在于"修改后的外观设计"与"修改前的外观设计"是否属于相同设计。

复次，判断"修改后的外观设计"与"修改前的外观设计"是否属于相同设计，应当遵循两条判断规则：一是修改后的外观设计内容是否在修改前的外观设计专利申请文件的图片或照片中已经体现；二是修改后的外观设计内容是否可以直接地、毫无疑义地从修改前的外观设计专利申请文件的图片或照片中得到确定。根据上述两条判断规则，修改后的图片或照片所示出的外观设计特征与修改前的外观设计申请文件中的图片或照片所直接表示或者可以直接地、毫无疑义地示出的相应外观设计特征相比，既不能多也不能少，同时也不允许对相应外观设计特征进行实质性的改变。通常来讲，下列情形的修改可以认为属于不超范围的修改：（1）增加或改变视图形式，但未增加或改变视图内容；（2）增加相同或对称面的视图；（3）修改绘制视图中的错误（如针对原图片或照片中存在视图不对应等形式缺陷的修改）；（4）修改视图名称；（5）删除不易见到的视图（如删除显示产品的非易见面或者常见面的图片或者照片，或者删除产品相同或对称面的图片或者照片）；（6）删除视图中的多余内容（如删除表达产品内部结构的虚线以及弧面过渡效果线、阴影线等多余线条）；（7）删除非图形用户界面的画面。

最后，针对外观设计专利申请文件的具体修改方式，可以进一步细化"修改是否超范围"的判断方法：（1）如果采用的是"增加视图"的修改方式，应当重点审查修改后新增加的视图连同原有视图所共同示出的外观设计，有无增加原始申请文件所未直观表示或者从原始申请文件中难以直接地、毫无疑义地确定的设计特征，如果没有增加新的设计特征，则说明修改不超范围，反之则说明修改超范围。（2）如果采用的是"删除视图"的修改方式，应当重点审查修改后剩余的视图所示出的外观设计有无继续保留原始申请文件所表示的外观设计特征，如果继续保留，则说明修改不超范围，反之则说明修改超范围。（3）如果对原始申请文件采用的是"修改特定视图"的修改方式，应当重点审查针对该特定视图修改前后所示出的全部外观设计特征是否相同，如果相同则说明修改不超范围，反之则说明修改超范围。

六、本案所涉修改行为是否构成修改超范围的分析

首先，应当指出的是，以删除个别图片方式修改外观设计专利申请文件的特殊性在于，由于外观设计专利权的保护范围系以表示在图片或者照片中的该产品的外观设计为准，而一项外观设计由多幅图片或者照片共同描述，故删除一幅图片或者照片实际上是对该设计去除了部分外观设计特征的描述，由此可能使得删除后的外观设计所要求保护的设计内容获得更多的可能性，故有能构成修改超范围。

其次，删除外观设计专利申请文件中某一图片并不当然构成修改超范围。这种修改行为能否被认定构成修改超范围，须结合前述关于外观

设计修改超范围的判断标准，以及申请人的修改原因、修改方式、由此可能产生的后果加以综合判断。具体到本案，涉案专利申请人对申请文件的修改方式是删除"另一角度立体图"，并非"另一使用状态参考图"。而且，经审理查明，涉案专利申请文件的原图片中既未见标记为变化状态的图片，也无关于涉案专利所要保护的外观设计对应的产品即婴儿推车的座椅朝向可以变化的简要说明。也即，从涉案专利申请文件的原图片内容来看，无从显示涉案专利所要求保护的是一种婴儿推车座椅朝向可变化的外观设计。因此，请求人帛琦公司在无效宣告请求审查阶段所提出的"涉案专利提出申请时明确要求保护的是一种座椅能够按使用状态图所示方式反向安装的婴儿推车"该项主张，明显缺乏事实依据。

前已述及，《专利审查指南》针对外观设计专利申请文件中图片或照片内容存在的形式缺陷规定了十一种情形，其中一种情形就是"视图投影关系有错误，例如投影关系不符合正投影规则、视图之间的投影关系不对应或者视图方向颠倒等"。涉案专利申请文件中的"另一角度立体图"恰属于此种缺陷情形，因为该立体视图所示出的座椅朝向与涉案专利原始申请文件其余七幅视图所示出的座椅朝向完全相反，而其余七幅视图所示出的座椅朝向完全一致。正是基于这一形式缺陷，国家知识产权局的审查员在涉案专利申请的初步审查阶段向涉案专利申请人发出补正通知书，明确指出从提交的立体图和另一角度立体图来看，另一角度立体图产品的座椅朝向明显与其他正投影视图表达的座椅朝向不一致，并建议删除该另一角度立体图。可见，涉案专利申请人删除该"另一角度立体图"的原因，是该立体图示出的婴儿推车外观设计与涉案专利申请文件中其余图片示出的婴儿推车外观设计系座椅朝向完全不同的设计。该立体图属于涉案专利申请人在撰写专利申请文件时出现的明显绘图错误。

特别要指出的是，婴儿推车座椅属于产品使用过程中容易被观察的设计部位，故座椅的朝向无疑是重要的设计内容，由于涉案专利申请文件中"另一角度立体图"与其余七幅视图所示出的推车座椅的朝向完全相反，故该"另一角度立体图"所表示的婴儿推车外观设计与其余七幅视图所表示的婴儿推车外观设计显然不属于相同的外观设计。如果允许这样的情况继续存在于涉案专利申请文件中，则《专利法实施细则》第二十七条第三款关于"申请人应当就每件外观设计产品所需要保护的内容提交有关视图或者照片，清楚地显示请求保护的对象"的规定势必形同具文。因此，严格而言，涉案专利申请人删除"另一角度立体图"，仅是将本就不应当存在于涉案专利申请文件中的另一项完全不同的外观设计予以剔除，这一处理体现的恰是对《专利法实施细则》第二十七条第三款规定的遵循。

综上，涉案专利申请人一方面删除了原本不应出现在涉案专利申请文件中的"另一角度立体图"，另一方面继续完整保留申请文件中的其余图片，修改前后所示出的产品外观设计仍属相同设计，没有超出原图片或者照片表示的范围，不违反专利法第三十三条的规定。因此，被诉决定和一审判决的认定结论正确。

（撰写人：欧宏伟，最高人民法院知识产权法庭法官）

12. 依据生效裁判所作行政决定的审理范围认定

——上诉人湖南华慧新能源股份有限公司与被上诉人国家知识产权局、原审第三人东莞市力源电池有限公司实用新型专利权无效行政纠纷案

【裁判要旨】

当事人对依据在先生效裁判重新作出的行政决定提起诉讼的，人民法院应当审查该被诉决定是否全面、准确履行了在先生效裁判以及是否增加了新的事实或理由；被诉决定未全面、准确履行在先生效裁判或者增加了新的事实或理由的，人民法院应予受理并对其中不受在先生效裁判羁束的内容予以审理；被诉决定全面、准确履行在先生效裁判且未增加新的事实或理由的，当事人对该行政决定不再享有诉权，人民法院不予受理。

【案号】

一审：北京知识产权法院（2018）京 73 行初 12634 号
二审：最高人民法院（2021）最高法知行终 199 号

【基本案情】

上诉人湖南华慧新能源股份有限公司（以下简称华慧公司）与被上

诉人国家知识产权局、原审第三人东莞市力源电池有限公司（以下简称力源公司）实用新型专利权无效行政纠纷一案，涉及名称为"一种正负极同向引出圆柱形锂离子电池的封口胶塞"、专利号为201020545242.6的实用新型专利。国家知识产权局专利复审委员会（以下简称专利复审委员会）作出第29237号无效宣告请求审查决定（以下简称第29237号决定），宣告本专利权利要求有效。针对该决定，北京市高级人民法院（2018）京行终288号生效判决认为本专利权利要求1相对于对比文件1和对比文件2的结合不具备创造性，故判决要求国家知识产权局重新作出决定。2018年9月19日，专利复审委员会作出第37286号无效宣告请求审查决定（以下简称被诉决定），宣告本专利全部无效。原审法院经审查认为权利要求1相对于对比文件1和对比文件2的结合不具备创造性；在权利要求1不具备创造性的基础上，权利要求2也不具备创造性，故判决驳回华慧公司的诉讼请求。华慧公司不服，向最高人民法院提起上诉。最高人民法院于2021年6月7日判决驳回上诉，维持原判。

【裁判】

最高人民法院二审认为，本案的争议焦点问题是：本专利权利要求1、2是否具备创造性。

一、本专利权利要求 1 是否具备创造性

《最高人民法院关于审理专利授权确权行政案件适用法律若干问题的规定（一）》第二十六条规定，审查决定系直接依据生效裁判重新作出且未引入新的事实和理由，当事人对该决定提起诉讼的，人民法院依法裁定不予受理；已经受理的，依法裁定驳回起诉。为维护生效裁判既判力、避免循环诉讼，对于依据生效裁判重新作出的被诉行政决定，应当区分其是否忠实履行了生效裁判所确定的法律义务且未增加新的事实和理由，作出处理：（1）未忠实履行生效裁判所确定的法律义务，或者增加了新的事实和理由的，当事人仍可以对相关行政决定提起诉讼，人民

法院应予以审理；（2）忠实履行生效裁判所确定的法律义务的，当事人对相关行政决定不再享有诉权，人民法院不应再予审理。

本案中，华慧公司针对涉案专利提起的无效宣告请求，专利复审委员会于 2016 年 5 月 27 日作出第 29237 号无效宣告请求审查决定，原审法院针对该决定作出（2016）京 73 行初 4357 号行政判决，北京市高级人民法院作出了（2018）京行终 288 号生效判决，生效判决认定：本专利权利要求 1 相对于对比文件 1 的区别特征在于权利要求 1 明确限定了封口胶塞位于封口束腰和外壳上端掩口之间，基于本专利说明书的记载，本领域技术人员能够判断该特征所解决的技术问题为实现电池的密封性。对比文件 2 公开了上述区别特征，在此基础上，本领域技术人员容易想到将对比文件 1 和 2 结合以获得权利要求 1 的技术方案。原审庭审中，华慧公司明确表示本案中未提出新的证据和理由，其主张的具体事实和理由与前一轮程序相同；国家知识产权局明确表示被诉决定系按照（2018）京行终 288 号生效判决的相关认定而作出，被诉决定关于本专利权利要求 1 与对比文件 1 的区别特征、认定要解决的技术问题、认定本专利权利要求 1 无创造性的理由与生效判决认定一致。

由此可见，有关本专利权利要求 1 的创造性已经北京市高级人民法院二审终审，华慧公司在本次诉讼中所针对的被诉决定有关权利要求 1 的创造性评述系依照生效判决所作出；国家知识产权局在第二次无效宣告请求审查决定中评述权利要求 1 的创造性时并未引入新的事实和理由，其为忠实履行生效裁判所确定的法律义务，该部分行政行为已受生效判决所拘束，故华慧公司无权对被诉决定中有关本专利权利要求 1 的创造性提出主张，原审法院亦不应再对本专利权利要求 1 的创造性进行评述。

二、本专利权利要求 2 的创造性

鉴于（2016）京 73 行初 4357 号行政判决及（2018）京行终 288 号生效判决均未对本专利权利要求 2 创造性进行评述，本案被诉决定对本专利权利要求 2 创造性进行评述属于"引入新的理由"，故华慧公司可针对被诉决定中有关权利要求 2 的创造性提起诉讼。

本专利权利要求 2 的附加技术特征为封口胶塞采用橡胶材料，而对比文件 1 公开了橡胶塞 2，故而对比文件 1 公开了权利要求 2 的附加技术特征。权利要求 2 亦不具备创造性。

综上所述，本案中被诉决定有关本专利权利要求 1 的创造性评述系直接依据生效裁判重新作出且未引入新的事实和理由，华慧公司针对该部分提起诉讼缺乏法律依据，原审法院对权利要求 1 的创造性再次进行评述，有失妥当。但鉴于本专利权利要求 2 创造性已被对比文件 1 公开，本专利权利要求 1、2 均不具备创造性，故而被诉决定宣告本专利全部无效，并无不当；原审法院虽对本专利权利要求 1 创造性再次评述有所不当，但其裁判结果正确，故应予以维持。

【评析】

一、生效司法判决对被诉具体行政行为的审查结论具有既判力

根据我国现行行政诉讼法的规定，具体行政行为作出后，作为行政相对人的公民、法人或者其他组织认为作为行政主体的行政机关所实施的具体行政行为侵犯其合法权益，有权依法向人民法院起诉，人民法院依法对被诉具体行政行为的合法性进行审查，并作出决定。据此，针对国家知识产权局作出的专利确权行政决定，作为行政相对人的专利权人或无效请求人均可向人民法院①提起行政诉讼。审判实践中，法院对于国家知识产权局作出的行政决定，主要从作出行政决定的依据是否合法进行审查，具体而言，包括内容是否合法，即决定是否适用法律法规正确，是否有相应证据支持；程序是否合法，即决定是否符合法定形式、步骤和方式以及决定目的、手段是否合法等等。通过审理，最终法院对行政

---

① 根据《全国人民代表大会常务委员会关于在北京、上海、广州设立知识产权法院的决定》，不服国务院行政部门裁定或者决定而提起的第一审知识产权授权确权行政案件，由北京知识产权法院管辖。

决定作出支持或否定的判决。针对国家知识产权局作出的专利确权行政决定，法院根据现行行政诉讼法的规定及相关司法解释，如支持被诉决定，一般判决驳回原告诉讼请求；而如否定被诉决定，则一般判决撤销被诉决定，根据具体情况可以责令国家知识产权局重新作出决定。《最高人民法院关于审理专利授权确权行政案件适用法律若干问题的规定（一）》第二十五条规定，被诉决定对当事人主张的全部无效理由和证据均已评述并宣告权利要求无效，人民法院认为被诉决定认定该权利要求无效的理由均不能成立的，应当判决撤销或者部分撤销该决定，并可视情判决被告就该权利要求重新作出审查决定。司法解释作出上述规定的目的在于，人民法院有权仅判决撤销审查决定的错误部分，在不影响当事人实体权利的情况下，可不再判令国务院专利行政部门重新作出审查决定，以防止国务院专利行政部门根据生效判决再次作出审查决定后，又被提起诉讼形成循环诉讼。①

生效判决作出后，即产生既判力。所谓既判力，是指已经发生法律效力的判决、裁定对后诉的羁束力。其作用体现在消极和积极两个方面。消极作用是指，基于国家司法权的威信以及诉讼经济，在人民法院作出生效判决、裁定后，不准对同一事件再次进行诉讼。既判力的消极作用体现的是"一事不再理"，就此而言，与禁止重复起诉属于同一原理。既判力的积极作用是指，人民法院不得在其后的诉讼中作出与该判决、裁定内容相抵触的新的判决、裁定。这是法的安定性所决定的。② 根据生效判决的既判力原理，生效判决所确定的内容不仅对法院，也对涉案当事人都有拘束力。

本案中，华慧公司针对涉案专利提起的无效宣告请求，专利复审委员会曾作出第 29237 号无效宣告请求审查决定，原审法院针对该决定作出（2016）京 73 行初 4357 号行政判决，北京市高级人民法院作出了

---

① 参见林广海、李剑、杜微科、吴蓉：《〈最高人民法院关于审理专利授权确权行政案件适用法律若干问题的规定（一）〉的理解与适用》，载《法律适用》2021 年第 4 期。

② 参见最高人民法院（2017）最高法行申 411 号行政裁定书。

（2018）京行终 288 号生效判决，生效判决认定：本专利权利要求 1 相对于对比文件 1 的区别特征在于权利要求 1 明确限定了封口胶塞位于封口束腰和外壳上端掩口之间，基于本专利说明书的记载，本领域技术人员能够判断该特征所解决的技术问题为实现电池的密封性。对比文件 2 公开了上述区别特征，在此基础上，本领域技术人员容易想到将对比文件 1 和 2 结合以获得权利要求 1 的技术方案。原审庭审中，华慧公司明确表示本案中未提出新的证据和理由，其主张的具体事实和理由与前一轮程序相同；国家知识产权局明确表示被诉决定系按照（2018）京行终 288 号生效判决的相关认定而作出，被诉决定关于本专利权利要求 1 与对比文件 1 的区别特征、认定要解决的技术问题、认定本专利权利要求 1 无创造性的理由与生效判决认定一致。由此可见，有关本专利权利要求 1 的创造性已经北京市高级人民法院二审终审，该判决对各方当事人均具有拘束力。

二、行政机关依据法院生效裁判作出的行为，不属于行政诉讼受案范围

从行政法原理上讲，可诉的行政行为须是行政机关基于自身意思表示作出的行为。那么，对于行政机关根据人民法院生效判决作出的行政决定是否可诉，实践中有争议。一般认为，行政机关协助执行的行为是否具有可诉性的基本标准是行政机关是否创设、变更或者消灭了行政法律关系。如果行政机关作出的行为首次创设，变更或者消灭了行政法律关系，则该行为属于可诉的行政行为；如果行政机关作出的行为属于执行司法机关已经生效的司法裁判或者司法命令，该行为属于司法权的延伸，是生效判决具有"既判力"的应有之义，不具有可诉性。由此可见，行政机关依照法院生效裁判作出的行为，本质上属于履行生效裁判的行为，并非行政机关自身依职权主动作出的行为，亦不属于可诉的行为。根据《最高人民法院关于适用〈中华人民共和国行政诉讼法〉的解释》第六十九条第一款第九项的规定，诉讼标的已为生效裁判或者调解书所

羁束，已经立案的，应当裁定驳回起诉。《最高人民法院关于审理专利授权确权行政案件适用法律若干问题的规定（一）》第二十六条进一步规定，审查决定系直接依据生效裁判重新作出且未引入新的事实和理由，当事人对该决定提起诉讼的，人民法院依法裁定不予受理；已经受理的，依法裁定驳回起诉。为维护生效裁判既判力、避免循环诉讼，对于依据生效裁判重新作出的被诉行政决定，应当区分其是否忠实履行了生效裁判所确定的法律义务且未增加新的事实和理由，作出处理：（1）未忠实履行生效裁判所确定的法律义务，或者增加了新的事实和理由的，当事人仍可以对相关行政决定提起诉讼，人民法院应予以审理；（2）忠实履行生效裁判所确定的法律义务的，当事人对相关行政决定不再享有诉权，人民法院不应再予审理。

本案中，如前所述，有关本专利权利要求 1 的创造性已经北京市高级人民法院二审终审，华慧公司在本次诉讼中所针对的被诉决定有关权利要求 1 的创造性评述系依照生效判决所作出；国家知识产权局在第二次无效宣告请求审查决定中评述权利要求 1 的创造性时并未引入新的事实和理由，其为忠实履行生效裁判所确定的法律义务，该部分行政行为已受生效判决所拘束，故华慧公司无权对被诉决定中有关本专利权利要求 1 的创造性提出主张，原审法院亦不应再对本专利权利要求 1 的创造性进行评述。对此，正确的做法应当是确认在先生效判决对本专利权利要求 1 不具备创造性的认定，并明确对本专利权利要求 1 是否具备创造性并非本案审理范围。

三、行政机关超出生效裁判作出的行政决定，属于行政诉讼受案范固

同理，根据行政法原理，行政机关在生效裁判确定的范围之外，又作出新的决定。对于超出部分，并非法院意志的体现，而是行政机关自己行使职权的行为，该行为对当事人权利义务产生了影响，属于可诉的行政行为。《最高人民法院关于适用〈中华人民共和国行政诉讼法〉的解

释》第一条第二款第七项规定："行政机关根据人民法院的生效裁判、协助执行通知书作出的执行行为不属于人民法院行政诉讼的受案范围，但行政机关扩大执行范围或者采取违法方式实施的除外。"本案中，鉴于（2016）京 73 行初 4357 号行政判决及（2018）京行终 288 号生效判决均未对本专利权利要求 2 创造性进行评述，本案被诉决定对本专利权利要求 2 创造性进行评述属于"引入新的理由"，故华慧公司可针对被诉决定中有关权利要求 2 的创造性提起诉讼。

（撰写人：焦彦，最高人民法院知识产权法庭法官）

13. 行政相对人收到被诉决定时间点的确定

——上诉人叶某微与被上诉人国家知识产权局专利行政纠纷案

【裁判要旨】

根据专利法（2008 年修正）第四十六条第二款之规定，专利授权确权行政案件起诉期限的起算点是收到有关决定之日。在案证据能够证明行政相对人实际收到被诉决定时间的，以实际收到之日为准；在案证据难以证明行政相对人实际收到被诉决定的时间，或者被诉行政机关对于行政相对人实际收到被诉决定的时间另有规定或者约定的，为保护行政行为相对人的信赖利益，可以根据具体案情，依法对"收到有关决定之日"作出有利于行政相对人的解释。

【案号】

一审：北京知识产权法院（2020）京 73 行初 16738 号
二审：最高人民法院（2021）最高法知行终 278 号

【案情】

按有关规定，专利申请人可以通过电子申请系统向国家知识产权局提交专利申请和中间文件，以及中国国家阶段的国际申请和中间文件。国家知识产权局以电子文件形式通过专利电子申请系统向电子申请用户发送各种通知书和决定。电子申请用户应及时使用电子申请客户端或在线业务办理平台接收电子形式通知书。电子申请系统还为电子申请用户提供电子发文的短信提示、电子通知书的重复下载等服务。电子申请用户注册请求书中可以选择接收提示信息方式，包括手机短信和电子邮件。国家知识产权局于2010年8月26日公布的《关于专利电子申请的规定》（国家知识产权局令第五十七号）第九条规定，对于专利电子申请，国家知识产权局以电子文件形式向申请人发出的各种通知书、决定或者其他文件，自文件发出之日起满15日，推定为申请人收到文件之日。

在上诉人叶某微与被上诉人国家知识产权局专利行政纠纷案中，国家知识产权局于2020年3月24日作出第207398号专利复审请求审查决定，于2020年4月7日向叶某微即专利申请人电子申请客户端发送该复审决定，又于2020年4月14日向叶某微联系电话发送短信提醒其于15日内通过电子申请客户端接收该复审决定。

叶某微主张，2020年4月14日，国家知识产权局向其申请专利时提供的联系电话136××××0539发送短信通知，短信内容为："【国家知识产权局专利局】您提交的2017101057316专利申请，已经发出复审决定书（首页），请于15天内通过电子申请客户端接收。"叶某微于2020年4月29日在电子申请客户端接收下载了该复审决定，其未收到纸件的被诉决定及信封。

叶某微因不服该被诉决定，于2020年7月11日以邮寄起诉的方式向北京知识产权法院提起行政诉讼。

北京知识产权法院经审查后于2020年7月15日以电话及短信方式告知叶某微，其起诉已经超出起诉期限，相关材料请其及时取回。叶某微表示知晓。2020年10月，叶某微再次联系北京知识产权法院，主张其起诉并未超出起诉期限。2020年10月27日，叶某微向北京知识产权法院邮寄了《关于邮件编号20206168起诉未超出起诉期限的说明》，表示其实际收到被诉决定的日期为2020年4月29日，起诉状的递交日期为2020年7月11日，未超出法定的3个月期限。

北京知识产权法院根据《中华人民共和国电子签名法》（以下简称电子签名法）第十一条第二款规定，认定叶某微收到复审决定的时间为 2020 年 4 月 7 日，其于 2020 年 7 月 11 日提起诉讼超过了专利法第四十一条第二款规定的三个月起诉期限，故对叶某微的起诉不予立案。

叶某微不服，向最高人民法院提起上诉，认为根据国家知识产权局《关于专利电子申请的规定》第九条第二款规定，叶某微收到复审决定的时间应为 4 月 22 日（4 月 7 日+15 日）。而且，即使以国家知识产权局短信提示时间 4 月 14 日，或者叶某微下载复审决定时间 4 月 29 日为起算点，其 7 月 11 日提起诉讼均未超过起诉期限。

最高人民法院于 2021 年 6 月 22 日作出裁定：撤销一裁定，本案指令北京知识产权法院立案受理。

【裁判意见】

北京知识产权法院法院认为，《中华人民共和国立法法》（以下简称立法法）第八条第十项规定，下列事项只能制定法律：（十）诉讼和仲裁制度。专利法第四十一条第二款规定，专利申请人对国务院专利行政部门的复审决定不服的，可以自收到通知之日起三个月内向人民法院起诉。电子签名法第二条规定，本法所称数据电文，是指以电子、光学、磁或者类似手段生成、发送、接收或者储存的信息。电子签名法第十一条规定，收件人指定特定系统接收数据电文的，数据电文进入该特定系统的时间，视为该数据电文的接收时间；未指定特定系统的，数据电文进入收件人的任何系统的首次时间，视为该数据电文的接收时间。叶某微提起行政诉讼时应当证明起诉符合在起诉期限内等法定起诉条件，起诉不符合法定起诉条件的，应当承担不予立案的法律后果。本案中，被诉决定于 2020 年 4 月 7 日到达叶某微的电子申请系统中，根据电子签名法第十一条的规定，该文件到达受送达人特定系统的日期为该数据电文的接收时间，故按照专利法（2008 年修正）第四十一条第二款的规定，叶某微作为专利申请人，对被诉决定不服，可以自收到被诉决定之日起三个月内，即于 2020 年 7 月 7 日前向原审法院提起诉讼。叶某微直至 2020 年 7 月 11 日才向原审法院提起诉讼，已经超过了起诉期限。至于叶某微认为其收到被诉决定的时间应当按照被诉决定下载日即 2020 年 4 月 29 日计算，一审法院认为，叶某微采用电子申请的方式提出专利申请，并签订了《专利电子申请系统用户注册协议》，即表明其接受国家知识产权局以电子发文方式向其送达被诉决定，其需要承担及时查看、下载被诉决定的义务，且根据电子签名法第十一条的规定，叶某微指定专利电子申请系统接收数据电文，则数据电文进入该专利电子申请系统的时间，视为该数据电文的接收时间，故应当以国家知识产权局的电子文件到达其系统内的时间视为送达，短信通知系国家知识产权局给予的提示信息，该时间以及实际下载时间不能作为收到被诉决定的时间。其次，立法法第八条已经明确规定，诉讼制度只能制定法律予以规定，而专利法（2008 年修正）第四十一条第二款已经规定专利申请人可以自收到通知之日起三个月内向人民法院起诉，电子签名法第十一条第二款已经规定数据电文进入收件人指定的特定系统的时间，视为该数据电文的接收时间。上述法律明确规定专利申请人的起诉期限为"自收到通知之日起三个月内"，并无在三个月内再加 15 天的内容。而《关于专利电子申请的规定》在法律位阶上属于部门规章，并不属于可以对包括起诉期限在内的诉讼制度予以规定的法律，其不能通过对专利法中"收到通知之日"的规定进行解释从而间接对诉讼制度加以规定，且其规定的均为国务院专利行政部门及其下设机构与专利申请人、专利权人、请求人之间的权利义务关系和相关程序与实体规定，立法本意不是规定在后的诉讼程序中的相关问题。综上，对于叶某微认为其起诉期限应当自 2020 年 4 月 29 日开始计算，其起诉并未超期的主张不予支持。一审法院裁定：对起诉人叶某微的起诉，原审法院不予立案。

叶某微不服一审裁定，向最高人民法院提起上诉，请求撤销一审裁定，指令北京知识产权法院受理本案。事实和理由：（1）本案起诉期限的起算日有三种算法，一是以叶某微收到国家知识产权局的通知短信时

间 2020 年 4 月 14 日为起算日；二是以叶某微下载被诉决定的时间 2020
年 4 月 29 日为起算日；三是被诉决定发文日为 2020 年 4 月 7 日，根据国
家知识产权局《关于专利电子申请的规定》的规定，以推定收到时间
2020 年 4 月 22 日为起算日。无论按上述三种算法的哪一天为起算日，叶
某微于 2020 年 7 月 11 日向原审法院邮寄递交起诉状，均符合专利法
（2008 年修正）第四十一条第二款规定，未超过三个月起诉期限。
（2）一审裁定对起算日的认定错误。根据电子签名法第十一条第三款规
定，当事人对数据电文的发送时间、接收时间另有约定的，从其约定。
叶某微与国家知识产权局签订的《专利电子申请系统用户注册协议》约
定适用国家知识产权局《关于专利电子申请的规定》中的规定，即国家
知识产权局以电子文件形式向申请人发出的各种通知书、决定或者其他
文件，自文件发出之日起满 15 日，推定为申请人收到文件之日。因此，
本案被诉决定发文日为 2020 年 4 月 7 日，应当推定 2020 年 4 月 22 日为
被诉决定收到之日。另外，原审裁定认定叶某微应及时查看、下载被诉
决定欠缺操作性，由于目前尚未达到随身携带电脑随时查看的水平，《关
于专利电子申请的规定》规定的 15 天接收时间更具合理性和操作性。综
上，本案未超过起诉期限，一审法院应当立案受理。

最高人民法院二审认为，本案的争议焦点是：专利申请人叶某微在
本案中提起的行政诉讼是否已经超过起诉期限。

根据专利法（2008 年修正）第四十一条第二款规定，专利申请人提
起行政诉讼的期限是自收到专利复审决定之日起三个月，起诉期限的起
算点是收到有关专利复审决定之日。一般而言，根据案件有关证据能够
证明专利申请人实际收到专利复审决定时间的，以实际收到之日为专利
申请人提起行政诉讼期限的起算点；而当有关证据难以证明专利申请人
实际收到专利复审决定的时间，或者国务院专利行政部门对于专利复审
决定收到时间另有规定或与专利申请人另有约定，且该规定或约定有利
于专利申请人，也不违反法律、行政法规禁止性规定的，人民法院可以
根据该规定或约定确定专利复审决定收到时间，以充分保障行政相对人

的诉权。同时，专利复审决定收到时间的确定还应符合行政相对人信赖利益保护原则，即行政相对人基于对行政机关行政行为合法性及有效性的信赖利益受到法律保护，应充分考虑该行政行为给予行政相对人的合理信赖，根据具体案情对收到专利复审决定的时间作出有利于行政相对人的解释。

本案中，国家知识产权局在以电子文件形式发送被诉决定的情形下，虽然根据电子签名法第十一条第二款"收件人指定特定系统接收数据电文的，数据电文进入该特定系统的时间，视为该数据电文的接收时间"规定，起诉期限的起算点原则上应为被诉决定电子文件进入收件人叶某微指定的特定系统之日。但是，国家知识产权局颁布了《关于专利电子申请的规定》，该规定第九条第二款载明"对于专利电子申请，国家知识产权局以电子文件形式向申请人发出的各种通知书、决定或者其他文件，自文件发出之日起满15日，推定为申请人收到文件之日"。同时，叶某微与国家知识产权局签订的《专利电子申请系统用户注册协议》中明确以该规定为依据。因此，根据电子签名法第十一条第三款"当事人对数据电文的发送时间、接收时间另有约定的，从其约定"和第三十五条"国务院或者国务院规定的部门可以依据本法制定政务活动和其他社会活动中使用电子签名、数据电文的具体办法"等规定，本案被诉决定电子送达时间应适用《关于专利电子申请的规定》第九条第二款的规定，同时结合叶某微对国家知识产权局有关行政行为的合理信赖予以确定。

根据审理查明的事实，国家知识产权局于2020年4月7日向叶某微电子申请客户端发送被诉决定，并于2020年4月14日向叶某微发送短信，提醒其于15日内下载被诉决定。该发送短信行为属具体行政行为的过程性行为，不构成独立的行政行为，应认定属于本案专利复审决定行政行为的组成部分。对于专利申请人叶某微而言，无论是基于对国家知识产权局制定的规范性文件的遵循，还是基于对《专利电子申请系统用户注册协议》的遵守，抑或基于对国家知识产权局所作有关短信通知行为的信赖，其都能够合理预期以2020年4月7日（发文日）加15日或者 2020 年 4 月 14 日（短信提醒日）加 15 日作为起诉期限的起算点，其于 7 月 11 日起诉均未超过专利法第四十一条第二款规定的法定期限。在对被诉决定送达时间存在多种理解的情形下，为保护行政相对人的信赖利益，充分保障其诉权行使，宜作出有利于行政相对人的解释，认定本案期限利益归于专利申请人，即应以被诉决定发出后国家知识产权局专门发送短信提醒日加 15 日即 2020 年 4 月 29 日作为计算叶某微提起行政诉讼期限的起点。叶某微于 2020 年 7 月 11 日向原审法院提起诉讼未超过三个月起诉期限，且符合《中华人民共和国行政诉讼法》第四十九条所规定的起诉条件，本案应当立案受理。原审法院以叶某微的起诉超过法定期限为由不予立案，有所不当。综上，叶某微的上诉请求成立，应予支持；原审裁定适用法律错误，应依法予以纠正。二审裁定：（1）撤销北京知识产权法院（2020）京 73 行初 16738 号民事裁定；（2）本案指令北京知识产权法院立案受理。

（撰写人：袁晓贞，最高人民法院知识产权法庭）

14. 权利要求和说明书已明确界定的技术特征的解释

——上诉人叶某、深圳市福田区嘉乐装饰五金商行与被上诉人深圳前海火树星桥科技有限公司侵害发明专利权纠纷案

【裁判要旨】

对于权利要求和说明书已有明确界定的技术特征，不能脱离其所界定的明确含义对其作抽象解释，进而不适当地扩大专利权的保护范围。

【案号】

一审：广东省深圳市中级人民法院（2019）粤03民初3188号
二审：最高人民法院（2020）最高法知民终1742号

【案情】

深圳前海火树星桥科技有限公司（以下简称前海公司）系专利号为ZL200910300458.8、名称为"电子锁系统及其电子锁和解锁方法"的发明专利的专利权人，其本案请求保护专利权利要求6"一种电子锁"和权利要求10"一种电子锁系统的解锁方法"，二者所涉电子锁产品技术方案均包含"预设的通知信息"技术特征。专利权利要求具体内容如下："6. 一种电子锁，其包括置于可启闭物体上用于封闭启闭物体的锁体，其

特征在于：所述电子锁还包括无线通信单元、存储单元、信息获取单元、信息产生单元以及控制器，所述存储单元用于存储预设的通知信息；所述信息产生单元用于响应用户操作，将所述通知信息通过所述无线通信单元发送给一通讯设备；所述信息获取单元用于通过所述无线通信模块接收和获取来自所述通讯设备基于所述通知信息产生的确认信息；所述控制器根据所述确认信息确定是否使所述锁体开锁……10. 一种电子锁系统的解锁方法，其包括：电子锁响应用户操作，将预设的通知信息发给通讯设备；通讯设备接收所述通知信息，并输出提示信息；通讯设备响应用户基于所述提示信息的选择操作，产生一选择信号；通讯设备响应所述选择信号，生成一确认信息，并将所述确认信息发给电子锁；电子锁接收所述确认信息，并根据所述确认信息确定是否使锁体开锁，所述锁体为置于可启闭物体上用于封闭所述物体的扣件。"专利说明书第［0020］段载明"……所述密码、通知信息、验证信息为文字或者数字。所述用户密码、通知信息和验证信息也可以是同一个数据"。

被诉侵权产品是一种智能锁，具有通过通讯设备上安装的 App 远程开锁功能。访客按下智能锁的门铃后，门铃处即发生闪烁，作为通讯设备的手机通过智能锁 App 即可收到一个视频电话通知，用户在通讯设备手机上接收到视频通知后可以选择"接通"或"挂断"，选择"接通"后又可以选择"挂断"或"语音开关"或"开锁"，选择"开锁"后又可以选择"确定"或"取消"开门；用户在通讯设备手机上选择"确定"按钮后，访客即可下压智能锁的把手开门；用户在通讯设备手机上按下"接通"以及"开锁"按钮并确定后，智能锁会出现"吱"的一声，此时访客即可下压把手使锁舌缩回锁体。

前海公司认为，武汉九万里科技有限公司（以下简称九万里公司）制造、销售、许诺销售以及圳市福田区嘉乐装饰五金商行（以下简称嘉乐五金商行）销售、许诺销售的智能锁，侵害了其发明专利权，故诉请判令：九万里公司、嘉乐五金商行立即停止侵权；嘉乐五金商行赔偿经济损失 10 万元；九万里公司赔偿经济损失 300 万元；嘉乐五金商行、九万里公司承担本案的公证费、司法鉴定费、律师费、调查取证费以及办理本案的其他合理支出费用。

【裁判】

深圳市中级人民法院认为，被诉侵权产品具有通过通讯设备远程开锁功能，此功能需要智能锁 App 协助完成。因此，被诉侵权产品必然包括无线通信单元、存储单元、信息获取单元、信息产生单元以及控制器，存储单元用于存储预设的通知信息。经比对，被诉侵权产品具备包括"预设的通知信息"在内的涉案专利权利要求 6、10 技术方案的全部技术特征，落入涉案专利权的保护范围。故判决：（1）嘉乐五金商行立即停止销售、许诺销售侵权产品，赔偿前海公司经济损失 2 万元；（2）九万里公司立即停止制造、销售、许诺销售侵权产品，销毁库存侵权产品，赔偿前海公司经济损失 100 万元、合理支出费用 18982 元。九万里公司、嘉乐五金商行不服，提起上诉。

最高人民法院二审认为，对于权利要求和说明书已有明确界定的特定技术特征，原则上不能脱离说明书对其作抽象解释，进而不适当地扩大专利权的保护范围。涉案专利权利要求 6 和 10 记载的"预设的通知信息"相关技术特征，限定了电子锁与通讯设备之间传输预设于锁体存储单元中的特定通知信息的通信方式。虽然该特定的通知信息的具体内容不必然为用户所感知，但其应具有特定性和可识别性，能够与其他信息区别开。据此，不能将所有电子锁与通讯设备之间进行通信的技术方案均纳入涉案专利权的保护范围，而应将其限定在传输预先设定的特定通知信息范畴。

经比对，被诉侵权产品在手机安装智能锁 App 后，访客触发门铃，智能锁与手机通过视频通讯的方式建立连接，传输实时采集的视音频数据以帮助用户作出是否开锁的决定。虽然用户可以根据指令提示选择进行视频通话、挂断、开锁等多种操作，但是被诉侵权产品与涉案专利技术方案相比，二者在电子锁和通讯设备之间采用的通信方式不同，被诉侵权产品智能锁不需要传输"预设的通知信息"，而是建立视频通讯传输通道以传输动态信息，手机基于视频通讯实时获取智能锁门前访客信息并即时确认是否开锁，二者实现的技术功能和技术效果也不同。前海公司以被诉侵权产品智能锁与手机通过视频通讯建立连接为由即推定该智能锁存在"预存的通知信息"，依据不足。因被诉侵权产品不存在"预设的通知信息"及相应的信息传输技术特征，未落入涉案专利权利要求 6 和 10 的保护范围，相应地，叶某、嘉乐五金商行无需承担侵权责任。

最高人民法院二审改判：撤销一审判决，驳回前海公司的全部诉讼请求。

【评析】

本案涉及权利要求的解释和专利权保护范围的界定。人民法院通过解释权利要求，明晰技术特征，划定专利权保护范围的边界，合理区分合法行为和侵权行为的界限。

一、权利要求的解释

17 世纪初，专利制度刚刚诞生之时，专利文件只有说明书，而没有权利要求书，但是，专利权人为了明确自己的权利，自发撰写了权利要求书。19 世纪后期，各国才逐步通过立法，强制要求撰写权利要求书。① 由此可见，权利要求的公示性是其天然属性，专利权人通过权利要求划定专利权保护范围，社会公众也能够比较清楚的确定专利权的边界。同时，囿于文字表达的局限性，为了准确理解专利权所保护的技术方案的确切含义，需要对权利要求进行解释。根据《中华人民共和国专利法》（2008 年修正，以下简称专利法）第五十九条的规定，发明或者实用新型专利权的保护范围以其权利要求的内容为准，说明书及附图可以用于解释权利要求的内容。据此，说明书和权利要求书是记载发明或者实用

---

① 参见闫文军：《专利权的保护范围》，法律出版社 2018 年版，第 17 页。

新型及确定其保护范围的法律文件。在审判实践中，通过权利要求的解释以界定专利权保护范围，是判定专利侵权的前提。

权利要求通常由说明书记载的一个或多个实施方式或实施例概括而成，权利要求书中的每一项权利要求所要求保护的技术方案应当是所属技术领域的技术人员能够从说明书充分公开的内容中得到或概括得出的技术方案，并且不得超过说明书公开的范围。根据《专利审查指南》第二部分第一章，技术方案是对要解决的技术问题所采取的利用了自然规律的技术手段的集合。技术手段通常是由技术特征来体现的。① 在权利要求解释和侵权对比时，需要将权利要求的技术方案划分为若干个技术特征，逐一进行解释和对比。对权利要求进行解释，通常就是对其中某一个技术特征的含义进行解释。

具体而言，人民法院应当根据权利要求的记载，结合所属领域普通技术人员阅读说明书及附图后对权利要求的理解，确定专利法第五十九条第一款规定的权利要求的内容。由于权利要求的解释并不限于其字面意思，故《最高人民法院关于审理侵犯专利权纠纷案件应用法律若干问题的解释》《最高人民法院关于审理侵犯专利权纠纷案件应用法律若干问题的解释（二）》以多个条文对司法实践中的权利要求解释作出指引，包括内部证据与外部证据解释、功能性特征解释、封闭式组合物权利要求解释以及关于技术方案的放弃等等。需要指出的是，在权利要求解释过程中，不论适用何种解释方法和解释规则，对于权利要求和说明书已有明确界定的特定技术特征，原则上不能脱离说明书对其作抽象解释，进而不适当地扩大专利权的保护范围。这与"不得将说明书的限制读入权利要求"并不矛盾。也即，不得以说明书的实施例等示例性解释来限制专利权的保护范围，同样也不得以超出说明书概括的技术方案来扩大专利权的保护范围。

---

① 参见国家知识产权局制定：《专利审查指南2010》，知识产权出版社2017年版，第119页。

二、专利权保护范围的界定

本案中，专利权利要求 6 和 10 明确记载了"预设的通知信息"技术特征。双方当事人之间的争议集中在对"预设的通知信息"的内涵认识不同，专利权人将其解释为"可以建立通知的系统内部信息"，被诉侵权人则将其解释为"用户可以感知的具体信息"。根据专利说明书第［0020］段关于"……所述密码、通知信息、验证信息为文字或者数字。所述用户密码、通知信息和验证信息也可以是同一个数据"的记载，本领域技术人员可知电子锁"预设的通知信息"应为具体的数据信息，其内容特定，从而可以预设在电子锁存储单元中，并发送给通讯设备使电子锁与通讯设备之间实现特定通知信息的传输，通讯设备根据该特定通知信息输出提示信息供用户选择确认。故专利权利要求 6 和 10 记载的"预设的通知信息"相关技术特征，限定了电子锁与通讯设备之间传输预设于锁体存储单元中的特定通知信息的通信方式。虽然该特定的通知信息的具体内容不必然为用户所感知，但其应具有特定性和可识别性，能够与其他信息区别开。据此，不能将所有电子锁与通讯设备之间进行通信的技术方案均纳入涉案专利权的保护范围，而应将其限定在传输预先设定的特定通知信息范畴。由此可见，关于该特定通知信息的内涵，其并非是专利权人所称抽象的系统内部信息，亦非仅仅是被诉侵权人所称足够具体的可感知信息，其可以呈现为说明书给出的文字或者数字示例，以及类似的图片或者声效等其他表现形式，但也可以是与上述信息具有唯一对应性的系统信息。可以确定的是，该特定通知信息静态存在，并不具有即时生成的动态特性。

三、相同或等同技术特征的认定

根据全面覆盖原则，被诉侵权技术方案的技术特征与权利要求记载的全部技术特征相比，缺少权利要求记载的一个以上的技术特征，或者有一个以上技术特征不相同也不等同的，人民法院应当认定其没有落入专利权的保护范围。需要注意的是，因专利申请日后新技术导致的等同替换手段应纳入专利权保护范围，故应以被诉侵权行为发生时为基点判断技术特征是否构成等同。本案中，因被诉侵权产品开锁过程中的来电显示界面系由通讯设备手机安装的 App 基于视频通话请求生成，而该视频通话请求形成于建立通话连接的动态指令交互过程，而非来源于智能锁中预存的特定通知信息，故难以认定智能锁中预设有通知信息，以及智能锁与通讯设备之间传输该预设的通知信息。专利权人主张指令也需要调用预存的信息以及指令也是一种消息，但是指令为动态运行数据，其本身不属于预设的特定通知信息。退而言之，即使指令存在调用预存信息的可能，由于被诉侵权产品系借助服务器作为中介建立通话连接，难以认定指令对预存信息的调用符合涉案专利权利要求 6 和 10 中关于预设通知信息传输过程的限定。故专利权人上述主张不能成立。同时，在用户选择"接听"之后，视频通讯的传输通道会将智能锁实时采集的视音频数据传递到手机端，供用户决定是否开锁。虽然该视音频数据由智能锁传递到手机端，用于形成确认信息，但该视音频数据为实时采集的动态数据，同样不能认定为与专利权利要求 6 和 10 所述"预设的通知信息"相关。由此可见，虽然被诉侵权产品用户可以根据指令提示选择进行视频通话、挂断、开锁等多种操作，但上述过程与涉案专利权利要求 6 和 10 限定的基于"预设的通知信息"的协同处理过程不同。鉴于被诉侵权产品相对于专利技术方案采取的是不同的无线通信技术手段，二者传输信息的底层逻辑设计不同，被诉侵权产品可以即时获取访客信息并进行指令确认，其并非如专利权人所述，仅是相对于专利技术方案增加了一个视频通话的步骤，二者实现的技术功能和技术效果也不同。并且，由于该等不同并非是基于新技术发展带来的红利，难以认定为技术手段的等同替换，亦不能将其认定等同技术特征。

（撰写人：刘晓梅，最高人民法院知识产权法庭法官；毛涵，最高人民法院知识产权法庭法官助理）

15. 使用环境特征的认定

——上诉人 ALC 粘合剂技术责任有限公司与上诉人温州市星耕鞋材有限公司侵害发明专利权纠纷案

【裁判要旨】

使用环境特征系权利要求中用来描述发明创造的使用背景或者条件的技术特征，其并不限于与被保护对象的安装位置或者连接结构等相关的技术特征，在特定情况下还包括与被保护对象的用途、适用对象、使用方式等相关的技术特征。

【案号】

一审：浙江省宁波市中级人民法院（2018）浙 02 民初 953 号
二审：最高人民法院（2020）最高法知民终 313 号

【基本案情】

在上诉人 ALC 粘合剂技术责任有限公司公司（以下简称 ALC 粘合剂公司）与上诉人温州市星耕鞋材有限公司（以下简称星耕鞋材公司）侵害发明专利权纠纷案中，涉及专利号为 ZL200780032234.2、名称为"在例如鞋的内鞋底的物体的表面上施加粘合剂层的机器和相关方法"的发明专利。ALC 粘合剂公司认为，星耕鞋材公司未经许可，销售"烫底机"

（以下简称被诉侵权产品），侵害 ALC 粘合剂公司的专利权，故向宁波市中级人民法院提起诉讼，请求判令停止侵害并赔偿经济损失及维权合理开支 100 万元。宁波市中级人民法院认为，被诉侵权产品落入涉案专利权保护范围，且现有技术抗辩及合法来源抗辩均不成立。宁波市中级人民法院判决星耕鞋材公司停止侵权，赔偿 ALC 粘合剂公司经济损失（含合理维权费用）6 万元，驳回 ALC 粘合剂公司的其他诉讼请求。ALC 粘合剂公司和星耕鞋材公司均不服，分别以判赔数额过低和不构成侵权向最高人民法院提起上诉。最高人民法院于 2021 年 4 月 8 日作出二审判决，改判星耕鞋材公司赔偿 ALC 粘合剂公司经济损失（含合理维权费用）25 万元。

【裁判】

最高人民法院二审认为，涉案专利权利要求 1 保护的是一种用于在物体（例如内鞋底）表面施加粘合剂层的机器，并具体限定了机器的各个部件及其功能，该机器加工过程中需要利用"第一带"（即胶带）和"第二带"（即薄膜）实现操作。首先，"第一带""第二带""所述物体"构成涉案专利被保护主题对象"机器"的使用环境特征。所谓使用环境特征，是指权利要求中用来描述发明所使用的背景或条件的技术特征。按照技术特征所限定的具体对象的不同，技术特征可分为直接限定专利保护主题对象本身的技术特征以及通过限定保护主题对象之外的技术内容来限定保护主题对象的技术特征。前者一般表现为直接限定专利保护主题对象的结构、组分、材料等，后者则表现为限定专利保护主题对象的使用背景、条件、适用对象等，进而间接限定专利保护主题对象，因而被称为"使用环境特征"。常见的使用环境特征多表现为限定被保护主题对象的安装、连接、使用等条件和环境。但鉴于专利要求保护的技术方案的复杂性，使用环境特征并不仅仅限于那些与被保护主题对象安装位置或连接结构直接有关的结构特征。对于产品权利要求而言，用于说明有关被保护主题对象的用途、适用对象、使用方式等的技术特征，虽对产品的结构并不具有直接限定作用，也属于使用环境特征。

本案涉案专利权利要求1的被保护主题对象是"一种能够施加粘合剂层到一物体表面的机器"，根据说明书第［0007］及［0008］段记载，本发明的目的是提供一种用于给物体表面施加粘合剂层的机器，该机器高效、自动、快速，并仅执行少量的操作，其设计确保操作者的高度安全。通过阅读说明书和附图，本领域技术人员可以理解，本发明中，机器是涉案发明的保护主题对象，通过机器的第一进料装置输送"第一带"、第二进料装置输送"第二带"，并利用机器剥离装置的共同作用，可实现在"所述物体"一表面上施加粘合剂并剥离多余粘合剂的功能。当事人双方均认可，涉案专利技术方案中所述"第一带"相当于胶带、"第二带"相当于薄膜。关于"所述物体"，权利要求1序言部分记载"所述物体具有与第一表面相反的第二表面"，说明书第［0012］段记载，"所述物体，可以是扁平的，例如，鞋的内鞋底、徽章、饰品、标志、衣物或家具条目，或是非扁平的，厚的和/或形状复杂的物体"，也即，"所述物体"实际只要具备两个相反表面即可。在此，"第一带""第二带"及"所述物体"均不是机器本身的组成部件，"第一带""第二带"是机器运转过程中必备的物料，"所述物体"是机器加工的对象，系用于说明被保护主题对象的用途、适用对象、使用方式等的技术特征，属于使用环境特征。

一般情况下，使用环境特征应该理解为要求被保护的主题对象可以用于该使用环境即可，不要求被保护的主题对象必须用于该环境。本案中，ALC粘合剂公司从星耕鞋材公司处公证购买了被诉侵权的机器设备及胶带、薄膜，通过技术比对可知，该被诉侵权的机器设备的机械结构、装置和运行原理与涉案专利说明书中具体实施例的记载一致，亦与涉案专利技术方案所实现的功能、解决的技术问题相同。基于星耕鞋材公司一并销售上述物品的事实，可以合理推断被诉侵权机器的用途与涉案专利的发明用途一致。也即，被诉侵权机器与胶带、薄膜配合使用，在诸如鞋底等的"所述物体"一表面上施加粘合剂，是被诉侵权机器合理的商业用途。被诉侵权机器可以适用于"第一带""第二带""所述物体"等使用环境，具有与之相应的涉案专利技术特征。星耕鞋材公司是否将"第一带""第二带"安装于机器上、是否销售"所述物体"，均不影响被诉侵权产品已经具备涉案专利相应技术特征，均符合专利侵权技术比对"全面覆盖原则"的要求。

【评析】

ALC 粘合剂公司从星耕鞋材公司处公证购买的被诉侵权产品包括施胶的机器和胶带、薄膜。星耕鞋材公司主张，其没有销售内鞋底，胶带和薄膜也并未安装在机器上，因此被诉侵权技术方案不具备与"所属物体""第一带""第二带"相关的技术特征，不构成专利侵权。案件讨论过程中，均认可星耕鞋材公司构成专利侵权，但关于如何认定侵权性质形成了两种处理意见：

第一种意见认为，涉案专利权利要求 1 所限定的"所述物体""第一带""第二带"等系使用环境特征，被诉侵权机器可以适用于"所述物体""第一带""第二带"等使用环境，具有与之相应的涉案专利技术特征，被诉侵权技术方案落入涉案专利保护范围，星耕鞋材公司销售侵权产品的行为构成直接侵权。第二种意见认为，星耕鞋材公司未销售"所述物体"，并未完整实施专利技术方案，但其销售的被诉侵权机器系专门实施涉案专利技术方案的设备，依据《最高人民法院关于审理侵犯专利权纠纷案件应用法律若干问题的解释（二）》的相关规定①，星耕鞋材公司销售侵权专用品的行为构成帮助侵权。经研究认为，本案运用使用环境特征理论认定星耕鞋材公司构成直接侵权，既符合使用环境特征的"使用背景或者条件"的内涵，在既有法律规则的框架内解决实践需要，又可以避免适用间接侵权理论所难以克服的局限和困境，最终采纳了第

---

① 《最高人民法院关于审理侵犯专利权纠纷案件应用法律若干问题的解释（二）》第二十一条第一款规定："明知有关产品系专门用于实施专利的材料、设备、零部件、中间物等，未经专利权人许可，为生产经营目的将该产品提供给他人实施了侵犯专利权的行为，权利人主张该提供者的行为属于民法典第一千一百六十九条规定的帮助他人实施侵权行为的，人民法院应予支持。"

一种处理意见。理由是：

首先，将被保护对象的用途、适用对象、使用方式等技术特征纳入使用环境特征的范畴，符合使用环境特征的内涵。使用环境特征系权利要求中用来描述发明创造的使用背景或者条件的技术特征。过去通常认为，使用环境特征指的是与被保护对象的安装位置或者连接结构等相关的技术特征，如认为"使用环境特征不同于主题名称，是指权利要求中用来描述发明或者实用新型所使用的背景或者条件且与该技术方案存在连接或配合关系的技术特征"[1]。但从使用环境特征的内涵来看，使用背景或者条件的技术特征并不仅限于与技术方案存在连接或配合关系的技术特征，将使用环境特征限定于存在连接或配合关系的技术特征，实际上过度限制了使用环境特征的适用范围。被保护对象的用途、适用对象、使用方式等技术特征实质上属于描述发明创造的使用背景或者条件的技术特征，将之纳入使用环境特征的范畴，是对使用环境特征的正确解读，并未超出使用环境特征的应有之意。具体到本案，涉案专利实际保护的是一种可以用于在物体表面施胶的机器，"所述物体"指的是机器的适用对象，"第一带"和"第二带"分别对应胶带和薄膜，是施胶过程中必须使用的辅料，上述技术特征并不属于机器本身的部件，而是实现机器使用功能的必备条件，也即，属于描述发明创造的使用背景或者条件的技术特征。因此，可以将上述"所述物体""第一带""第二带"等特征认定为使用环境特征。

一般情况下，使用环境特征应该理解为要求被保护的主题对象可以用于该使用环境即可。本案中，通过技术比对可知，被诉侵权机器的机械结构、装置和运行原理等均与涉案专利说明书中具体实施例的记载一致，亦与涉案专利技术方案所实现的功能、解决的技术问题相同。基于星耕鞋材公司将胶带、薄膜与被诉侵权机器一并销售的事实，可以合理推断被诉侵权机器的用途与涉案专利的发明用途一致，也即，被诉侵权

---

[1] 吉罗洪主编：《北京市高级人民法院〈专利侵权判定指南（2017）〉理解与适用》，知识产权出版社 2020 年版，第 116 页。

机器与胶带、薄膜配合使用，在诸如鞋底等的"所述物体"一表面上施加粘合剂层，是被诉侵权机器合理的商业用途。被诉侵权机器可以适用于"第一带""第二带""所述物体"等使用环境，具有与之相应的涉案专利技术特征，在此情况下，星耕鞋材公司是否销售"所述物体"以及胶带和薄膜是否安装于机器上，均不影响对星耕鞋材公司完整实施了被诉侵权技术方案的认定。

其次，遵循权利要求解释的符合发明目的原则，应将"所述物体""第一带""第二带"等技术特征纳入使用环境特征的范畴。权利要求保护的对象是技术方案，在确定专利权保护范围时，应当遵循符合发明目的原则，即对专利权利要求的解释，应当以其保护范围内的技术方案能够实现发明目的为限。具体到本案，从说明书记载的技术内容看，说明书对"所述物体"进行了举例说明，本领域技术人员在阅读说明书和附图后，可以准确理解，权利要求并未限定"所述物体"的种类甚至性状，只要形状、尺寸等适合采用专利技术方案对其表面施加粘合剂层的物品，均可能成为被加工的对象。涉案专利权利要求所采用的"物体"这一高度上位和抽象的技术术语，涵盖了权利要求所要保护技术方案所有可能的作用对象，意味着权利要求对所要保护的技术方案的作用对象并无特殊限定。而依据本发明权利要求撰写的特点，对于涉案专利而言，为描述发明的具体内容，准确表述所发明机器的用途和实现用途的方法步骤，显然有必要描述机器所加工的对象、使用方式等内容，"所述物体"描述的仅仅是涉案专利权利要求所保护技术方案的应用对象，而非涉案专利技术方案实质上保护的对象。同理，"第一带""第二带"也仅用于说明涉案技术方案的具体实施方式，也并非涉案专利技术方案实质上保护的对象。因此，将上述"所述物体""第一带""第二带"认定为使用环境特征，只要涉案专利技术方案实质所保护的对象"机器"可以适用于上述使用环境即可，而不要求被诉侵权技术方案必须实际具备上述技术特征，是对权利要求的保护范围作出的符合发明目的并合乎逻辑的界定。

最后，依据涉案专利权具体保护的权益内容复验本案的结论，亦不应认定星耕鞋材公司实施了帮助侵权行为。专利制度的价值在于通过授予专利权人对创新发明的技术方案的排他权，使得专利权人独占使用该技术方案以获得市场优势地位。而专利侵权行为通常表现为擅自制造、销售使用专利技术方案制造的竞品，侵蚀专利产品的市场份额。本案中，涉案专利所保护的具体技术方案实质上针对的是机器本身，而机器加工的具体对象显然由购买机器设备的客户根据自身需要而确定，无论机器具体用于加工鞋垫或是徽章亦或其他物品，均对技术方案的实施并无影响。对于 ALC 粘合剂公司来说，享有涉案专利权获取市场利益的主要方式包括自行制造、销售或者许可他人制造、销售施胶机器及配套使用的胶带、薄膜等产品，加工"所述物体"显然并非专利权人据以获得利益的所在，ALC 粘合剂公司制造、销售的专利产品中也不可能包括五花八门的"所述物体"。对于星耕鞋材公司而言，销售实施了专利技术方案的施胶机器及其配套使用的辅料，是星耕鞋材公司获取市场利益的方式，该行为与 ALC 粘合剂公司实施专利的方式形成了直接竞争，侵占了原本属于 ALC 粘合剂公司的市场份额，不当获取了原本应当属于 ALC 粘合剂公司的市场利益。终端用户使用被诉侵权机器加工"所述物品"，从表面上看，是完整再现专利技术方案的实施者，但实际上，被诉侵权机器在制造过程中，已经基于其部件设计固化了机器的使用方式和用途，终端用户必然要通过已被固化的使用方式实施涉案专利技术方案，其对于完整再现专利技术方案的主要贡献在于具体选择并实际加工了"所述物品"，但其加工"所述物品"的经营行为与 ALC 粘合剂公司自行或许可他人制造、销售专利产品的经营行为不产生竞争关系，显然不会侵蚀 ALC 粘合剂公司的市场利益。如果认定终端用户完整实施了被诉侵权技术方案，构成直接侵权，星耕公司提供了侵权专用品，以帮助侵权论处，则一方面，此种认定显然违背日常生活经验法则，对于主体责任的认定本末倒置，在终端用户并无侵权故意且支付了合理对价的情形下，要求终端用户承担全部侵权责任，星耕鞋材公司承担连带赔偿责任，责任分配明显不公；另一方面，因帮助侵权属于间接侵权的一种，而间接侵权以直接侵权存在为前提，诸如本案情形，因无法认定终端用户的直接侵权行为存在，基于法律逻辑，也存在难以认定星耕鞋材公司构成帮助侵权的困境。

（撰写人：魏磊，最高人民法院知识产权法庭法官）

16. 存在多种使用环境时功能性特征内容的认定

——上诉人苏州云白环境设备股份有限公司与被上诉人苏州泰高烟囱科技有限公司、吴江市宝新金属制品有限责任公司侵害发明专利权纠纷案

【裁判要旨】

在专利技术方案存在多种使用环境的情况下，结合说明书记载的具体实施方式确定功能性特征的内容时，应当从本领域技术人员角度，区分具体实施方式中为实现该功能性特征限定的功能或者效果不可缺少的技术特征和因使用环境不同而产生的适应性技术特征，适应性技术特征通常并不属于功能性特征的内容。

【案号】

一审：江苏省苏州市中级人民法院（2018）苏 05 民初 1290 号
二审：最高人民法院（2019）最高法知民终 409 号

【案情】

苏州云白环境设备股份有限公司（以下简称云白公司）系专利号为 ZL201010160845.9、名称为"内外筒型自立式钢烟囱"的发明专利的专利权人。云白公司认为苏州泰高烟囱科技有限公司（以下简称泰高公司）

制造、销售、许诺销售的烟囱产品侵害了其享有的涉案专利权，吴江市宝新金属制品有限责任公司（以下简称宝新公司）与泰高公司共同制造被诉侵权产品，故诉至江苏省苏州市中级人民法院，请求判令：（1）泰高公司、宝新公司立即停止共同制造侵权产品的行为并销毁所有侵权产品；（2）对泰高公司、宝新公司进行民事制裁，销毁制造侵权产品所用的模具和图纸；（3）泰高公司立即停止销售、许诺销售侵权产品；（4）泰高公司赔偿云白公司经济损失及为制止侵权行为所支付的合理费用共计1000万元；（5）判令泰高公司、宝新公司承担本案全部诉讼费用。

泰高公司辩称：被诉侵权产品并未落入涉案专利权的保护范围，请求驳回云白公司的全部诉讼请求。

宝新公司辩称：其仅是接受泰高公司的委托，加工烟囱的部件，并未制造被诉侵权产品，且相关图纸和技术资料均由泰高公司提供，无论被诉侵权的烟囱是否侵害涉案专利权，宝新公司均未实施侵权行为。

苏州市中级人民法院经审理查明：

云白公司于2010年4月30日向国家知识产权局申请了名称为"内外筒型自立式钢烟囱"的涉案专利，于2012年4月18日获得授权，至今合法有效。云白公司在本案中主张涉案专利权利要求1、2、4、5、7、8、9、10，其中权利要求1、10为：

"1. 一种内外筒型自立式钢烟囱，包括一碳钢外筒（1）、安装于碳钢外筒（1）内的不锈钢内筒（2），所述碳钢外筒（1）和不锈钢内筒（2）由若干分段组成，其特征在于：所述下段不锈钢内筒（201）底部通过加强件与下段碳钢外筒（101）固定连接；所述下段不锈钢内筒（201）顶部和中间段不锈钢内筒（202）顶部分别通过横向固定纵向滑动结构与碳钢外筒（1）连接；所述上段不锈钢内筒（203）顶部通过上限位结构与上段碳钢外筒（103）顶部连接；所述中间段不锈钢内筒（202）顶部设有中间限位结构；所述不锈钢内筒（2）分段之间通过活套法兰（14）连接。"

"10. 根据权利要求1所述的内外筒型自立式钢烟囱，其特征在于：

所述碳钢外筒（1）中设置单内筒或双内筒或多内筒。"

泰高公司成立于 2014 年 3 月 27 日。2017 年 10 月 24 日，姚某军、张某刚、柏某平三人受让了泰高公司的全部股份，并于 2018 年 2 月 1 日增加注册资本为 1000 万元。张某刚曾任职于云白公司，姚某军、柏某平曾任职于云白公司的子公司苏州云白华鼎通风工程有限公司。宝新公司成立于 1992 年 8 月 10 日，现注册资本为 1000 万元，经营范围为金属结构件、环保设备、除尘设备及配件等的制造、加工及安装等。

2018 年 9 月 11 日，云白公司向一审法院申请诉前证据保全，请求对放置于宝新公司处、由泰高公司与宝新公司共同制造的烟囱进行证据保全。一审法院经审查裁定予以准许，并于 2018 年 9 月 14 日实施保全，现场发现正在加工的被诉侵权 40 米烟囱和 50 米烟囱两个，遂以拍照方式进行证据固定并取得了部分注明为泰高公司所有的技术图纸。一审法院于 2019 年 2 月 28 日、5 月 17 日两次组织当事人到宝新公司处现场勘验，现场已不见 40 米烟囱。宝新公司称被泰高公司拉走。泰高公司称无法确定 40 米烟囱是否与其有关，无法告知去向。对于尚存的 50 米烟囱，经比对，泰高公司对于被诉侵权产品具有涉案权利要求 2、9、10 的附加技术特征无异议，宝新公司认为与其无关。

宝新公司与泰高公司签订有两份加工制作合同。合同约定宝新公司依经双方确认的图纸及技术协议要求为泰高公司加工、制造、检测、包装钢制烟囱的外筒、内筒等部件。其中，《40m 钢制烟囱加工合作合同》约定的加工内容为钢烟囱外筒、内筒以及旋梯平台等附件，合同价款为 615505 元；《50m 钢制烟囱加工合作合同》约定的加工内容为钢烟囱外筒、爬梯平台等附件，合同价款为 360487.5 元。宝新公司提供的邮件往来记录表明，泰高公司曾向其发送了 40 米烟囱的总图及筒体拼接图、基础模板、修改图以及 50 米烟囱初步总图和主材排版图、地脚螺栓图、焊缝图、开孔位置图等技术资料。

【裁判】

苏州市中级人民法院认为：涉案专利权利要求 1 中的"横向固定纵

向滑动结构"为功能性限定的技术特征，且本领域普通技术人员通过阅读权利要求1无法与某个具体的实施方式相联系，故根据《最高人民法院关于审理侵犯专利权纠纷案件应用法律若干问题的解释》第四条规定，应结合说明书和附图的具体实施方式及其等同的实施方式确定改技术特征的内容。根据涉案专利说明书〔0009〕段内容，"横向固定纵向滑动结构"必须实现将内筒与外筒连接、使内筒在外筒内部的位置限定，达到内筒不晃动、纵向可滑动从而便于安装的技术效果，而说明书所列实施例以及说明书附图则披露了以套筒固定板装上滑动套筒、滑动套筒内壁均布滑动支点的结构来实现说明书所称内筒不晃动、纵向可滑动的技术效果。被诉侵权的50米烟囱的下段内筒顶部设有六个梯形部件，其中三个梯形部件设置有螺丝孔，其下端的外筒内壁设置有位置对应的支撑板；六个梯形部件都与外筒内壁之间均留有一小段距离。由于六个梯形部件与外筒之间不固定连接，可以实现内筒纵向滑动，横向限位、不晃动的技术功能和效果。虽然单以该六个梯形部件，无法实现内筒与外筒的连接，但其中三个带有螺丝孔的梯形部件，当其螺丝拧紧抵在支撑板之后，这三个梯形部件通过螺丝、支撑板实现内筒与外筒连接。同理，中段内筒顶部的三长三短梯形部件，其中三短梯形部件设有螺丝孔并有对应支撑板，同样可以梯形部件加螺丝加支撑板实现内筒与外筒连接以及内筒纵向滑动、横向限位、不晃动的技术功能和效果。然而，上述梯形部件、螺丝和支撑板相配合的结构，与涉案专利说明书中的套筒固定板装上滑动套筒、滑动套筒内壁均布滑动支点的结构明显不同，不属于相同技术手段，也不属于本领域技术人员无需创造性劳动即可以联想到的替代性技术手段。故下段内筒、中段内筒均不存在与涉案专利权利要求1"横向固定纵向滑动结构"相同或等同的技术特征。据此，被诉侵权的50米烟囱不具备涉案专利权利要求1的全部技术特征，未落入涉案专利权保护范围。关于被诉侵权的40米烟囱，云白公司确认其与50米烟囱的区别仅在于没有插板与突部组成的结构。一审法院诉前证据保全所拍摄到的照片显示，40米烟囱在内筒外壁上同样焊有梯形部件，可见其在实现纵向滑动、横向限位、不晃动的技术效果方面，采用了与 50 米烟囱相同的技术手段。因此，40 米烟囱同样不具备涉案专利权利要求 1 的"横向固定纵向滑动结构"，未落入涉案专利权保护范围。综上，两个被诉侵权产品均不具备涉案专利权利要求 1 的全部技术特征，未落入涉案专利权保护范围。

苏州市中级人民法院于 2019 年 7 月 9 日判决：驳回云白公司的全部诉讼请求。

云白公司不服，向最高人民法院提起上诉，主张被诉侵权产品具有"横向固定纵向滑动结构"，落入涉案专利权的保护范围，请求：（1）撤销一审判决，依法改判支持云白公司一审全部诉讼请求或发回重审；（2）本案诉讼费用由泰高公司、宝新公司承担。

最高人民法院二审另查明：涉案专利说明书［0028］段记载："所述下段不锈钢内筒 201 顶部、中间段不锈钢内筒 202 顶部分别通过横向固定纵向滑动结构与碳钢外筒 1 连接；所述横向固定纵向滑动结构包括与碳钢外筒 1 水平固定连接的套筒固定板 5，所述套筒固定板 5 上装有两个滑动套筒 6，所述滑动套筒 6 分别套设在与之对应的不锈钢内筒 2 外面，设在小直径不锈钢内筒 2 外的滑动套筒 6 内壁上均布有四个滑动支点 7，设在大直径不锈钢内筒 2 外的滑动套筒 6 内壁上均布有六个滑动支点 7，所述不锈钢内筒 2 可以沿滑动支点 7 自由滑落"。说明书［0034］段记载："本实施例中采用的是双内筒式，该技术方案同样适用于单内筒式和多内筒式……本发明的不锈钢内筒 2 顶部通过特殊结构与碳钢外筒 1 横向固定连接保证不锈钢内筒 2 不晃动，并且在纵向上不锈钢内筒 2 可以滑动以便安装。"

最高人民法院二审认为：

根据《最高人民法院关于审理侵犯专利权纠纷案件应用法律若干问题的解释》第四条的规定，对于权利要求中以功能或者效果表述的技术特征，人民法院应当结合说明书和附图描述的该功能或者效果的具体实施方式及其等同的实施方式，确定该技术特征的内容。在说明书记载的专利技术方案存在多种使用环境的情况下，专利权人通常无须一一列举说明各种使用环境下的具体实施方式。当说明书仅给出了一种使用环境下的实施例但又明确记载了该技术方案可适用于多种使用环境时，本领域普通技术人员通过阅读专利权利要求书，并根据已知实施例可以直接、明确获得的在其他使用环境下的实施方式，应当属于该功能性限定技术特征的内容，换言之，该实施方式对于本领域普通技术人员而言是其在阅读说明书及其附图所记载的实施例后根据公知常识和常规技术手段很容易获得的。在此过程中，本领域普通技术人员根据权利要求书和说明书及其附图的记载，基于对功能性限定的技术特征的理解，能够明确获悉已知实施例中该功能性限定技术特征的基本特征与适应性特征，很容易即可获得其他使用环境下的实施方式。其中，基本特征为实现该功能效果必不可少的特征，是功能性限定的技术特征的本质特征，在各种使用环境下均不可或缺；适应性特征则是因不同使用环境而具有的适应特定使用环境的特征，是在各种使用环境下起到适应、配合作用的辅助性、非本质、可变化的特征。

就涉案专利而言，仅凭权利要求1中"横向固定纵向滑动结构"的文字表述，本领域普通技术人员显然无法直接、明确地确定实现上述功能或者效果的具体实施方式，因此该项技术特征为《最高人民法院关于审理侵犯专利权纠纷案件应用法律若干问题的解释（二）》第八条规定的功能性特征，应当结合说明书和附图描述的该功能或者效果的具体实施方式及其等同的实施方式，确定该技术特征的内容。首先，涉案专利说明书具体实施方式部分的实施例记载了一种双内筒烟囱的实施方法，"所述下段不锈钢内筒顶部、中间段不锈钢内筒顶部分别通过横向固定纵向滑动结构与碳钢外筒连接；所述横向固定纵向滑动结构包括与碳钢外筒水平固定连接的套筒固定板，所述套筒固定板上装有两个滑动套筒，所述滑动套筒分别套设在与之对应的不锈钢内筒外面，设在小直径不锈钢内筒外的滑动套筒内壁上均布有四个滑动支点，设在大直径不锈钢内筒外的滑动套筒内壁上均布有六个滑动支点，所述不锈钢内筒可以沿滑动支点自由滑落"。由此可知，在双内筒情形下，"横向固定纵向滑动结构"主要通过"滑动套筒""套筒固定板""若干滑动支点"以及该三者之间的相应位置和连接关系来实现内筒横向不晃动、纵向可滑动的功能。本领域普通技术人员在阅读上述实施例后，可明确知晓"滑动支点"系实现该横向固定纵向滑动功能效果的基本特征；而在双内筒烟囱的使用环境下，"滑动支点"的固定定位是需解决的技术问题，涉案专利通过将"滑动支点"与"滑动套筒""套筒固定板"及"外筒"的固定连接实现了"滑动支点"在双内筒环境下的固定定位，"滑动套筒""套筒固定板"作为适应特定使用环境的适应性特征起到了固定连接"滑动支点"的作用。其次，涉案专利权利要求 1 并未限定"横向固定纵向滑动结构"仅适用于双内筒式烟囱，且根据涉案专利权利要求 10 及说明书［0034］段的记载，该技术方案同样适用于单内筒式。在涉案专利说明书并未直接记载单内筒实施方式的情况下，本领域普通技术人员在阅读说明书及其附图记载的相对复杂的双内筒实施方式后，基于对权利要求及说明书的理解，根据公知常识和常规技术手段对"横向固定纵向滑动结构"特征中基本特征与适应性特征的分解，可直接、明确地获得横向固定纵向滑动功能在更为简单的单内筒环境下的实现方式。由于在单内筒环境下，单内筒外直接套有外筒，"滑动支点"与"外筒"的连接已无需通过其他连接单元即可直接固定连接，从而实现"横向固定纵向滑动"的功能和效果。也即双内筒环境下所需的"滑动套筒"与"套筒固定板"该两项适应特定使用环境的特征，在单内筒情况下，并非必备技术特征。

被诉侵权产品为单内筒式烟囱。根据一审法院诉前证据保全的照片及现场勘验所摄照片，该烟囱下段内筒外壁顶部设有六个长梯形部件，中间段内筒外壁顶部交叉设置有三长三短梯形部件，其中上述长梯形部件的端部设有便于滑动摩擦的塑料块，与外筒内壁距离较近。上述长梯形部件均布于内筒外壁，相当于涉案专利的"滑动支点"，与套设于内筒外面的外筒相配合，可以保证内筒横向不晃动、纵向可滑动。该单内筒实施方式属于本领域普通技术人员在阅读涉案专利权利要求书和说明书及其附图所记载的实施例后很容易获得的。因此，被诉侵权产品的上述特征与涉案专利权利要求中"横向固定纵向滑动结构"特征构成相同的技术特征。关于40米烟囱，根据一审法院诉前证据保全所拍摄到的照片显示，在内筒外壁上设有梯形部件，相当于涉案专利中的"滑动支点"，起到横向固定纵向滑动的功能，上述结构与涉案专利权利要求1中"横向固定纵向滑动结构"特征构成相同的技术特征。综上，被诉侵权产品的技术方案落入涉案专利权的保护范围（涉案专利说明书附图4所记载的双内筒实施例以及被诉侵权50米烟囱的照片见图1）。

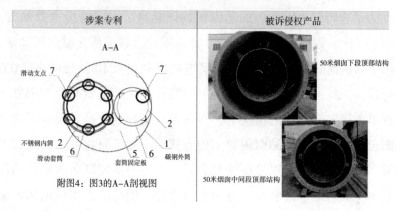

图1　涉案照片

最高人民法院于2020年6月19日判决：（1）撤销苏州中院（2018）苏05民初1290号民事判决；（2）自判决生效之日起，泰高公司停止制造、销售，宝新公司停止制造侵害苏州云白环境设备股份有限公司享有的涉案专利权的产品；（3）自判决生效之日起十日内，泰高公司、宝新公司销毁本案40米烟囱的图纸，泰高公司销毁本案50米烟囱的图纸；（4）泰高公司自判决生效之日起十日内赔偿云白公司经济损失100万元；（5）泰高公司自判决生效之日起十日内赔偿云白公司因本案诉讼支出的合理开支122140元；（6）驳回云白公司的其他诉讼请求。

（撰写人：周平，最高人民法院知识产权法庭法官）

17. 实用新型专利中功能性特征内容的认定

——上诉人胡某辉与被上诉人岳某侵害实用新型专利权纠纷案

【裁判要旨】

实用新型专利中，说明书及附图所载、为实现功能性特征所限定的功能、效果不可缺少的形状构造类特征和非形状构造类特征，均对该功能性特征具有实质限定作用，均构成功能性特征的内容，在侵权判定时均应予以考虑。

【案号】

一审：浙江省杭州市中级人民法院（2019）浙01民初3509号

二审：最高人民法院（2021）最高法知民终411号

【案情】

胡某辉于2010年8月10日向国家知识产权局申请名称为"一种多功能塑料书写纸板及书写工具"的实用新型专利，同日，胡某辉向国家知识产权局申请"一种多功能塑料书写纸及其制作方法"的发明专利（以下简称同日发明），涉案专利于2011年5月4日授权公告，专利号为ZL201020293455.4，同日发明于2011年12月7日获得授权公告，目前涉案专利和同日发明均有效。

涉案专利权利要求1为：一种多功能塑料书写纸板，它是以塑料纸或者塑料纸板为基料，其特征是：塑料纸或塑料纸板的一面或者两面经过磨砂处理形成磨砂层，显影层与一面磨砂层粘接链接。权利要求2为：根据权利要求1所述的一种多功能塑料书写纸板，其特征是：显影层通过与一层或两层石粉混合层粘接后再与一面磨砂层粘接连接。涉案专利说明书所载具体实施方式中载明如下内容：第［0054］段显影层石粉目数为320目以上；第［0057］段显影层粘接剂采用建筑用103外墙防水胶；或103外墙防水胶，与976#外墙抗碱底涂料、屋面防晒防漏胶水、107建筑胶水、801超浓缩建筑胶水中的一种或几种混合；第［0058］段103外墙防水胶和混合胶的重量比例为1∶3~6；第［0059］段显影层中显影层粘结剂和石粉的重量比例为1∶0.5~1；第［0060］段显影层石粉目数为600目以上；第［0061］段显影层石粉采用2000目轻钙石粉、2000目硅石粉、2000目方解石粉或600目瓷土粉。

2019年6月3日，国家知识产权局作出第40363号决定，宣告涉案专利权利要求1或间接引用权利要求1的权利要求4、5无效，在权利要求2、3以及直接或间接引用权利要求2、3的权利要求4、5的基础上继续维持该专利权有效。第40363号决定认为，权利要求2限定了显影层、石粉混合层和磨砂层的位置关系以及连接方式，对于显影层的结构、组成，专利说明书第［0054］［0057］~［0061］段公开了显影层的制作方法，没有在权利要求书中对这些内容进行限定并不会导致权利要求2保护范围不清楚。

同日发明权利要求1关于显影层的限定，与涉案专利说明书所载具体实施方式基本一致。

2017年7月11日，胡某辉的委托代理人在名为"深圳市福田区御墨轩笔墨商行"的1688店铺以12.8元（其中包含运费6元）购得被诉侵权产品一件，销售上述产品的页面显示有产品图片、价格、2张成交、4条评价等信息，该店铺卖家会员"御墨轩笔墨"的实名信息为岳某。

胡某辉于2019年9月16日向浙江省杭州市中级人民法院提起诉讼，

以岳某在其 1688 店铺内销售侵犯涉案专利权的商品为由，请求判令岳某立即停止销售侵害涉案专利权的产品并赔偿胡某辉损失以及为制止侵权行为所支出的合理开支共计 3 万元。

胡某辉主张保护权利要求 2，明确显影层为功能性特征。

【裁判】

杭州市中级人民法院一审认为，被诉侵权产品存在磨砂层，能够实现蘸水后显示面层痕迹，具有书写功能，具有能实现显影的面层，被诉侵权产品各层之间密合，认定其存在粘结剂。但被诉侵权产品的显影面层是否通过一层或两层石粉混合层粘结后再与基料连接，以及被诉侵权产品的显影面层是否采用涉案专利显影层的组成方式，仅凭被诉侵权产品现状无法确定。

杭州市中级人民法院法院判决：驳回胡某辉的全部诉讼请求。

胡某辉不服一审判决，向最高人民法院提起上诉，请求：改判被诉侵权产品侵害涉案专利权，岳某赔偿经济损失即合理开支共计 3 万元。主要理由为：涉案专利中显影层的含义，在第 40363 号无效宣告请求审查决定书中已有明确认定。显影层是功能性表述，原审法院要求胡某辉证明被诉侵权产品显影层成分比例落入涉案专利说明书［0054］［0057］~［0061］段的数值范围，超出了胡某辉应承担的举证责任，偏离了法律对于功能性特征等同判定的规则。

最高人民法院认为，关于显影层的组成方式，其争议实质是实用新型只保护产品的形状、构造或者其结合，说明书第［0054］［0057］~［0061］关于显影层的物质组分、配方等非形状、结构或其组合的技术特征，是否应当解释为"显影层"技术特征所确定的内容。在侵权纠纷中，已经记载在权利要求中的有关物质的组分、配方等内容对该权利要求保护范围具有限定作用。实用新型专利中，功能性特征有关实施例中非形状、构造、或其结合的技术特征，如系实现所称功能、效果所不可缺少，仍构成对该功能性特征保护范围的限定。实用新型专利保护形状、构造或者其结合的专利类型定位，并不足以成为排除实现所称功能、效果不可缺少的实施例中非形状、构造、或其结合技术特征限定作用的充分理由。否则，反而会形成含有功能性特征的实用新型专利权利要求保护范围大于具有相同权利要求的发明专利保护范围的窘况。"显影层"并非本领域专业术语，也未给出结构和组成等实质性技术信息，属于功能性描述，本领域技术人员仅通过阅读权利要求关于"显影层"及与之关联的"磨砂层""石粉混合层"之间位置和连接关系，并不能确定实现上述"显影功能"的具体实施方式，据此，"显影层"属于功能性特征，原审中，胡某辉亦明确认可显影层为功能性特征，涉案专利说明书给出四个具体实施例，并记载了涉案专利书写纸板的制作方法，其中第［0054］［0057］～［0061］段详细说明了显影层的原料、配比等，权利人也主张以上述说明书的记载确定"显影层"技术特征的内容。被诉侵权产品的浅三色网格表面构成的显影层由粘接剂和石粉组成，但是，该粘接剂和石粉是否具有上述说明书所述"显影层"的具体实施方式及其等同的实施方式相同的技术特征，胡某辉并未予以证明，应当承担相应的不利后果。

最高人民法院判决：驳回上诉，维持原判。

【评析】

专利法第二条第三款规定，实用新型，是指对产品的形状、构造或者其结合所提出的适于实用的新的技术方案。按照这一规定，实用新型的客体必须是一种产品。非经加工制造的自然存在的物品，以及一切有关的方法，包括产品的制造方法、使用方法、通讯方法、处理方法以及将产品用于特定用途的方法等，不属于实用新型专利的保护范围。产品的形状是指产品所具有的、可以从外部观察到的确定的空间形状，产品的构造是指产品的各个组成部分的安排、组织和相互关系。物质的组分、配方等不属于产品的构造，权利要求中不得包含有关组分或配方含量的限定，是指在专利授权确权中，针对实用新型新颖性、创造性评价时，对权利要求中物质的组分、配方等不属于产品的构造的内容不予考虑。但是，在侵权纠纷中，已经记载在权利要求中的有关物质的组分、配方等内容对该权利要求保护范围具有限定作用。

本案中，虽然权利要求中未记载有关物质的组分、配方等内容，但因"显影层"并非本领域专业术语，也未给出结构和组成等实质性技术信息，属于功能性描述。《最高人民法院关于审理侵犯专利权纠纷案件应用法律若干问题的解释（二）》第八条规定，功能性特征，是指对于结构、组分、步骤、条件或其之间的关系等，通过其在发明创造中所起的功能或者效果进行限定的技术特征，但本领域普通技术人员仅通过阅读权利要求即可直接、明确地确定实现上述功能或者效果的具体实施方式的除外。本领域技术人员仅通过阅读权利要求关于"显影层"及与之关联的"磨砂层""石粉混合层"之间位置和连接关系，并不能确定实现上述"显影功能"的具体实施方式，据此，"显影层"属于功能性特征。

《最高人民法院关于审理侵犯专利权纠纷案件应用法律若干问题的解释》第四条规定，对于权利要求中以功能或者效果表述的技术特征，人民法院应当结合说明书和附图描述的该功能或者效果的具体实施方式及其等同的实施方式，确定该技术特征的内容。在判断涉案专利权利要求中"显影层"的保护范围时，仍应结合说明书内容予以认定，说明书中对于"显影层"的限定是否为实现所称功能、效果不可缺少的技术特征，是判断说明书及附图记载的内容中有关技术特征是否具有限定作用的标准。涉案专利说明书给出四个具体实施例，并记载了涉案专利书写纸板的制作方法，其中第［0054］［0057］~［0061］段详细说明了显影层的原料、配比等，权利人也主张以上述说明书的记载确定"显影层"技术特征的内容。据此，上述说明书的内容是实现显影功能不可缺少的技术特征，对权利要求保护范围具有限定作用。此外，同日申请的发明专利的权利要求包含了将涉案专利中为实现"显影层"功能、效果的原料、配比内容，也说明涉案专利关于显影层原料、配比的内容是实现其功能、效果不可缺少的技术特征，因发明专利授权须进行实质审查，而实用新型专利只需形式审查，如对于实用新型专利权利要求中的功能性特征不可缺少的原料、配比内容不予限定，具有相同权利要求的发明专利保护范围将小于含有功能性特征的实用新型专利权利要求保护范围。

综上，实用新型专利中，功能性特征有关实施例中非形状、构造、或其结合的技术特征，如系实现所称功能、效果所不可缺少，仍构成对该功能性特征保护范围的限定。实用新型专利保护形状、构造或者其结合的专利类型定位，并不足以成为排除实现所称功能、效果不可缺少的实施例中非形状、构造、或其结合技术特征限定作用的充分理由。

（撰写人：钱建国，最高人民法院知识产权法庭法官；祁帅，最高人民法院知识产权法庭法官助理）

18. "保藏号" 限定的微生物发明专利保护范围的确定

——上诉人天津绿圣蓬源农业科技开发有限公司、天津鸿滨禾盛农业技术开发有限公司与被上诉人上海丰科生物科技股份有限公司侵害发明专利权纠纷案

【裁判要旨】

关于被诉侵权菌株是否落入以"保藏号"限定的微生物发明专利权利要求的保护范围，一般可以借助一种或者多种基因特异性片段检测方法，并结合形态学分析等予以认定。检测微生物菌株的基因特异性时，并非必须采用全基因序列检测方法，如果以"保藏号"限定的菌株具有特有特定序列扩增标记（SCAR）的分子标记片段，则可以该分子标记为检测指标，结合基因序列以及形态学分析，对被诉侵权菌株作出认定。

【案号】

一审：北京知识产权法院（2017）京 73 民初 555 号

二审：最高人民法院（2020）最高法知民终 1602 号

【案情】

上诉人天津绿圣蓬源农业科技开发有限公司（以下简称绿圣蓬源公

司）、天津鸿滨禾盛农业技术开发有限公司（以下简称鸿滨禾盛公司）因与被上诉人上海丰科生物科技股份有限公司（以下简称丰科公司）侵害发明专利权纠纷一案中，涉及专利号为201310030601.2、名称为"纯白色真姬菇菌株"的发明专利。涉案专利的权利要求为："一种纯白色真姬菇菌株 Finc-W-247，其保藏编号是 CCTCC NO：M2012378。"专利权人丰科公司认为绿圣蓬源公司、鸿滨禾盛公司在北京新发地农产品批发市场销售的白玉菇菌类产品落入了涉案专利权的保护范围，故向北京知识产权法院起诉，请求判令绿圣蓬源公司、鸿滨禾盛公司立即停止制造、销售专利侵权产品，销毁库存的专利侵权产品，并分别向丰科公司赔偿500万元，并赔偿丰科公司为调查、制止侵权行为所支付的合理开支30万元。绿圣蓬源公司、鸿滨禾盛公司一审辩称，被诉侵权产品未落入涉案专利权的保护范围。一审法院根据丰科公司的申请，委托鉴定机构对被诉侵权白玉菇与涉案专利是否为同种菌株进行司法鉴定。鉴定机构采用涉案专利实施例12中载明的方法对检材的特异性975bpDNA片段进行检测，同时根据鉴定需要对检材的 ITSrDNA 序列进行检测。检测结果显示：（1）根据 ITSrDNA 序列检测结果，二者的 ITSrDNA 序列均与斑玉蕈 HypsizygusmarmoreusHMB1（HM561968）的 ITSrDNA 序列相似度达到99.9%，因此，两者均属于斑玉蕈（另有汉语译名为蟹味菇、真姬菇、海鲜菇、白玉菇）；（2）根据特异性975bpDNA片段序列比对，二者特异性975bpDNA 片段第1位至第975位序列完全相同；（3）根据形态学比对，二者菌盖、菌褶和菌柄的颜色、形状、排列等形态特征基本相同。根据上述比对情况，鉴定机构认为，二者属于同种菌株。一审法院经审理，采信了鉴定意见，并认定被诉侵权产品落入了涉案专利权的保护范围，判决绿圣蓬源公司、鸿宾禾盛公司承担停止侵权、赔偿损失的侵权责任。

绿圣蓬源公司、鸿宾禾盛公司不服，向最高人民法院提起上诉称，鉴定机构所采用的检验方法不合理，应当根据形态学及全基因组测序确定被诉侵权白玉菇与涉案专利菌株是否相同，按照975bp片段进行检测与判断，使得用于确定两株菌株同一性的参考碱基数大大减少，扩大了涉案专利权的保护范围。绿圣蓬源公司、鸿宾禾盛公司请求撤销一审判决，驳回丰科公司的诉讼请求。

【裁判】

北京知识产权法院认为，虽然从表面上看，对被诉侵权产品和涉案专利保藏的样本进行全基因序列检测、对比是最准确的方法，但由于涉案专利要求保护的是一种微生物，其基因存在突变的可能，即便是同种微生物，其基因序列也可能不完全一致。而对于两个微生物，二者基因序列的相似程度达到何种比例即可认定二者为同一种微生物，这一标准目前在该领域中并未形成共识，事实上，关于微生物的基因序列比对，不仅是比对两者的基因序列有多少是相同或相似的，还有基因序列测序后的基因解读和分析，由于基因组结构的复杂以及测序过程中的偏向性等原因，确实很难根据二者相似程度的大小认定二者是否为同一种微生物，因此全基因序列检测方法存在不确定性，不足以正确反映被诉侵权产品与涉案专利是否为同一种微生物。但为了避免当事人的权益因法院对技术问题的把握失当而受损，出于审慎的考虑，一审法院要求鉴定机构在同时采用全基因序列检测方法和基因特异片段检测方法进行鉴定的前提下，可依据其专业知识和技术能力，自行选择采用上述两种方法之外的鉴定方法进行鉴定，但必须在鉴定报告中阐明采用该方法的理由并在庭审中作出说明。

鉴定机构出具的鉴定意见载明了其采用基因特异片段检测方法而不采用全基因序列检测方法的理由。即，涉案真姬菇具有双细胞核，需要先进行分核操作使其单核化才能进行基因序列检测。而该分核方法不属于国标、行标等标准方法，也不属于经 CMA、CNAS 认证的检测项目，不属于常规的检测方法，通过该方法获得的数据和检测报告不能得到 CMA、CNAS 认证许可。故以此方法获得的数据也无法保证最终鉴定结论的可靠性。基于此，一审法院认为，鉴定机构采用基因特异片段检测的鉴定方法是合理的。绿圣蓬源公司、鸿滨禾盛公司并未提交任何证据证明采用全基因序列检测方法进行鉴定更为合理，亦未对应当采用该鉴定方法的理由进行充分说明，因此，其有关本案鉴定方法不合理的主张缺乏事实依据，一审法院不予支持。

此外，绿圣蓬源公司、鸿滨禾盛公司还称涉案专利被授权并不代表该发明专利说明书实施例必然真实，故不应根据涉案专利说明书所记载的特异片段进行鉴定。对此，一审法院认为，涉案专利获得授权确实并不意味着其说明书记载内容当然真实，绿圣蓬源公司、鸿滨禾盛公司可以此为由挑战涉案专利的权利稳定性，但并未提交相关证据，在此情况下，应当认定涉案专利文献记载的内容是真实有效的，这也符合社会公众对于专利文献的信赖利益。

据此，北京知识产权法院判决：（1）自判决生效之日起，绿圣蓬源公司、鸿滨禾盛公司立即停止制造、销售侵害涉案专利权的产品；（2）自判决生效之日起十日内，绿圣蓬源公司赔偿丰科公司损失 100 万元，并赔偿丰科公司为制止侵权行为所支付的合理开支 84175 元；（3）自判决生效之日起十日内，鸿滨禾盛公司赔偿丰科公司损失 100 万元，并赔偿丰科公司为制止侵权行为所支付的合理开支 84175 元；（4）驳回丰科公司的其他诉讼请求。

最高人民法院二审认为，由于本领域公知，SCAR 分子标记技术是在 RAPD 基础上发展起来的，其结果不受外界环境因素和生长发育阶段的影响，直接反映被鉴定菌株的遗传本质。SCAR 分子标记可以通过获得某个菌株的"株特异性"标记来实现菌株的鉴定。本案中，涉案专利说明书明确记载了与市场上主要栽培品种并且是亲本之一的白玉菇 H-W，市场购买的真姬菇 G-W 以及日本葛城新育成的白玉菇 GC-W 菌株相比，所述保藏菌株具有特有的 SCAR 分子标记 975bp 片段。因此，利用该菌株特异性 975bp 片段为检测指标，并结合形态学以及 ITS 序列分析对被诉侵权菌株进行鉴定，鉴定结果不局限于分类学意义上的"同种"菌株。因此，可以判断鉴定结论的"同种"不是分类学意义的"种"，而是同一种类的含义。

涉案专利说明书记载了保藏菌株 Finc－W－247（CCTCC NO：M2012378）是通过亲本 TNN-11 和 H-W 杂交，再经系统选育获得。说明书详细记载了该菌株的形态特征、生物学特性和遗传学特性，还记载了该菌株的 ITS 序列结构，通过 ITS 序列结构构建菌株的系统发育树，所述保藏菌株为玉蕈属真姬菇。结合 RAPD 技术和 SCAR 分子标记技术，确认采用特异性引物可以从保藏菌株中扩增获得 975bp 片段，而在其他三株白色真姬菇 H-W、G-W 和 GC-W 中无法扩增获得该片段，故确认所述 975bp 片段为涉案专利菌株的 SCAR 分子标记。

鉴定意见的结论显示，经过对涉案专利要求保护的纯白色真姬菇和被诉侵权产品的对比分析，鉴定组认为，二者属于同种菌株。通常，菇的生长繁殖主要分为有性生殖和无性生殖两个阶段，所述无性生殖主要靠菌丝在培养基上生长，有性生殖阶段可见明显菇体，在整个生长繁殖过程中，会形成单核的有性孢子和无性孢子，形成双核的菌丝、子实体，以及双细胞核融合形成双倍体细胞核的接合子。由此可见，对于常规菇类，其生长繁殖过程伴随不同细胞核状态，真姬菇的菌丝和子实体也具有双细胞核，而分核方法不属于国标、行标等标准方法，也不属于经 CMA、CNAS 认证的检测项目，不属于常规的检测方法，因此通过该方法获得的数据和检测报告不能得到 CMA、CNAS 认证许可；由于该分核方法具有实验性质，相关检测机构未进行过分核操作，无法预知实验过程中可能出现的问题和风险，无法确定实验结果的可靠性，因此无法确定分核后的基因测序结果的可靠性。虽然绿圣蓬源公司、鸿滨禾盛公司二审提交的证据显示，云南农业大学 2018 年声称获得 90 种野生菌全基因序列，但是否能据此认定真姬菇的全基因组的测序具有标准化方法以及所述方法获得 CMA、CNAS 的认可，仍是不确定的，在此情况下，鉴定机构寻求和选择本领域广泛认可的菌株鉴定方法是适宜和有必要的。

由于本领域公知，SCAR 分子标记技术是在 RAPD 基础上发展起来的，其结果不受外界环境因素和生长发育阶段的影响，直接反映被鉴定菌株的遗传本质。SCAR 分子标记可以通过获得某个菌株的"株特异性"标记来实现菌株的鉴定。本案中，涉案专利说明书明确记载了与市场上主要栽培品种并且是亲本之一的白玉菇 H-W，市场购买的真姬菇 G-W 以及日本葛城新育成的白玉菇 GC-W 菌株相比，所述保藏菌株具有特有的 SCAR 分子标记 975bp 片段。因此，利用该菌株特异性 975bp 片段，并结合形态学以及 ITS 序列分析对被诉侵权菌株进行鉴定的方法是合理且可信的。

关于绿圣蓬源公司、鸿滨禾盛公司提到的仅采用 975bp 片段对菌株进行鉴定，扩大了涉案专利权保护范围的问题。最高人民法院认为，由于已经证明 SCAR 分子标记 975bp 片段是涉案专利保藏菌株的特异性标记，其他同种不同株的菌株并不含有该特异性片段，因此，以该 SCAR 分子标记作为检测指标，并结合形态学以及 ITS 序列分析可以反映待测菌株与专利保藏菌株是否相同，该判断方法并没有扩大涉案专利权的保护范围。

关于绿圣蓬源公司、鸿滨禾盛公司主张涉案专利没有充分论证 975bp 片段是该菌株的特异性片段，一审中提交的证据表明全国各地多家企业的白玉菇以及韩国某白色真姬菇均含有 975bp 片段的问题。由于涉案专利说明书中已经针对保藏菌株与其他同种不同株的真姬菇进行了 RAPD 和 SCAR 分子标记分析，并提供实验数据证明 975bp 片段是保藏菌株所特有的，绿圣蓬源公司、鸿滨禾盛公司并没有提供证据证明涉案专利说明书的实验结果有误，或提供证据证明在涉案专利申请日前，其他不同于保藏菌株的真姬菇也包含所述 975bp 片段，或者经过检索发现了其他真姬菇的基因序列中含有所述 975bp 片段，根据现有证据无法证明涉案专利说明书的数据不真实有效。而对于全国存在多家企业以及韩国某白玉菇包含所述 975bp 片段的情况，由于不能证明这些白玉菇是涉案专利申请日前就在市场存在的，因此，也不能证明涉案专利说明书不是真实有效的。

因此，一审法院关于被诉侵权产品落入涉案专利权的保护范围的认定正确，最高人民法院据此判决：驳回上诉，维持原判。

【评析】

微生物包括细菌、放线菌、真菌、病毒、原生动物、藻类等。由于微生物既不属于动物，也不属于植物的范畴，因而微生物不属于专利法第二十五条第一款第四项所列的动物和植物品种情况。由于微生物本身的特殊性，仅用文字记载难以描述微生物材料的具体特征，故涉及微生物材料的发明创造，必须借助微生物保藏作为辅助手段。根据《专利审查指南》的规定，经保藏的微生物应以分类鉴定的微生物株名、种名、属名进行表述，权利要求中所涉及的微生物应按微生物学分类命名法进行表述，有确定的中文名称的，应当用中文名称表述，并在第一次出现时用括号注明该微生物的拉丁文学名。如果微生物已在国家知识产权局认可的保藏单位保藏，还应当以该微生物的保藏单位的简称和保藏编号表述该微生物。基于此，判断被诉侵权物是否落入以"保藏号"限定的微生物发明专利，一般均需要通过鉴定的方式予以确定。然而，相关鉴定方法的确定方面并无成熟先例可循，业界亦未形成统一标准，并且，微生物种类丰富，即使同一菌株，适用不同的鉴定方法也可能得出不同的鉴定结论，故对此类发明专利的侵权判断造成了一定的认定困难。

本案系最高人民法院审理的全国首例微生物专利侵权纠纷案，最高人民法院在本案中明确，以"保藏号"限定的微生物发明专利权利要求的保护范围，一般可以借助一种或者多种基因特异性片段检测方法，并结合形态学分析等予以认定。检测微生物菌株的基因特异性时，并非必须采用全基因序列检测方法，如果以"保藏号"限定的菌株具有特有特定序列扩增标记（SCAR）的分子标记片段，则可以该分子标记为检测指标，结合基因序列以及形态学分析，对被诉侵权菌株作出认定，该判断方法并没有扩大涉案专利权的保护范围。

（撰写人：徐燕如，最高人民法院知识产权法庭法官；李易忱，最高人民法院知识产权法庭法官助理）

19. 未将明确知晓技术方案写入权利要求对等同侵权判定的影响

——上诉人常州格瑞德园林机械有限公司宁波昂霖智能装备有限公司与被上诉人徐州中森智能装备有限公司侵害发明专利权纠纷案

【裁判要旨】

专利权利人在撰写专利申请文件时未将其明确知晓的技术方案写入权利要求，本领域技术人员在阅读权利要求书、说明书后认为专利权利人明确不寻求保护该未写入权利要求的技术方案的，一般不应再通过等同侵权将该技术方案纳入专利权保护范围。

【案号】

一审：江苏省苏州市中级人民法院（2019）苏 05 知初 818 号
二审：北京知识产权法院（2021）最高法知民终 192 号

【案情】

徐州中森智能装备有限公司（以下简称中森公司）享有"电动绿篱机"发明专利权，该专利独立专利权利要求 1 为：一种电动绿篱机，包括连杆、工作舱、电机和刀片，所述连杆一端设有所述工作舱，所述工作舱上设有所述刀片，所述电机设于所述连杆之上，所述电机带动所述刀片做往复移动，其特征在于，所述电动绿篱和第一连接件，所述弧形支架一端与所述刀片的末端连接，另一端通过所述第一连接件连接在所述工作舱上，所述弧形支架的弯曲朝向所述刀片方向；当所述弧形支架绕着所述第一连接件转动时，所述弧形支架的转动使所述刀片产生曲变形。专利说明书关于背景技术记载：［0002］随着人们对生活环境的要求日益提高，城市的绿化建设越来越多，很多绿篱植物需要经常被修剪，传统的修剪方式是使用简单的剪刀修剪，其工作强度高，工作效率差，且在修剪一些圆形形状时操作难度大。［0003］为了解决传统剪刀工作强度高，工作效率差的问题，现市面上推出了一些电动剪刀和燃油剪刀。电动剪刀和燃油剪刀虽然为自动剪刀，但在修剪圆形绿篱时，工作效率低，操作难度大的问题仍然悬而未决。［0004］因此为解决现有电动剪刀和燃油剪刀工作强度高、效率差、难度大等问题，有必要提供一种可用作平剪也可用作圆形剪的电动绿篱机。专利说明书关于发明内容记载：［0005］有鉴于此，本发明的目的是为了克服现有技术中的不足，提供一种可用作平剪也可用作圆形剪的电动绿篱机，其具有工作强度低、工作效率高、工作难度低、环保无污染的特点。［0018］本发明与现有技术相比，其显著优点是：本发明的电动绿篱机结构简单、使用方便、工作效率高、环保无污染，是一种可用作平剪也可用作圆形剪的电动绿篱机。

中森公司主张常州格瑞德园林机械有限公司（以下简称格瑞德公司）、宁波昂霖智能装备有限公司（以下简称昂霖公司）生产、销售的被诉侵权产品"宽带修剪机（弧形）"的技术特征落入涉案发明专利权利要求1的保护范围，请求：（1）判令格瑞德公司、昂霖公司立即停止侵害中森公司专利权的行为；（2）判令格瑞德公司、昂霖公司赔偿因侵权给中森公司造成经济损失30万元及合理费用2万元。中森公司主张：被诉侵权产品不仅有刀头，还有连接杆、压条、手柄以及锁紧装置等构件，即使格瑞德公司是从宁波昂霖智能装备有限公司（以下简称昂霖公司）购买了刀头，还要进行再一次加工制造才最终形成被诉侵权产品。采用电机或者是燃油机，对于绿篱机的一个整体结构和功能而言没有明显的区别和影响，构成等同侵权。格瑞德公司认为：发明专利的保护主题是电动绿篱机，限定的是用电驱动的绿篱机，说明书中对本发明的保护目的写得很清楚，是具有工作强度低、工作效率高、工作难度低、环保无污染的特点，专门提出来采用环保无污染的电机，因此电动绿篱机是本发明的一个重要技术特征。但格瑞德公司销售的不是电动绿篱机，是燃油驱动的修剪机，不落入该发明专利保护范围。

【裁判】

苏州市中级人民法院认为，涉案专利说明书在背景技术部分（说明书第［0002］～［0004］段）记载："传统的修剪方式是使用简单的剪刀修剪，其工作强度高，工作效率差，且在修剪一些圆形形状时操作难度大。为了解决传统剪刀工作强度高，工作效率差的问题，现市面上推出了一些电动剪刀和燃油剪刀。电动剪刀和燃油剪刀虽然为自动剪刀，但在修剪圆形绿篱时，工作效率低，操作难度大的问题仍然悬而未决。因此为解决现有电动剪刀和燃油剪刀工作强度高、效率差、难度大等问题，有必要提供一种可用作平剪也可用作圆形剪的电动绿篱机。"由此可见，涉案专利所要解决的技术问题是：自动剪刀（包括电动剪刀和燃油剪刀）修剪圆形绿篱时，工作效率低，操作难度大。涉案专利还记载（说明书第［0018］段）："与现有技术相比，其显著优点是：电动绿篱机在刀片与工作舱上加设弧形支架，弧形支架一端可相对工作舱旋转，在旋转时使刀片产生变形，使刀片也具有一定的弧度，通过锁紧件将弧形支架位置锁定，也就是使刀片的弧度固定，从而达到平剪和圆剪二合一的效果。电动绿篱机结构简单、使用方便、工作效率高、环保无污染，是一种可用作平剪也可用作圆形剪的电动绿篱机。"可见，涉案专利的关键技术是，在普通的平剪刀片上加设弧形支架，通过旋转弧形支架使刀片变形产生弧度，达到圆剪的效果，实现了平剪和圆剪二合一的效果，提高了工作效率。虽然涉案专利采用的是电动驱动方式，但是在绿篱机领域，电动和燃油是两种最常用的自动绿篱机的驱动方式，都是通过驱动刀片作往复运动实现其剪切的基本功能，具体来说，就是为平剪模式或圆剪模式下的剪切提供动力，而无论是哪种驱动方式，都不对平剪模式和圆剪模式间的相互切换起到作用。简而言之，平剪模式和圆剪模式间的切换功能是通过弧形支架的设计来实现，并不依赖于采用何种驱动方式。综合分析，驱动方式与涉案专利所要解决的技术问题、关键技术及其技术效果没有直接关联。就涉案发明内容，对于可实现平剪和圆剪二合一效果的自动绿篱机而言，与电动驱动相比，燃油驱动以基本相同的手段，实现基本相同的功能，达到基本相同的效果，并且该领域的普通技术人员无需经过创造性劳动就能联想到的特征，因此两种驱动方式构成等同特征。一审判决：（1）格瑞德公司、昂霖公司立即停止侵害中森公司涉案发明专利权的行为；（2）格瑞德公司、昂霖公司共同赔偿中森公司经济损失 8 万元及合理费用 2 万元。

格瑞德公司、昂霖公司不服一审判决，向最高人民法院提起上诉，请求撤销一审判决，并改判驳回中森公司的原审诉讼请求。其主要事实和理由：（1）一审判决在判断本案被诉侵权产品是否构成等同侵权时，未考虑涉案专利要达到的"环保无污染"的技术效果，故错误认定本案被诉侵权产品构成等同侵权；（2）专利权人在专利申请时通过其用语进行了明确排除，不应当再将涉案专利的驱动方式扩张到"燃油驱动"予以保护。

最高人民法院二审认为，专利权的保护范围以其权利要求的内容为准，说明书及附图可以用于解释权利要求的内容。判定被诉侵权技术方案是否落入涉案专利权的保护范围，应当审查权利人主张的权利要求所记载的全部技术特征。被诉侵权技术方案的技术特征与权利要求记载的全部技术特征相比，缺少权利要求记载的一个以上的技术特征，或者有一个以上技术特征不相同也不等同的，应当认定其没有落入涉案专利权的保护范围。其中，等同特征指的是以基本相同的手段，实现基本相同的功能，达到基本相同的效果，并且本领域普通技术人员无需经过创造性劳动就能够联想到的特征。

专利权保护范围的确定，既要严格保护专利权人的利益，又要维护权利要求书的公示作用和社会公众对专利文件的信赖，平衡专利权人与社会公众之间的利益。如果专利权人在撰写专利申请文件时已明确地知晓相关技术方案，但并未将其纳入权利要求保护范围之内的，则在侵权诉讼中不得再适用等同理论将该技术方案纳入保护范围。确定专利权人在专利申请时是否明确知晓并保护特定技术方案，可结合说明书及附图内容予以认定，并应将说明书及附图作为整体看待，判断的标准是本领域普通技术人员阅读权利要求书与说明书及附图之后的理解。

具体到本案，涉案专利说明书［0003］段记载"为了解决传统剪刀工作强度高，工作效率差的问题，现市面上推出了一些电动剪刀和燃油剪刀。电动剪刀和燃油剪刀虽然为自动剪刀，但在修剪圆形绿篱时，工作效率低，操作难度大的问题仍然悬而未决。"［0004］段记载"为解决现有电动剪刀和燃油剪刀工作强度高、效率差、难度大等问题，有必要提供一种可用作平剪也可用作圆形剪的电动绿篱机。"［0005］段记载"有鉴于此，本发明的目的是为了克服现有技术中的不足，提供一种可用作平剪也可用作圆形剪的电动绿篱机，其具有工作强度低、工作效率高、工作难度低、环保无污染的特点。"

专利主题名称一般而言具有限定作用，它限定了技术方案所适用的技术领域。涉案专利权利要求前序部分的主题名称已载明为"一种电动绿篱机"，在前序的特征部分亦有关于"电机"的明确记载。通过前述记载可知，专利权人在撰写涉案专利权利要求书和说明书时，即已明确知晓现有技术中存在电机驱动和燃油发动机驱动两种方式，且"环保无污染"是本专利相较于现有技术新增的一个技术效果，但专利权人在涉案专利权利要求中仅强调电机驱动，即明确表示涉案专利的驱动方式仅限于电机驱动，而非燃油发动机驱动。从说明书的相关内容可以看出，专利申请人在撰写涉案专利权利要求时，基于对环保效果的追求，专利申请人并不寻求保护以燃油发动机作为动力源的绿篱机技术方案。换言之，本领域普通技术人员基于对权利要求所限定的"电动绿篱机"、说明书背景技术部分对存在电机驱动和燃油发动机驱动两种方式的介绍以及发明目的部分关于"环保无污染"效果的强调等，完全可以理解为专利申请人明确不寻求保护以燃油发动机作为动力源的绿篱机技术方案。在此情况下，若在判断被诉侵权产品是否落入涉案专利权保护范围时，将燃油发动机驱动与电机驱动认定构成技术特征等同，则不利于专利权利要求公示作用的发挥和社会公众信赖利益的保护。

综上，一审法院对于被诉侵权产品和涉案专利的驱动方式技术特征构成等同的认定结论不当。鉴于被诉侵权产品不具备涉案专利权利要求 1 中的"电机"技术特征，故未落入涉案专利权的保护范围，不构成侵权。二审判决：（1）撤销江苏省苏州市中级人民法院（2019）苏 05 知初 818 号民事判决；（2）驳回徐州中森智能装备有限公司的诉讼请求。

（撰写人：徐卓斌，最高人民法院知识产权法庭法官）

20. 先用权抗辩中"原有范围"的证明标准

——上诉人东莞市乐放实业有限公司与被上诉人深圳市赛源电子有限公司、原审被告广州晶东贸易有限公司侵害实用新型专利权纠纷案

【裁判要旨】

先用权抗辩中"原有范围"的证明标准不宜过高。被诉侵权人已经尽力举证，所举证据能够初步证明其所主张的原有范围具有合理性，专利权利人没有提供充分反证予以推翻的，一般可以认定被诉侵权人系在原有范围内实施。

【案号】

一审：广州知识产权法院（2020）粤 73 知民初 585 号
二审：最高人民法院（2021）最高法知民终 508 号

【案情】

深圳市赛源电子有限公司（以下简称赛源公司）于 2019 年 1 月 23 日向国家知识产权局申请专利号为 ZL201920113995.0，名称为"一种条形音箱"的实用新型专利，于 2019 年 8 月 23 日获得授权。赛源公司在广州晶东贸易有限公司（以下简称晶东公司）的自营店铺发现晶东公司销售的迷你音箱产品涉嫌侵害涉案专利权，故通过公证形式购买了 3 台音

箱产品。产品发票记载销售方为晶东公司，产品外包装上显示制造商为东莞市乐放实业有限公司（以下简称乐放公司）。赛源公司经过比对，认为该产品落入涉案专利权利要求1、2、5的保护范围，故向广州知识产权法院提起诉讼。

赛源公司起诉请求：（1）判令晶东公司、乐放公司立即停止侵害涉案专利权的一切侵权行为，销毁库存侵权产品、销毁制造侵权产品的专用模具；（2）判令晶东公司、乐放公司赔偿赛源公司经济损失及维权合理费用20万元；（3）判令晶东公司、乐放公司承担本案的诉讼费。

晶东公司辩称：晶东公司销售的被诉侵权产品具有合法来源。

乐放公司辩称：确认被诉侵权产品具备涉案专利权利要求1、2、5的全部技术特征。乐放公司提交的证据足以证明乐放公司已经完成实施发明创造所必需的主要技术图纸或者工艺文件，且已经制造或者购买实施发明创造所必需的主要设备和原材料，因此，乐放公司行为属于法律规定的不视为侵害专利权的情形。

赛源公司请求保护涉案专利权利要求1、2、5，相应的权利要求书记载如下：权利要求1：一种条形音箱，所述条形音箱包括电路板模块、扬声器、音腔壳体，其特征在于，所述扬声器安装在所述音腔壳体上，所述音腔壳体包括前壳和后壳，所述后壳的后下方设置有第一凹槽结构，所述电路板模块包括电路板，所述电路板包括依次连接的音频接口单元、音频处理单元和功率放大单元，所述功率放大单元的输出端连接扬声器的输入端，所述音频接口单元包括有线音频接口电路和/或无线音频接口电路；权利要求2：根据权利要求1所述的条形音箱，其特征在于，所述后壳的后上方设有第二凹槽结构，所述电路板模块还包括固定壳，所述电路板模块位于所述第二凹槽结构内，与所述第二凹槽结构适配；权利要求5. 根据权利要求2所述的条形音箱，其特征在于，所述第二凹槽结构和所述固定壳分别设有对应的螺丝固定柱和螺丝固定孔，通过螺丝将电路板模块固定在所述第二凹槽结构内。国家知识产权局于2019年11月23日出具的专利权评价报告初步结论显示：全部权利要求1~10未发现存在不符合授予专利权条件的缺陷。

【裁判】

广州知识产权法院法院经审理认为，晶东公司主张合法来源抗辩，于法有据，应予以支持。乐放公司提交的证明其在涉案专利申请日前已经做好量产销售准备的证据，除银行转账回执、营业执照、工商登记和社保记录外，均系其单方制作的证据，在赛源公司不认可其真实性、合法性的情况下，原审法院对此不予采信。因此，乐放公司提交的证据不足以证实其在涉案专利申请日前已经制造相同产品或者已经作好制造的必要准备。退一步讲，即使上述证据可予采信，乐放公司所举证据限于其在专利申请日前已做好制造被诉侵权产品的准备及进行制造，但未对其制造范围以及仅在原有范围内继续制造进行举证。因此，乐放公司提交的证据不足以证明先用权抗辩成立。

一审法院判决：（1）晶东公司自本判决发生法律效力之日起立即停止销售、许诺销售侵害名称为"一种条形音箱"、专利号为 ZL201920113995.0 实用新型专利权的产品；（2）乐放公司自本判决发生法律效力之日起立即停止制造、销售侵害名称为"一种条形音箱"、专利号为 ZL201920113995.0 实用新型专利权的产品；（3）晶东公司自本判决发生法律效力之日起十日内赔偿赛源公司合理维权费用 10000 元；（4）乐放公司自本判决发生法律效力之日起十日内赔偿赛源公司经济损失及合理维权费用 50000 元；（5）驳回赛源公司的其他诉讼请求。

乐放公司不服一审判决，向最高人民法院提起上诉，认为其未变更厂房地址、未扩大厂房面积，仅持有一套生产模具，无法扩大原有生产范围，其主张的先用权抗辩成立，故请求撤销原判。

最高人民法院二审认为：

被诉侵权人在自行研发产品过程中形成的技术图纸、工艺文件、检验报告等，均属于研发过程中形成的技术文件，由被诉侵权人单方制作形成符合常理，其在产品未正式制造、销售前不对外公开亦符合产品研发的客观情况，在审查其证据效力时应结合其他相关证据综合判断，不能仅因相关技术图纸、工艺文件、检验报告系单方制作而简单否定其证明效力。在乐放公司已经自行设计出 A25 音箱立体、中框、面板等配件图纸，且根据涉案专利《实用新型专利权评价报告》，电路板相关技术是本领域公知常识的情况下，可以认定乐放公司已经完成实施发明创造所必需的主要技术图纸。同时，乐放公司亦提交了模具厂报价单、转账记录、试模报告、试产报告、样品检测报告等证据，可以认定乐放公司在涉案专利申请日前已经购买涉案产品模具，并为产品的制造准备了主要生产设备。而音响物料清单、物料报价单、来料检验报告则证明乐放公司已经购买了制造被诉侵权产品所必需的原材料。故可以认定乐放公司已经为制造与涉案专利相同的产品作好必要的准备。

由于原有范围的认定往往涉及过去某一时点之前存在的生产模具、生产数量、厂房面积等客观情况，故对"仅在原有范围内继续制造、使用"相关事实查明，应结合双方当事人的诉辩主张以及案件的具体情况综合分配证明责任。在先用权人已经尽力举证、所举证据能够初步证明"原有范围"存在合理性且专利权人没有提供相反证据予以推翻的情况下，可以认定先用权人并未超出原有范围制造、使用。若后续专利权人有证据证明先用权人超出原有范围制造、使用的，专利权人有权另行主张其合法权益。

本案中，乐放公司提交的订单评审表、预测订单等证据，可以证明乐放公司在涉案专利申请日以前已经具备制造涉案产品的一定生产规模和生产能力。而模具厂报价单、模具验收单、二审中的证人证言等证据互相结合，可以初步证明乐放公司仅持有 1 套生产模具。《厂房租赁合同书》则可以初步证明其厂房面积从 2013 年起至今未曾改变。因此，乐放公司提交的证据相互印证，能够形成证据链，初步证明乐放公司在涉案专利申请日前的生产规模和生产范围，并且其未扩大生产规模。乐放公司在本案中提交的关于原有范围的证据具有一定合理性，并初步达到了高度盖然性的证明标准。在赛源公司没有提交相反证据证明乐放公司超出了涉案专利申请日前的生产规模的情况下，应认定乐放公司并未超出原有范围制造涉案产品。乐放公司的先用权抗辩成立。

【评析】

我国专利制度采用先申请原则，即专利权只授予第一个向授权机关提出专利申请的人。先用权制度旨在弥补先申请制度的缺陷。根据专利法第六十九条第二项的规定，在专利申请日前已经制造相同产品、使用相同方法或者已经作好制造、使用的必要准备，并且仅在原有范围内继续制造、使用的，不视为侵犯专利权。

关于原有范围，域外对此有不同规定。德国专利法第12条第1款规定：如果在专利申请日以前，他人已经开始在德国境内实施该申请下的专利，或者已经为这种实施做了必要的准备，则专利授权后，专利权人不得以其享有该专利权而禁止他人使用此专利。该先用人有权在其自己的或他人的工厂或车间内，在其事业目的范围内实施该专利。① 日本专利法第79条规定，不知与专利申请的有关发明内容而自行做出该发明，或者不知有关专利申请的发明内容，而由发明人得知该发明，并在专利申请之时已在日本国内经营实施该发明的事业或准备经营该事业者，在该实施或者准备实施该发明及事业的范围内，就与该专利申请有关的专利权拥有普遍实施权。② 可以看出，德国、日本均是以"事业目的的范围"作为原有范围。对于这种使用行为，并没有量的限制。

我国理论界也有很多学者将"原有范围"以"事业目的"来界定，将其理解为对"质"的要求，只要不超过申请日前经营的事业范围，先用权人可以在任何时候扩大生产、制造或使用规模，如可以扩大厂房、增加及其设备、增加工人数量等。另有一些学者则认为应以"量"的标准，要求先用权人不能超过申请日前的产量或潜在产能。如汤宗舜先生

---

① 参见尹新天：《专利权的保护》，知识产权出版社2005年版，第33页。
② 参见杜颖、易继明等译：《日本专利法》，法律出版社2001年版，第36页。

认为："原有范围是指其产量一般不高于专利申请提出时的产量。"① 郑成思先生则认为："按照通常解释，原有范围应当是指提出专利申请时先用人利用原有设备继续实施所能达到的生产能力。"②

我国显然没有采用以"质"来界定原有范围。《最高人民法院关于审理侵犯专利权纠纷案件应用法律若干问题的解释》第十五条第二款规定，已经完成实施发明创造所必需的主要技术图纸或者工艺文件，或已经制造或者购买实施发明创造所必需的主要设备或者原材料的，人民法院应当认定属于专利法第六十九条第二项规定的已经作好制造、使用的必要准备。该条第三款规定："专利法第六十九条第（二）项规定的原有范围，包括专利申请日前已有的生产规模以及利用已有的生产设备或者根据已有的生产准备可以达到的生产规模。"显然，我国倾向于以"生产规模"来判断原有范围。支持"事业目的"标准的学者认为，"生产规模"标准过于严格。对于先用权人来说，先用权在取得之时已经受到了许多限制，比如先用权人只能在原有的生产领域继续实施、不能将技术转让给第三人等。如果对先用权人的实施范围实行量的限制，则法律对专利权的保护远高于对先用权人的保护。

先用权制度的设计初衷是弥补先申请制度的不足，如果先用权人任意扩大了生产产量及规模并且不受到一定限制，对原有范围作过宽的解释，在一定程度上会影响专利申请制度，不利于技术的公开和推广，此种做法也违背专利法的立法宗旨，损害专利权人的利益。因此，司法解释采用以生产规模界定"原有范围"。关于"原有范围"，"包括专利申请日前已有的生产规模以及利用已有的生产设备或者根据已有的生产准备可以达到的生产规模"，属于开放式列举，尽管其侧重于可以证明的原有生产规模，但亦未明确排除其他证明标准。

首先，从生产经营的基本规律来看，研发并实施一项新的技术然后投入生产，往往需要一段较长的时期，在专利申请日前，先用权人通常

---

① 汤宗舜：《专利法解说》，知识产权出版社2002年版，第374页。
② 陈美章、郑成思：《知识产权法教程》，法律出版社1997年版，第212页。

处于技术研究开发和生产销售的初期阶段，并不能马上购买大量生产设备和原材料、立刻进行大批量生产，为保护专利权人的利益，先用权人已受到了不得按其自行研发的技术扩大生产的限制，已经让渡了自己的一部分权益。其次，专利申请日前先用权人实施专利技术方案的行为本身即具有一定的正当性，其并非通过侵害专利权人的方式获得与专利相同的技术，而是通过自行技术研发、摸索或者从他人处合法获得发明创造。再次，生产规模、生产设备、生产准备等概念较为抽象，在审判实践中通常只能将厂房、机器、工人、订单、销售量等作为参考因素。最后，实践中，"原有范围"需要先用权人对专利申请日时的生产能力和生产设备加以证明，而专利申请日必然是发生在过去的某一时点，要求先用权人对过去某一时点的证据举证，难度较大。鉴于以上原因，先用权抗辩中的"原有范围"的证明标准不宜过高。对先用权人苛以过高的证明标准，亦有违公平原则。

通常而言，只要先用权人已经尽力举证，所举证据能够初步证明"原有范围"具有合理性，且专利权人没有提供充分反证予以推翻的，可以认定系在原有范围内实施专利技术方案。本案中，乐放公司已经尽力举证，通过《厂房租赁合同书》证明其生产场地的面积没有改变，模具厂报价单、模具验收单、二审中的证人证言等证明其生产设备的规模没有改变，订单评审表、预测订单等证明在涉案专利申请日以前已经对产品销售作出预测，并根据预测订单形成了一定的生产规模和生产能力。前述证据已经形成证据链，可以初步证明乐放公司在涉案专利申请日后未扩大生产规模和生产范围。此时，举证责任转移至赛源公司一方，应由赛源公司举证证明乐放公司在涉案专利申请日后扩大了生产规模和生产范围。但赛源公司在本案中并未就乐放公司超出原有范围提出证据，因此，可以认定乐放公司在涉案专利申请日后未扩大生产规模和生产范围，其先用权抗辩成立。

先用权制度的本质是对在先权利的尊重和保护，先用权抗辩的提出，是为了在专利权人和先用权人之间达到某种程度上的利益平衡。我们既要保障专利权人的利益，促进市场主体创新活力，也要兼顾在专利申请日前已经研发出相同技术的善意在先使用人的利益。本案二审判决对先用权抗辩中的原有范围的证明标准进一步加以明确，对先用权抗辩案件的裁判具有一定的指导意义。

（撰写人：郑文思，最高人民法院知识产权法庭法官助理）

21. 许诺销售行为的损害赔偿

——上诉人青岛晨源机械设备有限公司与被上诉人青岛青科重工有限公司侵害实用新型专利权纠纷案

【裁判要旨】

许诺销售行为侵权民事责任的承担不以销售实际发生为限。许诺销售行为一经发生，即可能造成影响专利产品合理定价、减少或者延迟专利权利人商业机会等损害。因此，许诺销售行为实施者不仅应当承担停止损害、支付维权合理开支的民事责任，还应当承担损害赔偿责任。侵权人仅实施了许诺销售行为，专利权利人难以举证证明其因此遭受的具体损失的，可以基于具体案情，着重考虑在案证据反映的侵权情节等，以法定赔偿方式计算损害赔偿数额。

【案号】

一审：山东省青岛市中级人民法院（2019）鲁 02 知民初 169 号、170 号

二审：最高人民法院（2020）最高法知民终 1658 号、1659 号

【案情】

2019 年 8 月 29 日，青岛青科重工有限公司（以下简称青科公司）以青岛晨源机械设备有限公司（以下简称晨源公司）制造、许诺销售、销售被诉侵权产品侵害其"立式二次构造柱泵""一种具有导轨的混凝土搅拌拖泵"实用新型专利权为由，分别向青岛市中级人民法院提起诉讼，请求判令晨源公司停止侵权并赔偿经济损失各 10 万元。晨源公司辩称其并未制造、销售被诉侵权产品。

【裁判】

青岛市中级人民法院经审理认为，晨源公司在网站上展示被诉侵权产品的行为构成许诺销售，侵害了涉案专利权，被诉侵权人应当承担停止侵权、赔偿损失的民事责任。关于赔偿数额，青科公司未能举证证明其实际损失，也未能举证证明晨源公司的侵权获利或提供专利许可使用费作为参考，青科公司主张适用法定赔偿符合法律规定，予以采纳。一审法院根据涉案专利权的类型、晨源公司的主观过错、晨源公司侵权行为的情节及青科公司的合理开支等因素，酌定晨源公司在两案中赔偿青科公司经济损失各 3 万元。

青岛市中级人民法院于 2020 年 8 月 19 日作出（2019）鲁 02 知民初169 号民事判决：（1）晨源公司于判决生效之日起立即停止许诺销售侵害青科公司专利号 201721357125.5 的"立式二次构造柱泵"实用新型专利权的产品的行为；（2）晨源公司于判决生效之日起十日内赔偿青科公司经济损失 3 万元（包含合理开支）；（3）驳回青科公司的其他诉讼请求；同日作出（2019）鲁 02 知民初 170 号民事判决：（1）晨源公司于判决生效之日起立即停止许诺销售侵害青科公司专利号 201720434420.X 的"一种具有导轨的混凝土搅拌拖泵"实用新型专利权的产品的行为；（2）晨源公司于判决生效之日起十日内赔偿青科公司经济损失 3 万元（包含合理开支）；（3）驳回青科公司的其他诉讼请求。

晨源公司不服两案一审判决，向最高人民法院提起上诉，请求变更两案一审判决第二项为晨源公司仅赔偿青科公司维权合理开支。

最高人民法院认为，晨源公司对其许诺销售被诉侵权产品的行为侵害涉案专利权并无异议，予以确认。两案的争议焦点问题是一审判令晨源公司承担的侵权责任是否适当。首先，许诺销售行为客观上会给专利权人造成损害。专利法规定的许诺销售，是指以通过广告、商店橱窗中陈列或者展销会上展出等方式向不特定的人作出销售商品的意思表示。许诺销售行为既可能发生在产品制造完成之后，也可能发生在产品制造完成之前，既可能发生在产品销售之前，也可能发生在销售过程中。许诺销售行为的目的虽指向销售行为，但许诺销售行为是一种法定的独立的侵权行为方式，许诺销售侵权行为的民事责任承担不以销售是否实际发生为前提。许诺销售行为一旦发生，因被诉侵权人许诺销售的价格通常低于专利产品的价格，会对潜在消费者产生心理暗示，影响专利产品的合理定价；或导致消费者放弃购买专利产品转而考虑与被诉侵权人联系，造成延迟甚至减少专利产品的正常销售。此外，被诉侵权人许诺销售行为还可能对专利产品的广告宣传效果造成不利影响。可见，许诺销售行为的存在，将会给专利权人造成专利产品的价格侵蚀、商业机会的减少或者延迟等损害，这种损害是可以合理推知的结果。权利有损害必有救济，除非法律另有特殊规定，该救济即应当至少包括承担停止侵害和赔偿损失这两种最基本的侵权民事责任形式，而不是只承担其中一种形式。其次，判令侵权人就其许诺销售行为承担损害赔偿责任，更有利于保护和激励创新，更有利于实现专利法的立法目的。许诺销售行为是专利法明文规定的侵权行为。专利制度的目的是保护和激励创新。依法保护专利权，营造良好营商环境和创新环境，应当坚决依法惩处各种侵犯专利权的行为，包括许诺销售侵权行为，以切实提高违法成本、有效威慑制止侵权行为。未经专利权人许可，许诺销售专利产品或者依照专利方法所直接获得的产品的行为不仅具有侵权的可责性，也具有实际损害的后果。如果仅仅因为许诺销售行为造成的具体损害后果难以准确证明，就免除侵权人的损害赔偿责任，仅承担停止许诺销售行为、支付专利权人维权合理开支的民事责任，既不符合权利有损害必有救济的民法原则，也不利于充分实现专利法的立法目的。最后，专利权人难以举证证明其因许诺销售行为遭受的具体损失时，可以法定赔偿方式计算损害赔偿数额。正是因为考虑到专利侵权损害证明的困难，专利法规定了法定赔偿制度，当专利权人因被侵权所受到的损失或者侵权人获得的利益等难以确定的情况下，可以根据专利权的类型、侵权行为的性质和情节等因素，确定赔偿数额。

当然，在侵权人仅实施了许诺销售行为的情况下，其侵权损害后果可能轻于实际销售的损害后果。因此，确定被诉侵权人就许诺销售行为应当承担的民事责任，特别是具体赔偿金额时，应着重考虑在案证据反映的侵权恶意与侵害情节，基于案情予以区分。

两案中，在青科公司未举证证明其实际损失、晨源公司侵权获利、涉案专利许可使用费的情况下，一审法院综合考虑涉案专利的类型、晨源公司的主观过错、晨源公司侵权行为的情节以及青科公司的合理开支等因素，分别酌定晨源公司赔偿青科公司经济损失3万元，基本适当。

最高人民法院于2021年3月22日分别作出两案二审判决：驳回上诉，维持原判。

【评析】

关于专利侵权案件中仅涉及单纯的许诺销售行为是否应当判决赔偿经济损失的问题，司法实践并统一。有就许诺销售行为判决承担经济损失赔偿责任的案例，如在（2019）最高法民申1563号、（2019）最高法民申6036号民事裁定中，最高人民法院认为，许诺销售行为侵犯了涉案专利权，在无证据证明侵权获利或受损，亦难以确定专利许可使用费的前提下，一审、二审法院综合考虑涉案专利的类型、被控侵权行为的性质、本案涉及的合理费用等因素，酌情确定1万元的赔偿数额，并无不妥。当然，也有就许诺销售行为判决仅支付合理支出的案例，如在

（2018）最高法民再 8 号民事判决中，再审申请提出应支持经济损失 10
万元和制止侵权的合理开支 2 万元，最高人民法院认为，被申请人实施
许诺销售行为，再审申请人并未举证证明该行为给其造成的实际损失，
也未举证证明被申请人通过侵权行为获得的利益。综合考虑被诉侵权行
为的性质、特点，对于要求赔偿经济损失的诉讼请求不予支持。再审申
请人并未就其主张的 2 万元合理支出提供足够的证据予以支持，但考虑
到再审申请人委托律师参与本案诉讼，故对其主张的合理支出，酌情判
决赔偿诉讼合理支出 1 万元。

　　支持许诺销售侵权不承担侵权赔偿责任的观点主要出于如下理由是，
第一，许诺销售行为之所以被纳入现行专利法第十一条作为受规制的侵
权行为，主要是为了有利于权利人及早制止侵权，无须等到侵权产品实
际完成销售后才向侵权者主张权利。于许诺销售而言，侵权人仅是作出
了销售侵权产品的意思表示，实际销售行为毕竟尚未发生，也未必确定
发生。在这种情况下，认定专利权人已经遭受实际损失或认定侵权人已
经获得违法所得，未免牵强。第二，专利侵权是民事侵权行为之一种，
而侵权法重在维护固有利益，侵权损害赔偿的主要目的是要使权利人的
利益状态回复至如若没有发生侵权行为而本应存在的状态。这正是侵权
损害赔偿始终一贯彻填平损失为主，以惩罚性赔偿为辅的内在原因。因
此，对于许诺销售侵权而言，一般只需责令侵权人立即停止实施许诺销
售侵权行为，即可达到保护专利权的目的。第三，民事损害赔偿一般应
遵循损害多少赔偿多少的填平原则，赔偿应以存在损失为前提。许诺销
售不存在实际的销售，如果专利权人没有证据证明存在丧失交易机会等
损失，则可以推定不存在因侵权获得经济利益或者对专利权人造成了实
际经济损失，因此法院对于请求判令赔偿经济损失的主张，不予支持，
仅支持合理开支部分。第四，可以责令许诺销售侵权者承担损害赔偿责
任的前提是，权利人需要提交证据证明受到实际损失的，在不能对上述
待证事实举证证明的情况下，由法院径行判令许诺销售侵权者承担损害
赔偿责任，对许诺销售侵权者而言有失公平。第五，民事责任的承担方

式既可以单独适用，也可以合并适用。立足于对许诺销售侵权行为本质的理解，单独判令行为实施人承担停止侵权的责任，已经完全可以实现权利人制止侵权的目的。

两案判决对许诺销售行为是否判令赔偿损失的长期实务争议给予了明确，指出被诉侵权人即使仅实施许诺销售侵权行为，也应当承担停止侵害和赔偿损失的民事责任。判决从许诺销售行为的性质及损害、专利法的立法目的、法定赔偿的适用、确定民事责任时应当考虑的因素等几个方面进行了深入分析，厘清了长期以来对许诺销售行为是否承担赔偿责任的不同认识，彰显了全面加强知识产权保护的司法政策导向，对知识产权领域的类案裁判具有重要的指导意义。

首先，专利法规定的许诺销售，是指以通过广告、商店橱窗中陈列或者展销会上展出等方式向不特定的人作出销售商品的意思表示。为了加强专利权人的保护，专利法在法律上区分许诺销售和销售，将许诺销售作为了独立侵权行为。从许诺销售的行为性质可知，许诺销售行为客观上会给专利权人造成损害。许诺销售行为的目的指向销售行为，就行为样态而言，独立于销售行为，专利权人往往仅能证明被诉侵权人实施了许诺销售行为，而无法举证证明其实施销售行为。而被诉侵权人此时亦往往作出其行为对权利人的市场利益而言无实害的抗辩，以免承担赔偿责任。因此，对于作为独立侵权行为样态的许诺销售行为，应全面审查其对于专利权人权益的侵害，以有利于营造尊重知识价值的营商环境，优化诚信经营的市场环境，培育公平有序的市场环境，释放创新主体的活力。这不仅是维护专利权人私权的法律要求，也是社会公共利益的需要。

其次，从对权利人的实际影响分析，许诺销售行为通常发生在产品制造完成之后，产品销售之前。许诺销售行为一旦发生，因被诉侵权人许诺销售的价格通常低于专利产品的价格，会对潜在消费者产生心理暗示，引发消费者放弃购买专利产品转而考虑与被诉侵权人联系，延迟甚至减少造成专利产品正常销售，造成专利产品正常销售的延迟，导致专利权人商业机会的减少。被诉侵权人许诺销售行为还可能稀释甚至淹没专利产品的广告宣传效果，影响专利产品的合理定价、商誉的减少和漂移等可得利益的损害。可见，许诺销售行为的存在，势必给专利权人造成专利产品的价格侵蚀、商业机会的减少或者延迟等损害。然而，由于许诺销售行为缺少实际的销售行为，专利权人难以证明许诺销售的存在导致权利人具体的实际损失。此类损失虽然难以证明，但确系实害，不能因为损害难以证明并不认为着损害不存在。同时，考虑到专利权侵权损害证明的困难，专利法规定了法定赔偿制度，当专利权人因被侵权所受到的损失或者侵权人获得的利益等难以确定的情况下，可以根据专利权的类型、侵权行为的性质和情节等因素，确定给予1万元以上100万元以下的赔偿。因此，不能因为许诺销售给专利权人造成的损害难以证明就简单否定专利权人获得赔偿的权利，而是更需要就许诺销售行为对无形财产专利权的侵权后果予以充分的认识，并从营造尊重知识价值的营商环境、强化知识产权保护氛围的立法宗旨出发，确定对许诺销售行为的侵权责任，而不能以不存在实际销售行为而免除其承担经济赔偿的民事责任。

最后，从法律对许诺销售行为的评价分析。未经专利权人许可，许诺销售专利产品或者依照专利方法所直接获得的产品，该行为首先具有侵权的可责性。经济利益作为市场主体行为驱动的根本，对于许诺销售不进行赔偿仅判令停止许诺销售行为、支付维权合理开支的做法，将导致侵权行为花样翻新、屡禁不止。知识产权制度的目的是保护和激励创新。依法保护专利权，营造良好营商环境和创新环境，就应当坚决依法惩处侵犯专利权的行为，把违法成本提上去，把法律威慑作用发挥出来。只有严格保护知识产权，依法对侵权行为予以严厉打击，才能净化市场，鼓励创新。在确认许诺销售行为对专利权存在实际侵害的认识上，存在侵权行为就可推定对权利人存在侵害，就应判令侵权人就此承担相应的经济赔偿。从营造尊重知识价值的营商环境、强化专利权保护氛围的立法宗旨出发，就应当树立依法让侵权者承担严厉的侵权责任、实现严格保护知识产权的司法理念。

综上，判令侵权人就其许诺销售行为承担损害赔偿责任，更有利于保护和激励创新，更有利于实现专利法的立法目的。在确定被诉侵权人就许诺销售行为应当承担的具体赔偿金额时，应着重考虑在案证据反映的侵权恶意与侵害情节，基于案情予以区分。

（撰写人：罗霞，最高人民法院知识产权法庭法官）

22. 涉信息网络专利侵权行为地的判断及法律适用

——上诉人深圳市东方之舟网络科技有限公司与被上诉人深圳市帝盟网络科技有限公司侵害发明专利权纠纷案

【裁判要旨】

涉信息网络侵害专利权纠纷案件中，被诉侵权行为的部分实质环节或者部分侵权结果发生在中国领域内的，即可以认定侵权行为地在中国领域内。被诉侵权网站服务器所在地并非判断侵权行为实施地的唯一因素，被诉侵权人仅以该服务器位于中国域外为由，抗辩其行为不侵害中国专利权的，一般不予支持。

【案号】

一审：广东省深圳市中级人民法院（2018）粤 03 民初 1684 号
二审：最高人民法院（2020）最高法知民终 746 号

【案情】

上诉人深圳市东方之舟网络科技有限公司（以下简称东方之舟公司）与被上诉人深圳市帝盟网络科技有限公司（以下简称帝盟公司）侵害发明专利权纠纷案，涉及专利号为 ZL201210003858.4、名称为"一种国际物流信息跟踪方法及其系统"的发明专利（以下简称涉案专利）。涉案专利权利要求 1 内容如下：一种国际物流信息跟踪方法，其特征在于，所述方法包括以下步骤：步骤 1：获取物流单号中的发件国家标识以及包裹类型标识；步骤 2：根据所述发件国家标识以及包裹类型标识从规则库中获取第一物流信息查询方式；步骤 3：从所述第一物流信息查询方式采集发件国家的物流信息；步骤 4：获取所述发件国家的物流信息中的目的国家标识；步骤 5：根据所述目的国家标识及所述包裹类型标识从所述规则库中获取第二物流信息查询方式；步骤 6：从所述第二物流信息查询方式采集目的国家的物流信息；步骤 7：将所述发件国家的物流信息与所述目的国家的物流数据进行组织输出或展示。

帝盟公司以东方之舟公司经营的物流信息查询网站（以下简称被诉侵权网站）侵害涉案专利为由，将东方之舟公司诉至深圳市中级人民法院。帝盟公司起诉请求：（1）判令东方之舟公司立即停止侵害帝盟公司的发明专利权，即停止实施帝盟公司拥有发明专利权的国际物流信息跟踪方法以及使用该方法的系统；（2）判令东方之舟公司赔偿帝盟公司（含承担帝盟公司因维权产生的合理开支）500 万元；（3）判令东方之舟公司在其网站上连续登载道歉声明三个月，道歉声明的内容由帝盟公司草拟经法院审核认定。

深圳市中级人民法院经审理查明，被诉侵权技术方案具备涉案专利权利要求 1 所述全部技术特征，落入了该项权利要求的保护范围，故东方之舟公司经营被诉侵权网站的行为侵害了涉案专利权，据此判令东方之舟公司停止侵权，并赔偿帝盟公司经济损失 200 万元及合理维权费用 54620 元，驳回帝盟公司其余诉请。东方之舟公司不服一审判决，上诉至最高人民法院，其上诉理由包括：（1）在案证据不足以证明被诉侵权技术方案落入了涉案专利权利要求 1 的保护范围；（2）被诉侵权网站所使用的服务器位于中国境外与中国香港，即使被诉侵权技术方案具备涉案专利权利要求 1 全部技术特征，也不构成侵权。东方之舟公司二审中还提交了有关服务器所在地的证据。最高人民法院采信了该证据，并据此认定被诉侵权网站使用了中国境外与中国香港的服务器，但并未因该服务器所在地因素支持东方之舟公司的上诉请求。最高人民法院二审经审理认为，东方之舟公司的被诉侵权技术方案落入涉案专利权的保护范围，一审法院关于侵权成立的结论无误，且酌定的赔偿金额也属合理，据此判决驳回上诉，维持原判。

【审判】

深圳市中级人民法院认为，本案争议焦点主要包括被诉侵权网站的技术方案是否落入涉案专利的保护范围。该争议点在于：第一，在步骤1中被诉技术方案能否通过物流单号识别包裹类型标识；第二，在步骤4中被诉技术方案是否是从发件国家的物流信息中获取目的国家标识；第三，在步骤2和步骤5中被诉技术方案是否以发件国家标识及包裹类型标识从规则库中获取第一物流信息查询方式，被诉技术方案是否是以目的国家标识及包裹类型标识从规则库中获取第二物流信息查询方式，即被诉技术方案是否通过发件/目的国家标识和包裹类型可匹配出唯一的查询方式。

关于争议的区别点一，首先，公证书显示对多种国内外邮单单号进行测试，就能出现不同的"parcel type"类型，即使帝盟公司以香港邮政的特例，也不能否认其他邮政公司或者第三方国际物流识别出了不同的包裹类型标识，且帝盟公司对香港邮政也进行了合理解释；其次，东方之舟公司确认其网站在输入单号后，在尚未显示任何发件国物流信息时，后台就识别和显示了包裹类型标识，东方之舟公司抗辩称显示的包裹类型标识不是从单号中获得，但又无法解释该包裹类型标识的数据从何而来，东方之舟公司作为被诉侵权网站的运营者，其非常清楚被诉技术方案，故其应当承担相应的不利后果，对其称显示的包裹类型标识并非是从单号中获得的说法，一审法院不予采纳。

关于争议的区别点二，公证书均显示被诉侵权技术方案在尚未进行目的国物流信息查询及显示时，被诉侵权技术方案已经在（origin country data）发件国家的物流信息中显示了（destination country）目的国家标识。原审庭审比对中，东方之舟公司确认被诉技术方案在步骤 4 时获取了目的国家标识，其否认来源于发件国家的物流信息，但又无法说明该目的国家标识来源。东方之舟公司在其后提交的代理词中，又称可以由第三方直接输入目的国标识的方式，来获取目的国的运输商查询信息。经查，公证书显示被诉侵权网站公示其"外部调用，模式 2、快递：自动检测 447 个运输商""可选，指定运输商，默认为自动识别""可选，指定 UI 语言。默认根据浏览器自动识别""必须，指定要查询的单号"。在提供外部调用介绍中"获取运输商"中有两种方式"列出所有运营商"和"通过运单号检测运输商""返回一个运单号所匹配的运营商列表"。公证书亦证明了被诉侵权网站有两种获取国家标识的模式，一种是通过运单号识别，另一种是第三方手动选择输入。存在手动输入方式并不能否认其网站具有自动识别的功能模式。另外，东方之舟公司确认被诉侵权网站具有"目的国家标识获取单元"这一技术特征，这一单元的作用就是对"发件国家物流信息进行关键字匹配，以获取目的国家标识"，故一审法院认定，在步骤 4 中被诉技术方案是从发件国家的物流信息中获取目的国家标识。

关于争议的区别点三，东方之舟公司称被诉技术方案获取了发件国家标识后，用单号遍历发件国各种运输商的网址，向每个网址发送请求，读取数据，如果读取成功的，则返回信息，这是其获得第一物流信息查询方式，同样，在获取了目的国家标识后，用单号遍历目的国各种运输商的网址，向每个网址发送请求，读取数据，如果读取成功的，则返回信息，这是其获取第二物流信息查询方式。原审法院认为，首先，东方之舟公司对该说法并没有提交任何证据支持；其次，该说法亦与公证书所反映的被诉侵权网站查询步骤和方法明显不同，例如 3727 号公证书，输入单号"RX362594130DE"，并未点击查询，系统自动出现"DHL 电子商务、德国 DHL、德国邮政、其他快递"多个可能的运输商，如果是以遍历查询的方式获得，那么返回的结果就不可能存在多个可能的运输商的情况，因为按照东方之舟公司的说法一定是已经确定具体查询到了数据的运输商。更进一步，3727 号公证书在提示多个可能的运输商后，选择"德国 DHL"运输商查询不到信息，而选择"DHL 电子商务"运输商查询到信息。这也说明了被诉侵权技术方案不可能是遍历查询获得物流信息查询方式即物流公司的信息，如果是经过全部遍历查询，只能回馈唯一正确的信息查询方式；最后，东方之舟公司在原审庭审中亦陈述"物流单号有各自规则，一个物流单号代表什么含义，这本身就是常识"，也就是说东方之舟公司亦认可可以通过单号规则，来寻找唯一的物流信息查询方式，其作为一个收费的商业运营的跨境物流查询网站，东方之舟公司所称用遍历查询方式明显不符合常理，可能性较低。

综上，深圳市中级人民法院认定被诉侵权网站落入帝盟公司主张的权利要求 1 的保护范围，并据此作出上述一审判决。

最高人民法院二审认为，本案在二审阶段的争议焦点包括：一、被诉侵权技术方案是否落入涉案专利权保护范围；二、东方之舟公司被诉侵权网站服务器所处位置是否影响本案中的侵权判定。

一、关于被诉侵权技术方案是否落入涉案专利权的保护范围

专利法第五十九条第一款规定：发明专利权的保护范围以其权利要求的内容为准，说明书及附图可以用于解释权利要求的内容。《最高人民法院关于审理侵犯专利权纠纷案件应用法律若干问题的解释》第七条规定：人民法院判定被诉侵权技术方案是否落入专利权的保护范围，应当审查权利人主张的权利要求所记载的全部技术特征。被诉侵权技术方案包含与权利要求记载的全部技术特征相同或等同的技术特征的，人民法院应当认定其落入专利权的保护范围；被诉侵权技术方案的技术特征与权利要求记载的全部技术特征相比，缺少权利要求记载的一个以上的技术特征，或者有一个以上技术特征不相同也不等同的，人民法院应当认定其没有落入专利权的保护范围。

本案中，东方之舟公司主张被诉侵权技术方案与涉案专利权利要求 1

所述步骤存在以下区别：（1）被诉侵权技术方案并未如步骤1所述"获取物流单号中的包裹类型标识"；（2）被诉侵权技术方案系根据发件国标识获取该发件国对应的所有可能物流商，且当物流商数量大于2时，列出所有可能的物流商让用户选择，否则按权重优先级遍历查询，将查询到结果的运输商返回，该技术手段与步骤2所述"根据发件国家标识以及包裹类型标识从规则库中获取第一物流信息查询方式"的技术特征既不相同也不等同；（3）被诉侵权技术方案系从UPU（即万国邮政联盟）查询结果中获取目的国家信息，该技术手段与步骤4所述"获取发件国家物流信息中的目的国家标识"的技术特征既不相同也不等同；（4）被诉侵权技术方案中，获取到物流单号的目的国信息后，若目的国有唯一查询方式则直接返回该目的国的查询方式，否则获取该目的国对应的最有可能的两个物流商，按物流商权重大小依次读取查询结果，若读取到查询结果，则返回信息，该技术手段与步骤5所述"根据目的国家标识及所述包裹类型标识从所述规则库中获取第二物流信息查询方式"的技术特征既不相同也不等同。故根据全面覆盖原则被诉侵权技术方案未落入涉案专利权利要求1的保护范围。

对此，最高人民法院认为，由于涉案专利系互联网环境下与计算机程序有关的方法与系统专利，被诉侵权行为需通过计算机程序代码进行表达和展现，专利权人对被诉侵权行为的取证途径较为有限，难以直接进入被诉侵权网站后台查找并固定静态的计算机程序源代码以全面准确还原被诉侵权技术方案的动态实施过程，故不能对专利权人赋以过高的、脱离技术实际的举证义务。另外，被诉侵权人则完全能够掌握自身所使用的被诉侵权技术方案的具体步骤及其技术细节，对于该技术方案与涉案专利之间有无差异以及二者存在何种差异等技术事实，在举证成本与便利性上较专利权人具有明显优势。因此，只要此类专利的权利人经过合理努力取得了初步证据，且结合已知事实、所属领域的一般常识和经验，该初步证据能够证明被诉侵权技术方案中的技术特征与涉案专利权利要求所述对应技术特征相同或等同的可能性较大的，则不应再要求专利权人提供进一步的证据，而应由被诉侵权人提供相反证据。在此情形下，如果被诉侵权人仅仅是对专利权人主张的事实不予认可，但未提交充足反证予以推翻，则应承担相应的不利后果。基于该项证据规则，最高人民法院对东方之舟公司前述区别技术特征主张评述如下：

关于区别主张 1：根据深圳中院查明事实，在被诉侵权网站页面输入物流单号后，在尚未显示任何发件国物流信息时，后台就已识别和显示了包裹类型标识，但东方之舟公司无法解释和证明如何抓取到该标识数据。此外，本领域公知，国际包裹分为国际快递和国际邮政两大类，国际快递公司和国际邮政公司均会按照特定规则编码物流单号标识和记录对应包裹。对于国际快递公司而言，各公司会制定个性化的单号位数和编码规则，没有统一标准；对于国际邮政公司而言，通常会采用 UPU 的单号编码规则，在物流单号中包含包裹类型标识、数字和国家代码，形成由 2 位字母、9 位数字、2 位字母组成的固定形式的 13 位单号。由于国际邮政公司单号编码规则固定且含义明确，当需要通过物流单号识别物流商时，本领域技术人员一般会优先使用该编码规则进行初始识别，此时，通常会使用包裹标识类型和国家代码以快速识别物流商，且该功能借助简单的正则表达式即可实现。也即是说，包裹类型是物流单号中的关键信息之一，根据互联网物流服务领域有关信息搜集的惯常技术手段，被诉侵权网站大概率会获取并使用物流单号中的包裹类型标识信息，否则仅凭发件国家标识的单一信息难以进入步骤 2，即"从规则库中获取第一物流信息查询方式"。东方之舟公司如果要证实被诉侵权网站确未获取物流单号中的包裹类型标识，应提交充足反证以证明其采取了区别于前述惯常技术手段的其他技术手段以达到步骤 2 所述技术效果。但本案一审、二审过程中，东方之舟公司仅是主张其系根据发件国标识获取所有可能物流商并按权遍历实现运输商信息返回的技术效果以及在此过程中从未获取物流单号中的包裹类型标识，然而始终未就此事实性主张提交充分证据予以证实，故应承担相应的不利后果。因此，深圳中院基于证据规则认定被诉侵权技术方案具有步骤 1 技术特征，该认定结论具有事实依据，并无不妥，最高人民法院予以维持。

关于区别主张 2、3、4：综合深圳中院查明事实来看，在案证据足以证明被诉侵权技术方案有较大概率实施了"根据发件国家标识以及包裹类型标识从规则库中获取第一物流信息查询方式""获取发件国家物流信息中的目的国家标识""根据目的国家标识及所述包裹类型标识从所述规则库中获取第二物流信息查询方式"等步骤。东方之舟公司认为被诉侵权技术方案系"根据发件国标识获取该发件国对应的所有可能物流商，且当物流商数量大于 2 时，列出所有可能的物流商让用户选择，否则按权重优先级遍历查询，将查询到结果的运输商返回""从 UPU 查询结果中获取目的国家信息""获取到物流单号的目的国信息后，若目的国有唯一查询方式则直接返回该目的国的查询方式，否则获取该目的国对应的最有可能的 2 个物流商，按物流商权重大小依次读取查询结果，若读取到查询结果，则返回信息"。虽然该等事实主张在理论上具有一定可行性，但在技术路径上有舍近求远、化简为繁之虞，且并非互联网物流服务领域有关信息搜集的惯常技术手段。东方之舟公司应就该等主张提交充足证据予以证实，否则应承担相应的不利后果。但本案一审、二审中，东方之舟公司始终未能提交充分证据推翻深圳中院根据证据规则得出的前述事实结论，故其区别主张 2、3、4 均缺乏证据支持，最高人民法院不予认可。因此，深圳中院关于被诉侵权技术方案实施了涉案专利权利要求 1 所述步骤 2-7 的认定结论正确，最高人民法院予以维持。

综上所论，东方之舟公司关于被诉侵权技术方案与涉案专利权利要求 1 存在区别以及未落入涉案专利权利要求 1 保护范围的上诉理由不能成立，最高人民法院不予支持。深圳中院根据在案证据认定被诉侵权技术方案落入涉案专利权利要求 1 保护范围的结论正确，最高人民法院予以维持。

二、关于被诉侵权网站服务器所处位置是否影响侵权判定

专利法第十一条第一款规定：发明和实用新型专利权被授予后，除本法另有规定的以外，任何单位或者个人未经专利权人许可，都不得实施其专利，即不得为生产经营目的制造、使用、许诺销售、销售、进口其专利产品，或者使用其专利方法以及使用、许诺销售、销售、进口依照该专利方法直接获得的产品。本案中，根据一审查明事实，应当认定东方之舟公司实施了涉案专利，即实施了为生产经营目的使用涉案专利方法及系统的行为。东方之舟公司认为被诉侵权技术方案所使用的服务器位于中国境外及中国香港，故被诉侵权行为实际发生在中国大陆之外，未落入涉案专利权效力的地域范围，不构成专利法第十一条第一款项下的使用行为，即便被诉侵权技术方案与涉案专利权利要求 1 相同，亦不构成侵权。

最高人民法院对该项上诉理由不予认可。最高人民法院认为，基于东方之舟公司的营业地址、被诉侵权网站终端用户所处位置、被诉侵权网站数据传输与交互所在地，以及被诉侵权网站所造成的后果等因素，被诉侵权行为的实施地应在中国境内，而非中国境外或中国香港，故被诉侵权行为应当构成专利法第十一条第一款项下的使用行为。东方之舟公司关于"被诉侵权技术方案所使用的服务器位于中国境外及中国香港，故被诉侵权行为实际发生在中国大陆之外，未落入涉案专利权效力的地域范围"的抗辩理由不能成立。

综上，最高人民法院判决驳回上诉，维持原判。

【评析】

本案二审中，最具争辩性的上诉理由是被诉侵权网站所使用的服务器位于中国境外与中国香港是否构成不侵权抗辩。最高人民法院在该案中明确提出，被诉侵权网站的服务器所在地并不影响涉信息网络专利侵权行为地的判断及法律适用，具体理由如下：

首先，服务器所在地仅仅是判断侵权行为地的因素之一而非唯一因素。侵权行为地包括侵权行为实施地和侵权结果发生地。对于受中国法律保护的专利权而言，侵害该专利权的行为的部分实质环节或者部分侵权结果发生在中国领域内的，即可认定侵权行为地在中国领域内。因此，判断侵权行为地时，存在多个考虑因素，服务器所在地仅仅是判断侵权行为地的因素之一。必须指出的是，仅仅以服务器所在地为标准确定判断侵权行为地存在一定的局限性。互联网的全球通达与覆盖特性决定了网络数据传输与交互具有国际性，对于涉互联网计算机程序的方法与系统专利而言，如果仅以数据载体即被诉侵权网站服务器所处位置来确定被诉侵权行为实施地将会严重限制此类专利权的保护范围，使得实质实施此类专利的侵权人极易逃避侵权责任，最终可能致使对此类专利权的法律保护落空，故东方之舟公司的上述主张并不合理，不应将服务器所在地作为被诉侵权行为实施地的唯一或核心判断要素。

其次，关于东方之舟公司的营业地址。东方之舟公司是一家中国大陆企业，在案证据显示其住所地位于广东省深圳市，据此可推知被诉侵权网站的经营地址位于中国大陆，进而可认定被诉侵权网站的运营主体也处于中国大陆。虽然东方之舟公司主张其具有海外运营团队，但并未就此提交任何证据，故该主张不能成立。

再次，关于被诉侵权网站终端用户所处位置。在案证据显示，被诉侵权网站的大量用户是境内用户，其登录被诉侵权网站的地点位于中国大陆，故被诉侵权技术方案实施过程的触发地点位于中国大陆。

最后，关于被诉侵权网站数据传输与交互所在地。由于被诉侵权网站提供的物流信息查询服务针对的是国际物流，其中相当部分的物流信息来自于国内物流企业，据此可推知被诉侵权技术方案实施过程中，相关数据传输与交互也全部或部分发生在中国大陆。

综上所论，被诉侵权网站与中国大陆在地理意义上具有多个连接点，据此可认定被诉侵权技术方案的实施地，即被诉侵权行为的实施地位于中国大陆，故应当认定东方之舟公司的被诉侵权行为构成专利法第十一条第一款项下的使用行为。东方之舟公司主张的被诉行为实施地位于中国境外及中国香港、被诉侵权技术方案未落入涉案专利权效力地域范围等上诉理由缺乏事实与法律依据，不应予以支持。

（撰写人：孔立明，最高人民法院知识产权法庭法官）

23. 物质技术条件的认定

——上诉人郑州新材科技有限公司与被上诉人宋某礼专利权权属纠纷案

【裁判要旨】

关于"主要是利用本单位的物质技术条件"所完成发明创造的认定中，"物质技术条件"包括资金、设备、零部件、原材料等物质条件和未公开的技术信息和资料等技术条件；"主要"是对前述物质技术条件在发明创造研发过程中所起作用的限定，系指单位物质技术条件是作出发明创造不可缺少的条件，相对于发明人使用的其他来源的物质技术条件而言，单位物质技术条件在重要性上胜过其他来源的物质技术条件，居于主要地位。

【案号】

一审：河南省郑州市中级人民法院（2020）豫 01 知民初 532 号
二审：最高人民法院（2020）最高法知民终 1848 号

【案情】

宋某礼于 2018 年 4 月 23 日进入郑州新材科技有限公司（以下简称新材公司）工作，岗位为设备维护与管理。新材公司为实现石墨的连续微波膨化和石墨烯的产业化生产，于 2017 年 5 月从外购入一台微波石墨膨化设备。新材公司主张该设备系根据被授权的"一种微波膨爆制备石墨烯的方法"的发明专利向微朗公司定制，但未提交定制证据。宋某礼于2018年11月14日申请名称为"一种圆环形高温微波膨化炉"实用新型专利，并于2019年8月20日获得授权。涉案专利与该设备均属于石墨烯生产设备领域，均是为解决石墨的连续化微波膨化制备问题。新材公司提交的设备照片显示，该设备与涉案专利相比的主要区别在于涉案专利采用腔体容置的圆环形转盘输送物料，而该设备使用高温毡材质的皮带往复式输送带。宋某礼确认，其研发涉案专利的动机源于工作期间新材公司的微波膨化炉输送带频繁烧坏，故在专利中使用"圆环形物料输送装置"代替皮带往复式输送带。

新材公司主张宋某礼系履行本职工作或工作任务，研发过程中也使用了新材公司的微波膨爆设备、石墨原材料、设备改造方案和设备实验数据等物质技术条件，故涉案专利应归单位所有。

【裁判】

郑州市中级人民法院经审理认为，宋某礼的本职工作虽然与微朗膨化设备直接关联，但均与研发石墨烯生产设备这一工作任务差别较大。新材公司提交的证据不能证明宋某礼的本职工作包括关于石墨烯生产设备的研发或新材公司向宋某礼下达过关于石墨烯生产设备方面的开发性研究任务。涉案专利解决的问题虽然与新材公司现有设备问题相同，但涉案专利解决问题的方法与新材公司实际结局问题的方法并不相同，宋某礼因在工作中接触到新材公司购买的微朗微波膨化设备，才得以了解现有技术的缺陷，产生了研发诉争专利的动机，但鉴于诉争专利与微朗膨化设备差别较大，解决问题的技术方案亦不相同，故新材公司提交的证据不能证明微朗膨化设备对诉争专利的主要创新点起到较大启示作用，系研发诉争专利的主要物质技术条件。综上，郑州市中级人民法院一审判决新材公司全部诉讼请求。

新材公司不服，向最高人民法院提起上诉主张：（1）对设备进行维护调试、升级改造是宋某礼的本职工作，其实际参与了石墨微波膨化设备的操作实验、尾气处理方案设计与安装调试、微波腔体改造、上料系统改造、传送带调试实验等石墨微波膨化设备操作使用、升级改造的全过程，并在工作总结中提到其工作内容包括石墨烯膨化设备的研发等；宋某礼在新材公司处工作期间，接触并了解了石墨微波膨爆技术，并在对石墨烯微波膨爆制备设备的升级改造过程中，熟悉和掌握了石墨微波膨爆设备的技术方案。（2）涉案专利系主要利用新材公司物质技术条件完成的发明创造。宋某礼全程参与石墨微波膨爆设备的调试、改造工作，并利用新材公司石墨微波膨爆设备、石墨原材料、微波炉、设备改造方案和设备实验数据等物质技术条件进行操作实验，其申请的圆环形石墨微波膨化炉实用新型专利，应当认定为主要利用了新材公司的物质技术条件。

最高人民法院经审理后认为，宋某礼认可涉案专利要解决的技术问题源于其在新材公司的工作内容。但通过宋某礼与新材公司的劳动合同，宋某礼的主要工作岗位为设备维护与管理。新材公司提交的会议纪要、宋某礼个人绩效评估和工作总结及日常工作情况汇报等记录显示宋某礼的工作内容比较繁杂而事务化、且未在相关劳动合同、职务身份等方面体现研发要求，宋某礼的本职工作不包括石墨烯生产设备研发。涉案证据也无法证明，研发设备属于新材公司交付给宋某礼的本职工作以外的工作任务。新材公司并无用于涉案专利研发的专门资金投入，其石墨烯微波膨化炉的生产、调试、传送带用高温毡的采购和替换等物质条件的提供和消耗，一则并非因为宋某礼的意志而进行，而是在新材公司组织的生产测试过程中被消耗，新材公司并无为宋某礼的科研活动提供物质条件的意思表示；二则相关物质条件的消耗过程并未指向宋某礼的科研活动，涉案专利较现有技术改进的主要创新在于"圆环形物料输送结构"，新材公司的相关设备、零部件不包括"圆环形物料输送结构"，亦无物质条件因指向涉案专利技术方案研发过程中的分析、验证、测试而被使用，即未对发明的取得产生实质性的影响。故从物质条件的使用来说，新材公司的现有证据不足以证明其为涉案专利的研发提供了主要物质条件。涉案专利的发明创造并非因新材公司向宋某礼交付工作任务而肇始，在研发过程中新材公司亦未向宋某礼提供专利法意义上的主要物质技术条件。涉案专利属于宋某礼在本职工作和单位交付的任务之外所完成的发明创造，新材公司对于涉案专利研发未投入人力物力、未储备相关技术资料、亦未预料其产生，发明人自身的智力劳动对于发明创造起到了决定作用。故应当认定涉案专利归属发明人宋某礼所有。综上，最高人民法院判决驳回新材公司上诉，维持原判。

【评析】

本案的争议核心在于涉案专利是否属于职务发明。最高人民法院围绕专利法第六条和《专利法实施细则》第十二条关于职务发明的规定，以贯彻立法精神、明晰裁判标准为宗旨，对于认定职务发明时所涉工作任务、物质条件、技术条件以及前述要素对于发明创造的实质性贡献等法律适用问题给予了针对性的论证与阐述。

一、物质技术条件的确定

所谓物质技术条件，《专利法实施细则》第十二条第二款规定："专利法第六条所称本单位，包括临时工作单位；专利法第六条所称本单位的物质技术条件，是指本单位的资金、设备、零部件、原材料或者不对外公开的技术资料等。"《最高人民法院关于审理技术合同纠纷案件适用法律若干问题的解释》第四条规定："合同法第三百二十六条第二款所称主要利用法人或者其他组织的物质技术条件，包括职工在技术成果的研究开发过程中，全部或者大部分利用了法人或者其他组织的资金、设备、器材或者原材料等物质条件，并且这些物质条件对形成该技术成果具有实质性的影响；还包括该技术成果实质性内容是在法人或者其他组织尚未公开的技术成果、阶段性技术成果基础上完成的情形。但下列情况除外：（一）对利用法人或者其他组织提供的物质技术条件，约定返还资金或者交纳使用费的；（二）在技术成果完成后利用法人或者其他组织的物质技术条件对技术方案进行验证、测试的。"依据上述规定，物质技术条件可以具体划分为发明创造的物质条件、技术条件。在特定情形下，单一元素如设备可以兼具物质与技术条件属性。这其中，物质条件一般包括资金、设备、零部件、原材料等，其用途为直接或间接用于开展研发活动并在分析、验证、测试之后得到发明技术方案，包括在研发过程中对特定技术手段所产生的技术功能和效果或专利技术方案实用性等技术内容的分析、验证、测试，对于形成发明具有实质性的影响；而技术条件则指未公开的技术信息和资料，包括尚未公开的技术成果、阶段性技术成果等，对于形成发明的实质性特点具有技术启示。同时，专利法第六条第一款对于"主要是利用本单位的物质技术条件"的条件规定，是对前述物质、技术条件在发明创造作出过程所起作用的限定，对此应理解为，其一，单位物质、技术条件的存在是该发明创造作出过程中不可缺少的必要条件，在没有该物质、技术条件参与的情况下，该发明创造的成就无法实现；其二，相对于发明人使用的其他来源的物质、技术条件而言，单位物质、技术条件在重要性上居于主要地位，足以胜过其他来源的物质、技术条件，从而可以据此决定争议专利的权属。

结合到本案当中，就本案物质条件来看，新材公司并无用于涉案专利研发的专门资金投入，其石墨烯微波膨化炉的生产、调试、传送带用高温毡的采购和替换等物质条件的提供和消耗，一则并非因为宋某礼的意志而进行，而是在新材公司组织的生产测试过程中被消耗，新材公司并无为宋某礼的科研活动提供物质条件的意思表示；二则相关物质条件的消耗过程并未指向宋某礼的科研活动，涉案专利较现有技术改进的主要创新在于"圆环形物料输送结构"，新材公司的相关设备、零部件不包括"圆环形物料输送结构"，亦无物质条件因指向涉案专利技术方案研发过程中的分析、验证、测试而被使用，即未对发明的取得产生实质性的影响。故从物质条件的使用来说，新材公司的现有证据不足以证明其为涉案专利的研发提供了主要物质条件。

就本案技术条件来看，新材公司提出宋某礼并无专业背景和从业经验、系接触到新材公司石墨烯微波膨化炉设备才产生发明创意、涉案专利的技术方案的部分内容与该设备相同。本院认为，对于单位来说，其不对外公开的技术资料属于单位的技术储备，对于单位来说具有潜在的无形财产价值。但应注意的是，不宜将发明人在涉案专利的发明创造过程中所处的技术环境或者所掌握的公司技术资料，与法律规定的技术条件相混淆。如果相关技术资料对于涉案专利技术方案的实质性特点不能提供技术启示，则原则上不应对专利权属产生影响。本案中，新材公司所使用的石墨烯微波膨化炉系自微朗公司购入，新材公司并未有效证明该设备系新材公司提供技术方案且技术方案未对外公开的事实，亦未证明宋某礼的发明创造使用了新材公司的设备改造方案和设备实验数据，故不足以认定新材公司为涉案专利的研发提供了主要技术条件。

二、技术问题的确定对专利权属的影响

技术问题对于发明创造有着重要的意义和影响，当技术问题的提出涉及职务发明的判断时应当厘清技术问题的性质和对发明技术方案的影响，区分个案情况予以判断。在技术问题属于单位阶段性技术成果且不为外界所知悉的情况下，该技术问题可使发明人避免陷入错误的研发方向，并因此缩短了研发进程，此时该技术问题可视为本单位的技术条件；而在技术问题属于公知或属于非为单位内部掌握且未被采取保密措施的外购产品技术缺陷的情况下，相关发明创造的技术问题则不构成本单位的技术条件，单位并无据此主张权利的依据。

本案中，宋某礼虽系在对石墨烯微波膨化炉的生产、维护和改造过程中，获知该设备存在输送带开裂导致寿命短的技术问题，但如前所述，该技术问题产生于微朗公司所生产的涉案设备，且至少被微朗公司和新材公司同时所知，新材公司不能证明此技术缺陷问题属于其不对外公开的技术信息，故不能据此主张对涉案专利属于职务发明。

综上，涉及职务发明争议的专利权权属的确定，应秉持既严格保护

知识产权、又确保公共利益和激励创新兼得的方针，以保护权利人合法权益的方式鼓励发明创造、激励自主创新、促进科学技术进步和经济社会发展。任何人均依法享有发明创造的自由和权利。除非法律特别规定，否则既不能简单地以发明人的身份归属来认定发明创造的权利归属，也不能以是否系在单位工作期间完成发明创造来认定该发明创造的权利归属。人民法院保护发明人依法享有发明创造的自由和权利，既不使单位失去其投入生产要素资源所期待获得的智力成果，也避免使发明人处于弱势而使单位仅仅基于劳动关系坐收"意外之喜"，从而导致打击发明人的发明热情、抑制自主创新的不利后果。

本案对于正确适用专利法第六条和《专利法实施细则》第十二条，准确限定职务发明物质技术条件，平衡发明人与单位之间利益关系具有典型指导意义。职务发明所涉专利权属制度是激发创新热情、促进成果转化、平衡发明人和单位之间利益关系的核心制度。最高人民法院从发明人的发明自由角度，阐明工作职责之外的工作任务应当是单位明确赋予的，发明人的创新不能当然视为其履行工作任务；从单位的利益界限角度，明确物质技术条件应当在研发过程中发挥作用、对形成发明的实质性特点具有实质性的影响；从权利保护角度，指出在发明要解决的技术问题属于单位阶段性技术成果且不为外界所知悉的情况下，该技术问题可使发明人避免陷入错误研发方向并因此缩短了研发进程，此时单位对作为其阶段性成果的技术问题仍享有权益，可视为本单位的技术条件。本案不仅从理念，也从具体裁判标准角度厘清了职务发明权属争议的审理思路，兼顾了单位与发明人之间的利益平衡，是合理保护权益、鼓励自主创新的司法典范。

（撰写人：潘才敏，最高人民法院知识产权法庭法官）

24. 单位负责人完成的发明创造是否属于"执行本单位工作任务"的认定

——上诉人楚雄彝族自治州彝族医药研究所与被上诉人杨某雷专利权权属纠纷案

【裁判要旨】

发明人是可以调动单位有关资源的单位负责人时，可以综合考虑其日常工作内容、知识背景以及单位的性质、主营业务等与诉争专利的关联性，判断专利是否为其"执行本单位的任务"所完成的发明创造。

【案号】

一审：云南省昆明市中级人民法院（2020）云 01 知民初 31 号
二审：最高人民法院（2021）最高法知民终 403 号

【案情】

楚雄彝族自治州彝族医药研究所（以下简称彝族医药研究所）系云南省楚雄彝族自治州卫生和计划生育委员会成立的事业单位法人，挂靠楚雄州中医院，由财政全额拨款，宗旨和业务范围为开展彝族医药研究、促进卫生事业发展、彝族医药知识和彝族药单方验方收集、整理、开发，以及稀奇彝族药物开发种植和培育，原法定代表人为杨某雷。自1999年6月起，杨某雷在担任楚雄州中医院院长的同时兼任彝族医药研究所所长。2015 年 9 月，杨某雷办理延时五年退休手续后继续在彝族医药研究所工作。2019 年 4 月 28 日因涉嫌贪污罪、受贿罪被逮捕，并被开除公职。生效刑事裁定，杨某雷利用担任彝族医药研究所所长的职务便利，以非法占有为目的，伙同他人将彝族医药研究所位于楚雄市东瓜镇研究基地的土地及地面建筑物、专业制剂设备、动植物药、医药品种开发权等国有财产非法转移到自己操纵注册后实际控制的公司名下，数额特别巨大，构成贪污罪。

诉争专利为 201710157080.5 号"一种治疗失眠的药物组合物及其制备方法、制剂与应用"发明专利，该专利要求保护一种治疗失眠的药物组合物，其特征在于所述的治疗失眠的药物组合物包括原料重量份的酸枣仁 100-400 份、柏子仁 100-300 份、红景天 50-150 份、佛手柑 30-100 份，经前处理、提取和后处理步骤制备得到。说明书［0020］段记载"发明人通过 8 年来的临床用药进行观察，共通过 110 例患者进行临床观察，该药总有效率 90%"。说明书［0065］［0066］［0067］段实施例中载明部分患者使用该发明专利制备的药物组合物治疗后有效果。彝族医药研究所于诉争专利申请前后采购过酸枣仁、柏子仁、红景天、佛手。

彝族医药研究所向昆明市中级人民法院提起诉讼。彝族医药研究所起诉请求：（1）判令诉争专利权归属于彝族医药研究所所有；（2）判令杨某雷将留存的全部诉争专利技术资料，于判决生效之日起十五日内一次性交还给彝族医药研究所（彝族医药研究所当庭明确为技术交底书和临床实验资料）；（3）判令杨某雷承担本案案件受理费及律师费 9090.9 元。一审法院经审理，判决驳回彝族医药研究所的全部诉讼请求。

彝族医药研究所不服一审判决，向最高人民法院提起上诉，请求撤销一审判决，依法改判。

【裁判】

昆明市中级人民法院经审理认为：

从彝族医药研究所的业务范围以及杨某雷的任职情况、个人专业看，杨某雷具备一定的彝药研发的能力，杨某雷在诉争专利说明书中陈述的诉争专利所涉药物组合物是其多年临床用药观察结果，只能证明杨某雷的本职工作是作为主任医师在诊疗中开具处方医治病患，其在医治患者中完成的诉争发明是其在履行本职工作中产生，但作为医生的本职工作并不等同于诉争专利的研发工作。彝族医药研究所并未直接举证证明彝族医药研究所安排、开展过与诉争专利相关的失眠药物的研发工作或者布置过相关工作任务，仅凭杨某雷个人职务、工作职责并不能当然推定诉争专利系其在执行彝族医药研究所的工作任务中完成的发明创造，也不能因杨某雷兼彝族医药研究所所长的身份以及分管业务工作，就当然认为其个人进行的与彝药相关研发工作即为接受彝族医药研究所的工作任务，从而认为诉争专利属于杨某雷执行工作任务完成的。

彝族医药研究所作为专门从事彝族医药研究的单位，采购中药、具有大型制药设备是其正常业务开展需要，仅凭采购的中药与诉争专利权利要求书中记载的中药相同，以及具有大型制药设备，并不能证实采购的药材或者大型制药设备系用于诉争专利的研发，即不能证明诉争专利制备的失眠药物的形成过程，二者不能形成因果关系。

因在案证据不足以证明诉争专利系杨某雷"在执行彝族医药研究所的工作任务中完成的发明创造"或者"主要利用彝族医药研究所的物质技术条件完成的发明创造"，故彝族医药研究所对此应当承担不利的后果。

最高人民法院法院二审认为：

一、关于诉争专利是否为"执行本单位的任务"完成的发明创造

根据《专利法实施细则》的规定，单位在职人员"执行本单位的任务"所完成的职务发明创造，是指该在职人员"在本职工作中作出的发明创造"和"履行本单位交付的本职工作之外的任务所作出的发明创造"

这两种较为具体的情形。如果诉争专利的发明人并非普通在职人员，而是可以调动单位所有资源的单位负责人，则诉争专利是否为该负责人"执行本单位的任务"所完成的职务发明创造，还应结合该负责人的日常工作内容、知识背景以及该单位的根本性质和主营业务等与诉争专利的关联性予以综合判断。

本案中，诉争专利说明书明确记载："发明人通过 8 年来的临床用药进行观察，共通过 110 例失眠症患者进行临床观察，该药治疗总有效率 90%"。在诉争专利申请日前的 8 年内，杨某雷均在楚雄州中医院及其"加挂牌子"的彝族医药研究所工作，其对患者临床用药进行观察的行为既是其履行本职工作的行为，又是完成诉争专利的中药复方产品研发的重要环节。另外，根据已查明的事实，彝族医药研究所的宗旨和业务范围包括开展彝族医药研究，彝族医药知识和彝族药单方验方收集、整理、开发。可见，研究开发彝族医药是彝族医药研究所的核心工作内容。杨某雷作为具有研发能力的研究所所长，不能因其亦承担研究所的管理职责，就否定其研究人员的身份。况且，虽然杨某雷强调其承担的是研究所的管理职责，但现有证据已经显示其参与了该研究所的研发工作。综合以上因素，杨某雷在彝族医药研究所工作期间完成的彝族医药领域的发明创造，与其本职工作具有高度关联性，诉争专利应认定为杨某雷在本职工作中作出的发明创造。

二、关于诉争专利是否为"主要是利用本单位的物质技术条件"完成的发明创造

从是否"主要是利用本单位的物质技术条件"来看，诉争专利亦应认定为职务发明，理由如下：

对于是否"主要是利用本单位的物质技术条件"完成的发明创造，应当根据该发明创造所属技术领域的研发特点，具体分析形成该发明创造所需利用的物质技术条件的类型、范围及特点，进而对发明创造所利用的物质技术条件的来源以及是否构成职务发明创造作出准确认定。例

如，对于机械领域的发明创造，在发明创造完成后仅利用单位的物质技术条件对设备进行验证、测试，通常不属于主要利用单位的物质技术条件的行为。而对于中药复方产品的发明创造，由于中药的配伍关系比较复杂，获得临床数据等药效数据通常是完成中药复方产品发明创造过程中的重要环节。如果专利申请人以临床数据作为证实中药复方产品技术效果的主要依据，更可说明临床数据在该产品发明创造过程中难以或缺的作用。因此，获得临床数据过程中利用的物质技术条件通常在完成此类发明创造的过程中起到重要作用。是否依赖于本单位而获得发明创造所需的临床数据，是判断中药复方产品的发明创造是否为"主要是利用本单位的物质技术条件"完成的发明创造的重要考量因素。如果在案证据能够证明发明人主要是利用本单位的物质技术条件获取中药复方产品的临床数据，且该临床数据是专利申请文件中证实产品技术效果的主要依据，在无相反证据证明完成发明创造主要依赖于其他物质技术条件的情况下，应认定中药复方产品的发明创造为职务发明创造。

根据本院已查明的事实，对于诉争专利是否构成"主要是利用本单位的物质技术条件"的发明创造，本院认为：其一，根据诉争专利说明书记载的内容，发明人通过8年来对110例失眠症患者的临床用药观察，获取了药效数据。在诉争专利申请日前的8年内，杨某雷均在楚雄州中医院及其"加挂牌子"的彝族医药研究所工作，并且具有主任医师的身份。在没有相反证据的情况下，可以合理认定诉争专利说明书记载的临床实验数据均是在楚雄州中医院及彝族医药研究所获得的，系利用了单位的物质技术条件。其二，要完成诉争专利说明书记载的110例失眠症患者的临床观察，必然需要支出资金购买一定数量的原料药。彝族医药研究所举证证明了其在诉争专利申请前后采购过酸枣仁、柏子仁、红景天、佛手等诉争专利的中药成分，而杨某雷未举证证明其为诉争专利的研发支出过任何资金购买原料药。其三，生效刑事裁定认定，杨某雷以非法占有为目的，伙同他人将彝族医药研究所的部分专业制剂设备、动植物药等转移到自己操纵注册后实际控制的公司名下，其因非法转移本应属于彝族医药研究所的财产而具备了进行中医药研发的物质技术条件，导致彝族医药研究所对杨某雷控制相关财产期间内的研发内容难以举证。因此，杨某雷主要利用了彝族医药研究所的物质技术条件完成诉争专利这一事实具有高度可能性，即使不考虑杨某雷的本职工作与发明创造的关联性，也可因"主要是利用本单位的物质技术条件"而认定诉争专利是职务发明创造。

【评析】

专利法第六条规定，执行本单位的任务或者主要是利用本单位的物质技术条件所完成的发明创造为职务发明创造。职务发明创造申请专利的权利属于该单位。《专利法实施细则》第十二条规定，专利法第六条所称执行本单位的任务所完成的职务发明创造，是指：（1）在本职工作中作出的发明创造；（2）履行本单位交付的本职工作之外的任务所作出的发明创造；（3）退休、调离原单位后或者劳动、人事关系终止后一年内作出的，与其在原单位承担的本职工作或者原单位分配的任务有关的发明创造。专利法第六条所称本单位，包括临时工作单位；专利法第六条所称本单位的物质技术条件，是指本单位的资金、设备、零部件、原材料或者不对外公开的技术资料等。根据上述规定，发明创造的形成过程属于"执行本单位的任务"或"主要是利用本单位的物质技术条件"两种情形之一的，即应认定为职务发明创造。对于上述规定中的"本单位""本职工作""主要利用""物质技术条件"等要件的认定，都需要通过司法实践予以明晰。本案判决分别针对"执行本单位的任务"和"主要是利用本单位的物质技术条件"两种情形，就诉争专利是否属于职务发明创造作出了分析和认定，判决所秉持的主要原则是不能机械地要求主张权利的一方就单位指派的工作任务或实际利用的物质技术条件承担举证责任，而是要首先分析人员职责和技术领域的特点。

就"执行本单位的任务"而言，其包括"本职工作"和"履行本单位交付的本职工作之外的任务"两种具体的情形。在彝族医药研究所针对杨某雷起诉的其他部分案件中，一审法院依据彝族医药研究所提交的与诉争专利有关的载有杨某雷姓名的立项书、论文等证据，确认了诉争专利系杨某雷履行本单位交付的工作任务而完成的发明创造，从而认定为职务发明创造。但对于本案等部分案件，因彝族医药研究所未能提交类似的关于工作任务的证据，加之杨某雷在彝族医药研究所的职务为所长，一审法院认为其本职工作是统筹管理等行政工作，与诉争专利之间没有足够的相关性，故未认定为职务发明创造。事实上，由于单位负责人更容易调动单位资源作出工作安排，获取包括技术成果在内的利益，故在发明人为单位负责人，发明创造系该负责人在单位任职期间完成，且诉争专利属于单位研发范围的情况下，仅以单位负责人的职责主要是行政管理、没有被安排专门工作任务为由认定诉争专利为非职务发明创造，未免过于机械，也容易导致权属认定错误，使单位的财产得不到保护。因此，本案判决认为如果诉争专利的发明人并非普通在职人员，而是可以调动单位所有资源的，则诉争专利是否为该负责人"执行本单位的任务"所完成的职务发明创造，还应结合该负责人的日常工作内容、知识背景以及该单位的根本性质和主营业务等与诉争专利的关联性予以综合判断。本案中，彝族医药研究所的职责即为研究彝族医药，杨某雷作为彝族医药专家担任所长，其同时具有行政管理和研究人员的身份，其在彝族医药研究所工作期间完成的彝族医药领域的发明创造，与其本职工作具有高度关联性，应认定为杨某雷在本职工作中作出的发明创造。

本案判决还对判断是否"主要是利用本单位的物质技术条件"完成的发明创造时如何考虑技术领域的研发特点作出了论述。关于"本单位的物质技术条件"，一般认为"技术条件"比"物质条件"更为重要，这是因为单位的技术信息、实验条件乃至其他技术人员等因素，相较于资金等"物质条件"而言更会为发明创造的完成起到特有的作用。对于中药复方产品的"技术条件"，需要注意的是，与西医注重通过技术手段分析病因，通过科学实验体现药效的方法不同，中医主要通过人体的异常表现来确定病症，通过"辨证施治"来进行治疗。加之中药复方的作用机理本身就非常复杂，因而很难通过药理分析或实验室数据体现产品的技术效果。因此，在中药复方产品领域，获得临床数据通常是完成中药复方产品发明创造过程中的重要环节，在此过程中利用的物质技术条件通常在完成此类发明创造的过程中起到重要作用。当然，由于实践中情况复杂，还要充分考虑在案证据能否证明发明人主要是利用本单位的物质技术条件获取中药复方产品的临床数据，该临床数据是否为专利申请文件中证实产品技术效果的主要依据，以及有无相反证据证明完成发明创造主要依赖于其他物质技术条件等因素，从物质技术条件的角度认定中药复方产品的发明创造是否为职务发明创造。

（撰写人：崔宁，最高人民法院知识产权法庭法官）

25. 因职务发明专利获得的侵权损害赔偿能否构成发明人报酬的计算基础

——上诉人东莞怡信磁碟有限公司与被上诉人曾某福、原审第三人许某明、王某职务发明创造发明人、设计人奖励、报酬纠纷案

【裁判要旨】

单位基于职务发明专利权获得的侵权损害赔偿，系禁止他人未经许可实施专利而获得的收入，在扣除必要的维权开支后，可以视为《专利法实施细则》第七十八条规定的营业利润，发明人可以据此主张合理报酬。

【案号】

一审：广州知识产权法院（2017）粤73民初3581号

二审：最高人民法院（2019）最高法知民终230号

【案情】

曾某福于2006年6月入职东莞怡信磁碟有限公司（以下简称怡信公司），后于2008年10月离职，期间曾任工程部课长、项目副经理等职务。2007年5月23日，怡信公司申请了专利号为200720051806.9、名称为"便携可充式喷液瓶"的实用新型专利，并于2008年5月7日获得授

权，涉案专利权的期限于 2017 年 5 月 23 日届满，专利权人为怡信公司，曾某福为涉案专利证书记载的三位发明人之一。2011 年至 2016 年期间，怡信公司曾以涉案专利权被侵害为由提起多起侵权诉讼，怡信公司主张以涉案专利权利要求 1、2、4 确定其专利权保护范围，诉称涉案专利产品投入市场后，因产品具有实用性强等特点受到消费者青睐，给怡信公司带来了经济效益，各被告未经怡信公司许可实施涉案专利，侵害了怡信公司的合法权益，造成重大经济损失，其在侵权诉讼中获得判决支持的侵权赔偿数额合计 112.5 万元。

2017 年 10 月 11 日，曾某福向广州知识产权法院提起诉讼，请求判令怡信公司向其支付职务发明报酬 100 万元并承担本案诉讼费用。怡信公司辩称本案已过诉讼时效，怡信公司从未实施涉案专利，其以涉案专利为权利基础起诉他人侵权的诉讼时关于涉案专利已实施的陈述，仅是出于便于诉讼的目的，不构成本案的自认，曾某福仍应承担与其主张相应的举证责任。

【裁判】

广州知识产权法院经审理认为：（1）关于曾某福提起本案诉讼是否已超过诉讼时效期间的问题。曾某福主张的是职务发明创造发明人报酬，而职务发明创造的发明人报酬请求权是一种债权请求权，应受诉讼时效期间的限制，诉讼时效期间应当自曾某福知道或应当知道其有权主张报酬时开始计算。本案中，因双方当事人均未提交证据证明双方存在关于职务发明报酬给付的约定，或怡信公司的规章制度中有职务发明报酬的相关内容，涉案专利实施后，在专利权有效期限内，怡信公司均应向发明人给付报酬。现曾某福请求怡信公司支付一次性报酬，其诉讼时效期间应从涉案专利权有效期限届满时即 2017 年 5 月 23 日起算。因此，曾某福于 2017 年 10 月 11 日向一审法院提起诉讼，并未超过三年期诉讼时效，其诉讼权利依法受法律保护。（2）关于曾某福是否有权请求怡信公司支付职务发明报酬的问题。据国家知识产权局颁发的涉案专利的专利证书及授权文本记载，曾某福系涉案专利的发明人之一。因此，曾某福有权依据法律规定或双方的约定向怡信公司主张职务发明报酬。关于涉案专利是否已实施的问题，诚信原则作为民法最重要的基本原则，要求民事主体从事民事活动应当讲诚实、守信用，以善意的方式行使权利、履行义务，不诈不欺，言行一致，信守诺言。怡信公司在涉案专利有效期限内以涉案专利权被侵害为由对不同被告提起了多起诉讼，主张涉案专利已实际投入市场进行实施，且其产品实用性强，给其带来了经济效益；在上述大部分诉讼案件中，法院最终判令各被告赔偿怡信公司经济损失及合理开支。因此，怡信公司在起诉他人侵害涉案专利权的案件中主张涉案专利已实际实施并已产生经济效益，却在本案中主张涉案专利从未实施，此类前后言行不一、滥用诉讼权利的行为明显违反了诚信原则，不予支持。（3）关于本案职务发明报酬的数额如何确定的问题。本案中，双方当事人未约定关于职务发明报酬的方式和数额，怡信公司也未在其规章制度中规定职务发明报酬的方式和数额，且双方当事人均未举证证明怡信公司因涉案专利的实施而产生的具体营业利润。因此，一审法院在确定报酬数额时综合考量以下因素：涉案专利类型为实用新型专利；涉案专利有三位发明人，相关职务发明创造的报酬应分成三份；在怡信公司提起的涉案专利相关诉讼案件中，生效裁判文书判定的侵权损害赔偿数额；怡信公司在2011年至2016年期间基本每年都提起了涉案专利的侵权损害赔偿诉讼，可以在一定程度上证明涉案专利的实施年限；怡信公司拥有十余项与涉案专利技术相关的发明和实用新型专利，证明涉案专利对于怡信公司相关技术和产品的研发和改进具有比较重要的影响和价值。基于以上因素，一审法院酌定怡信公司就涉案专利一次性支付曾某福报酬200000元。曾某福所主张数额超出上述金额的部分，一审法院不予支持。

广州知识产权法院于2019年5月21日作出一审判决：（1）怡信公司于判决发生法律效力之日起十日内向曾某福支付职务发明创造发明人报酬200000元；（2）驳回曾某福的其他诉讼请求。

怡信公司不服一审判决，向最高人民法院提起上诉，请求撤销一审判决，改判驳回曾某福的全部诉讼请求。主要理由包括：（1）涉案专利技术生产的产品被发现存在漏液现象，因此怡信公司没有进行商业实施，而是在涉案专利申请后断改进技术，并于2010年才基本开发出具备实施可能的技术，维权案件也是集中于此时开始。（2）怡信公司以涉案专利维权是为了打击造假行为、制止侵权行为，而非通过维权获得收益，不应将侵权诉讼赔偿额作为衡量报酬的依据。（3）一审法院在酌定职务发明创造发明人报酬时考量的事实有误，未考虑怡信公司在判决胜诉后经过强制执行程序实际取得的数额和怡信公司的维权成本，仅因怡信公司以涉案专利提起侵权诉讼等来认定怡信公司存在实施行为，明显与事实不符。（4）曾某福不具备对涉案专利作出贡献的技术能力。（5）曾某福报酬请求权超过诉讼时效，即使支持曾某福获得报酬，其可获得报酬的期限也应为2015年1月1日至2017年5月23日。

最高人民法院二审认为：

第一，关于曾某福是否有权主张职务发明报酬。专利法（2008年修正）第十六条规定："被授予专利权的单位应当对职务发明创造的发明人或者设计人给予奖励；发明创造专利实施后，根据其推广应用的范围和取得的经济效益，对发明人或者设计人给予合理的报酬。"支付职务发明创造报酬的义务主体是被授予专利权的单位，支付的对象是职务发明创造的发明人、设计人。根据涉案专利著录登记记载的事项，怡信公司为被授予涉案专利权的单位，曾某福为涉案专利的三位发明人之一。根据涉案专利的完成时间、曾某福的入职时间、工作岗位、担任的职务以及其他发明人的陈述等事实，足以认定曾某福是涉案专利的职务发明人之一，因此其有权依据法律规定或双方约定向怡信公司主张职务发明报酬。

第二，关于怡信公司是否应当向曾某福给付职务发明报酬。根据专利法（2008年修正）第十一条的规定，专利权人不仅有权自己实施专利，而且有权禁止他人未经许可实施专利，并且，对于禁止他人未经许可实施专利，不以专利权人有实施专利的事实为维权之必要条件。根据审理查明的事实，怡信公司针对涉案专利权被侵害的事实进行维权时，向法院明确主张"由于涉案专利产品投入市场后，因产品具有实用性强等特点受到消费者青睐，给怡信公司带来了经济效益，被诉侵权人未经怡信公司许可实施了涉案专利"。怡信公司在侵权诉讼中作出的涉案专利已经实施且专利产品具有经济效益的上述陈述，属于怡信公司对于客观事实的陈述，根据诚实信用原则，应当推定怡信公司存在实施涉案专利技术方案的事实。

关于涉案专利侵权之诉获得的赔偿款是否应当认定为实施专利后获得的收益的问题。专利法（2008年修正）第十六条以及《专利法实施细则》第七十八条规定，发明创造专利实施后，被授予专利权的单位应当根据其推广应用的范围和取得的经济效益给予发明人或者设计人合理的报酬。对于被授予专利权的单位未与发明人、设计人约定，也未在其依法制定的规章制度中规定报酬的方式和数额的，在专利权有效期限内，实施发明创造专利后，每年应当从实施该项发明或者实用新型专利的营业利润中提取不低于2%的营业利润作为报酬给予发明人……根据上述法律规定，被授予专利权的单位应当向职务发明人或者设计人支付报酬，是因为被授予专利权的单位实施该专利并从实施中获得了经济效益，强调的是在专利被实施利用从而产生经济效益的情况下，获得该经济效益的单位应当给予发明人或者设计人合理的报酬。本案中，怡信公司作为被授予专利权的单位，基于涉案专利的维权行为获得的损害赔偿款系专利权人禁止他人未经许可实施专利而获得的收入，在扣除必要的维权成本及支出后，该经济效益应当视为《专利法实施细则》第七十八条规定中所指的营业利润。据此基础给予发明人合理的报酬，于法有据。因此，怡信公司就侵害涉案专利的行为提起侵权诉讼并由此获得的1125000元侵权损害赔偿款，在扣除必要的维权成本及支出后，应作为给付曾某福职务发明报酬的基础之一。

第三，关于曾某福提起本案诉讼是否超过诉讼时效。职务发明报酬请求权是一种债权请求权，其诉讼时效从被授予专利权的单位应当支付报酬，并且发明人知道或者应当知道有权得到报酬时开始计算。本案中，曾某福主张得到报酬的起算点应当是自其知道或应当知道怡信公司存在实施涉案专利并获得了经济效益时计算。经审查，曾某福于2017年10月11日提起本案诉讼，请求一次性支付职务发明报酬，虽然曾某福在向一审法院提交关于怡信公司实施涉案专利的报道刊载于2013年10月21日的《南方都市报》，但并无证据证明曾某福是于刊载日即知悉该报道内容，得知怡信公司获得了许可费用或者营业利润。因此，尚不能以该报道刊载的时间作为曾某福提起本案报酬请求权的起算点。怡信公司亦无证据证明曾某福于2013年即知悉涉案专利实施并获利，故其上诉认为曾某福请求获得报酬应当为2015年1月1日至2017年5月23日期间的主张，不予支持。

如前所述，本案中应当支付曾某福职务发明报酬的事实还在于，怡信公司就涉案专利权提起侵害专利权之诉获得的损害赔偿款，应当纳入职务发明报酬的计算基础。根据在案证据，怡信公司针对侵害涉案专利权行为提起的侵权之诉均系独立诉讼，并非连续行为，故曾某福请求支付职务发明报酬的诉讼时效应当从其第一次提出请求，怡信公司拒绝履行之日起算，其向一审法院提起支付一次性职务发明报酬的本案诉讼，并未超过诉讼时效，应受法律保护。

第四，关于一审判决确定的职务发明报酬数额是否适当。怡信公司与曾某福并未约定涉案专利职务发明报酬的方式和数额，怡信公司亦未在其规章制度中规定支付职务发明报酬的方式和数额。对于职务发明报酬的支付方式，《专利法实施细则》规定可以选择每年支付和一次性支付两种方式，且对一次性支付的履行期限规定为"在专利权有效期限内，实施专利后"，本案曾某福以一次性支付的方式请求报酬，于法有据。

怡信公司上诉主张一审法院确定的职务发明报酬数额存在错误，认为没有考虑到怡信公司的维权成本，其并未因维权而获益。对此，一审法院并未以怡信公司获得判决支持的侵权赔偿数额作为怡信公司实施涉案专利的营业利润，计算本案的职务发明报酬，因此，不存在未扣除维权成本或者相关费用计算报酬的问题。如前所述，怡信公司存在实施涉案专利的行为并已经取得经济效益，其亦认可在涉案专利技术上有持续的改进技术并实际生产了改进后的专利产品。关于涉案专利的实施情况和营业利润，怡信公司作为被授予涉案专利权的单位，应当自行掌握，但其在本案中否认实施涉案专利，也未提交相关证据。鉴于实施涉案专利取得的营业利润难以查明，而如前所述，怡信公司通过专利维权行为获得的损害赔偿款项亦属于其经济效益，应当视为《专利法实施细则》第七十八条规定中所指的营业利润，从而作为酌定职务发明报酬数额的因素之一。因此，综合考虑涉案专利类型为实用新型专利、涉案专利涉及三位发明人、涉案专利权有效期为 2007 年 5 月 23 日至 2017 年 5 月 23日、涉案专利对于怡信公司相关技术产品的研发和改进具有的影响和价值、怡信公司在维权诉讼中必然存在的费用支出、怡信公司获得判决支持的侵权损害赔偿款经过执行实际到账的情况等多项因素，一审法院酌定怡信公司应当支付曾某福职务发明报酬 200000 元，基本适当。

最高人民法院于 2020 年 7 月 21 日作出二审判决：驳回上诉，维持原判。

【评析】

本案涉及职务发明创造发明人报酬的法律适用问题。职务发明报酬制度是企业激励机制的重要组成部分，利益分配机制是职务发明制度的核心，涉及企业与企业科研人员的利益平衡。职务发明的合理的奖励报酬既能够激发调动企业内部科研人员发明创造积极性，又有利于企业创新能力的持续健康发展。本案二审判决结合案件事实，辨法析理，平衡了被授予专利权的单位与职务发明人两者之间的利益，涉及司法层面对职务发明报酬的"定性、定价、定量"，明确专利法第十六条规定的"实施""经济效益"以及《专利法实施细则》第七十八条规定的"营业利润"的理解和适用，裁判规则具有一定的典型性。

《专利法实施细则》第七十六条规定："被授予专利权的单位可以与

发明人、设计人约定或者在其依法制定的规章制度中规定专利法第十六条规定的奖励、报酬的方式和数额。"在确定给予职务发明人的奖励和报酬的方式和数额时，以双方的约定优先。如果被授予专利权的单位与发明人、设计人没有约定，也没有在依法制定的规章制度中规定，则奖励的方式和数额是按照《专利法实施细则》第七十七条规定，"应当自专利权公告之日起3个月内发给发明人或者设计人奖金。一项发明专利的奖金最低不少于3000元；一项实用新型专利或者外观设计专利的奖金最低不少于1000元"；报酬的方式和数额按照《专利法实施细则》第七十八条规定，"在专利权有效期限内，实施发明创造专利后，每年应当从实施该项发明或者实用新型专利的营业利润中提取不低于2%或者从实施该项外观设计专利的营业利润中提取不低于0.2%，作为报酬给予发明人或者设计人，或者参照上述比例，给予发明人或者设计人一次性报酬；被授予专利权的单位许可其他单位或者个人实施其专利的，应当从收取的使用费中提取不低于10%，作为报酬给予发明人或者设计人。"

本案是被授予专利权的单位与发明人对于职务发明人的报酬既没有约定，也没有在依法制定的规章制度中规定的情况下产生的纠纷。涉案专利是否实施以及侵权赔偿数额能否可以作为报酬的计算基础是本案的主要争议焦点。

怡信公司以涉案专利存在技术缺陷为由辩解涉案专利从未实施，未取得经济效益，不存在怡信公司给付职务发明报酬的基础。经审查，技术缺陷所涉技术特征仅为涉案专利的从属权利要求，怡信公司在提起针对涉案专利的侵权诉讼中，提交了购买到的被诉侵权产品，诉称使用了涉案专利的技术方案，法院亦判定被诉侵权技术方案落入涉案专利权的保护范围。可见涉案专利实际上可以实施并投入市场，存在技术结构缺陷无法实施的辩解难以成立。怡信公司针对涉案专利权被侵害的事实进行维权时，向法院明确主张"由于涉案专利产品投入市场后，因产品具有实用性强等特点受到消费者青睐，给怡信公司带来了经济效益，被诉侵权人未经怡信公司许可实施了涉案专利"。怡信公司在侵权诉讼中作出涉案专利已经实施且专利产品具有经济效益的上述陈述，属于怡信公司对于客观事实的陈述，根据诚实信用原则，应当推定怡信公司存在实施涉案专利技术方案的事实。

关于专利侵权之诉获得的赔偿款能否作为实施专利后获得的收益作为计算报酬基础，该问题涉及对于专利法（2008 年修正）第十六条规定和《专利法实施细则》第七十八条规定中"实施"的理解和认定。根据专利法第十六条的规定，发明创造专利的"实施"是支付职务发明报酬的前提，支付职务发明报酬的义务主体是被授予专利权的单位，支付的对象是职务发明创造的发明人、设计人。本案二审判决中从立法本意进行解释，认为被授予专利权的单位应当向职务发明人或者设计人支付报酬，是因为被授予专利权的单位实施该专利并从实施中获得了经济效益，强调的是在专利被实施利用从而产生经济效益的情况下，获得该经济效益的单位应当给予发明人或者设计人合理的报酬，即通过利益分享鼓励职务发明人的积极性。专利权人不仅有权自己实施专利，而且有权禁止他人未经许可实施专利，并且，对于禁止他人未经许可实施专利，不以专利权人有实施专利的事实为维权之必要条件。因此，被授予专利权的单位可以基于职务发明创造获得的经济效益，既可能来源于自己实施职务发明创造，也可能来源于他人经单位许可或转让后合法实施职务发明创造。对于他人未经单位许可实施职务发明创造的行为，单位通过维权后获得的损害赔偿实质上属于专利权人禁止他人未经许可实施专利而获得的收入，当然也属于职务发明创造的实施带来的经济效益，在扣除必要的维权成本及支出后，该经济效益应当视为《专利法实施细则》第七十八条规定中所指的营业利润，并据此基础计算给予发明人合理的报酬。基于涉案专利的维权行为获得的损害赔偿款系专利权人禁止他人未经许可实施专利而获得的收入，在扣除必要的维权成本及支出后，该经济效益应当视为《专利法实施细则》第七十八条规定中所指的营业利润。怡信公司提起的侵权诉讼赔偿额不能作为衡量报酬依据的上诉，未能得到二审法院的支持。

关于报酬的具体数额如何确定的问题。二审判决根据诚实信用原则，推定存在实施涉案专利技术方案的事实，因此，本案支付职务发明人报酬的基础包括单位自己实施专利获得的经济效益和单位禁止他人未经许可实施专利获得的经济效益两部分。对于前者，作为被授予专利权的单位可以通过财务资料、审计报告等举证证明实施职务发明创造所带来的营业利润，由于怡信公司否认实施涉案专利的事实，也未提交相关证据，在此情况下综合考虑专利类型、发明人的人数、专利有效期、专利对相关技术研发和改进具有的影响价值、维权获利及相应的成本等因素，酌定具体合理的报酬的具体数额。对于后者，如前所述，怡信公司通过专利维权行为获得的损害赔偿款项亦属于其经济效益，应当视为《专利法实施细则》第七十八条规定中所指的营业利润，从而作为酌定职务发明报酬数额的因素之一。因此，鉴于实施涉案专利取得的营业利润难以查明，综合考虑涉案专利类型为实用新型专利、涉案专利涉及三位发明人、涉案专利权的有效期、涉案专利对于怡信公司相关技术产品的研发和改进具有的影响和价值、怡信公司在维权诉讼中必然存在的费用支出、怡信公司获得判决支持的侵权损害赔偿款经过执行实际到账的情况等多项因素，二审判决维持了一审酌定怡信公司应当支付曾某福职务发明报酬20万元的判决。

需要强调一点，在此类纠纷在审理中，应确定原告属于争议专利权的发明人，且其主张未超过诉讼时效，然后在此基础上判断所涉专利是否实施及实施后的报酬计算。职务发明报酬请求权是一种债权请求权，其诉讼时效从被授予专利权的单位应当支付报酬，并且发明人、设计人知道或者应当知道有权得到报酬时开始计算。本案是否存在超过诉讼时效的争议，可以从两个层面审查，第一，因没有证据证明存在关于职务发明报酬给付的约定，或公司规章制度中有职务发明报酬的相关内容，曾某福请求怡信公司支付一次性报酬，其诉讼时效期间应从涉案专利权有效期限届满时即2017年5月23日起算。曾某福于2017年10月11日提起诉讼，并未超过三年期诉讼时效。第二，本怡信公司就涉案专利权提起侵害专利权之诉获得的损害赔偿款，应当纳入职务发明报酬的计算基础。怡信公司针对侵害涉案专利权行为提起的侵权之诉均系独立诉讼，并非连续行为，故曾某福请求支付职务发明报酬的诉讼时效应当从其第一次提出请求，怡信公司拒绝履行之日起算。其向原审法院提起支付一次性职务发明报酬的诉讼请求，并未超过诉讼时效，应受法律保护。

（撰写人：罗霞，最高人民法院知识产权法庭法官）

26. 公司董事、高管无偿受让公司专利权的后果

——上诉人李某与被上诉人滕州市绿原机械制造有限责任公司专利权权属纠纷案

【裁判要旨】

公司董事、高级管理人员将公司专利权无偿转让至其个人名下，且未能提交充分证据证明该转让行为符合公司章程的规定或者经股东会、股东大会同意的，构成对公司忠实义务的违反，有关专利权转让行为无效，专利权仍归公司所有。

【案号】

一审：山东省济南市中级人民法院（2020）鲁 01 民初 1341 号
二审：最高人民法院（2021）最高法知民终 194 号

【案情】

2007 年 7 月 5 日，滕州市绿原机械制造有限责任公司（以下简称绿原公司）向国家知识产权局提出申请号为 200710015109.2、名称为"高分子复合波纹膨胀节"的发明专利申请，于 2009 年 2 月 4 日获得专利授权并公告，发明人为李某等三人，专利权人为绿原公司。李某担任绿原公司执行董事兼经理期间，绿原公司（转让人）与李某（受让人）于

2018 年 8 月 29 日签署涉案专利权转让声明，声明内容为：绿原公司享有涉案专利权，现绿原公司自愿将该专利权转让给自然人李某；自转让之日起，李某享有该发明专利的一切权利。2018 年 10 月 19 日，李某委托的专利代理机构向国家知识产权局申报著录项目变更。2018 年 10 月 29 日，国家知识产权局作出手续合格通知书，将涉案专利的专利权人变更为李某。上述专利权转让为无偿。绿原公司认为，李某在担任绿原公司法定代表人期间，利用职务之便，在公司不知情的情况下，擅自将涉案专利权过户至其个人名下，侵犯了绿原公司的发明专利所有权，故诉至法院请求判令确认涉案专利权归绿原公司所有。

【裁判】

济南市中级人民法院经审理认为，公司的董事、高级管理人员对公司负有忠实义务，不得利用职权侵占公司的财产，被告李某在担任绿原公司执行董事兼经理期间，将原属公司的发明专利权无偿转让至自己名下的行为，侵占了绿原公司的重要资产，客观上将导致绿原公司无法正常经营，同时也侵害了另一股东李某某的合法利益。在李某某事后明确表示不同意的情况下，该转让行为违反了公司法的强制性规定，应属无效。一审法院判决：专利号为 200710015109.2、名称为"高分子复合波纹膨胀节"的发明专利权归原告滕州市绿原机械制造有限责任公司所有。

一审判决后，李某向最高人民法院提出上诉，认为：（1）山东省济南市天桥区人民法院于 2019 年 9 月 30 日作出（2019）鲁 0105 民初 1586 号民事调解书，该民事调解书的基础《调解协议》（以下简称另案调解协议）中，已记载"原被告双方在……全部案件的撤诉和解除冻结，今后再无其他纠葛，互不追究"，该调解协议系刘某、李某、绿原公司三方在当时状况下达成的调解协议，且刘某、李某、绿原公司都在协议上签名或盖章，同时刘某作为绿原公司的控制人签字。涉案专利的权属争议在李某与绿原公司、绿原公司实际控制人刘某三方达成的调解协议中已经解决；（2）涉案专利权转让时李某是绿原公司的合法代表人，提交给国家知识产权局的《全体权利人同意转让的声明》有绿原公司的印章和作为法定代表人的李某的签名，专利权转让是绿原公司的真实意思表示，李某某是否知情不能代表绿原公司；（3）涉案专利对绿原公司来说既不能自己使用，对外转让因不能提供技术支持和实施指导而没有任何价值，一审判决将涉案专利权的转让客观上将导致绿原公司无法正常经营作为涉案专利权转让无效的理由不能成立。因此，请求撤销该判决，改判驳回绿原公司的起诉。

二审法院最高人民法院另查明，另案调解协议约定："……四、刘某与李某双方在本协议签订之日起10个工作日内完成对对方的全部案件的撤诉和解除冻结，今后再无其他纠葛，互不追究。案件诉讼中涉及的股权、法人、财产内容全部终止。否则，李某作为原告未撤诉的，由李某承担违约责任；刘某、李某某、绿原公司作为原告未撤诉的，由刘某承担违约责任……八、非因本协议事项外，刘某、李某及绿原公司相互不得以任何形式和理由向对方主张任何权利，本协议各方权利义务履行完毕后再无其他纠葛，互不追究……"

最高人民法院经审理认为，李某虽然主张涉案专利权权属纠纷已经在另案调解协议中解决，但综合李某向法院提交的有关证据，并不能证明在另案调解协议中解决的纠纷中明确包括了涉案专利权权属纠纷，故对李某的有关上诉主张，不予支持。公司法（2013年修正）第一百四十七条规定，董事、监事、高级管理人员应当遵守法律、行政法规和公司章程，对公司负有忠实义务和勤勉义务。董事、监事、高级管理人员不得利用职权收受贿赂或者其他非法收入，不得侵占公司的财产。本案中，李某在其担任绿原公司执行董事兼经理期间，于2018年8月29日签署涉案专利权转让声明，将涉案专利权的一切权利无偿转让给李某自己，并在其后到国家知识产权局办理了相应变更手续。涉案专利转让时，李某虽作为公司法定代表人并持有公司72.73%的股权，但在转让之后并未支付相应转让款，公司丧失了其持有的重要资产而不能获得任何利益，该转让行为不属于公司正常的经营活动，且李某同时代表公司和个人签约，行为后果是将公司利益转移给个人，明显具有超越代表权的外观，实质系侵占公司利益的行为。涉案专利转让时公司由李某及李某某两名股东组成，虽然李某在一审庭审中陈述，其代表公司将涉案专利权转至自己名下时，曾口头通知另一股东李某某，但李某未提供相应证据加以证明，且李某某在一审中表示其对此转让并不知情，亦不同意。因此，虽然在涉案专利权转让时李某系占绿原公司三分之二以上股权的股东，但涉案专利权的转让系李某利用职务之便将绿原公司的专利权无偿转让到个人名下，且李某未提供充分证据证明其代表绿原公司转让涉案专利权时按照公司章程的规定履行了合法手续，也未提供充分证据证明该转让行为系为绿原公司利益所为，故，这一转让行为违反了李某对公司的忠诚义务，应属无效，涉案专利权转让声明及所办理的变更手续并不能产生转让专利权的法律效力，涉案专利权仍应归绿原公司所有。涉案专利权是否对绿原公司有价值不影响对涉案专利权权属的认定。判决：驳回上诉、维持原判。

【评析】

公司法（2013 年修正）第一百四十七条规定，董事、监事、高级管理人员应当遵守法律、行政法规和公司章程，对公司负有忠实义务和勤勉义务。董事、监事、高级管理人员不得利用职权收受贿赂或者其他非法收入，不得侵占公司的财产。根据该条规定，董事、监事、高级管理人员不得违反法律、行政法规和公司章程，应当对公司尽到忠实和勤勉义务，不得侵占公司的财产，董事、高级管理人员违反上述规定所得的收入应当归公司所有。忠实义务又称信义义务，指董事、监事、经理管理经营公司业务时，应毫无保留地为公司最大利益努力工作，当自身利益与公司整体利益发生冲突时，应以公司利益优先。[①] 勤勉义务，指董事、监事、高级管理人员须以一个合理的、谨慎的人在相似的情形和地

[①] 参见赵旭东主编：《公司法学》，高等教育出版社 2015 年版，第 312 页。

位下所表现的谨慎、勤勉和技能履行其职责，为实现公司最大利益努力工作，若其履行职责时未尽合理的谨慎，则应对公司承担赔偿责任。[①] 本案中，李某作为绿原公司的董事和高级管理人员，无偿将涉案专利权转至其个人名下，违反了对公司的忠诚义务，这一转让行为应属无效；如果将涉案专利权看作其违反上述规定所得的收入，则该专利权应当归公司所有。

（撰写人：董胜，最高人民法院知识产权法庭法官）

---

① 参见范健、王建文：《公司法》，法律出版社 2018 年版，第 365 页。

27. 改进他人非公开技术方案获得的发明创造的权属纠纷证明责任

——上诉人聊城市鲁西化工工程设计有限责任公司与被上诉人航天长征化学工程股份有限公司专利权权属纠纷案

【裁判要旨】

原告以涉案专利系被告将原告的非公开技术方案申请专利为由，主张涉案专利权归其所有的，应当举证证明涉案专利来源于其在先完成的非公开技术方案，并且被告在涉案专利申请日前能够获知该技术方案；被告主张其对原告的技术方案进行了改进并据此享有涉案专利权的，至少应当证明或者合理说明涉案专利相对于原告的技术方案存在区别，且该区别构成涉案专利的实质性特点和进步。

【案号】

一审：山东省济南市中级人民法院（2020）鲁01民初248号
二审：最高人民法院（2020）最高法知民终1293号

【案情】

2017年5月24日，聊城市鲁西化工工程设计有限责任公司（以下简称聊城鲁西化工公司）向国家知识产权局申请名称为"一种气化炉出口

气体喷淋装置"的实用新型专利，于 2018 年 2 月 6 日获得授权，专利号
为 201720586771.2。专利证书记载的专利权人为聊城鲁西化工公司。该
专利共有 9 项权利要求，分别为：（1）一种气化炉出口气体喷淋装置，
其特征在于：所述的气体喷淋装置结构为对称设置在气化炉合成气出口
管道的多个喷淋管口，喷淋管口朝气化炉方向与气化炉合成气出口管道
倾斜连接。（2）如权利要求 1 所述的气化炉出口气体喷淋装置，其特征
在于，所述喷淋管口与气化炉合成气出口管道倾斜角度为 30 度~45 度。
（3）如权利要求 1 所述的气化炉出口气体喷淋装置，其特征在于，所述
喷淋管口为三个，喷淋管口夹角为 120 度。（4）如权利要求 1 所述的气
化炉出口气体喷淋装置，其特征在于，所述喷淋管口为设置有中间收口
的圆柱型管道。（5）如权利要求 4 所述的气化炉出口气体喷淋装置，其
特征在于，所述喷淋管口中间收口、开口的角度为 90 度。（6）如权利要
求 4 所述的气化炉出口气体喷淋装置，其特征在于，所述的喷淋管口中
间收口直径为 8cm，收口前喷淋管口直径为 60cm，收口后喷淋管口直径
为 40cm。（7）如权利要求 1 所述的气化炉出口气体喷淋装置，其特征在
于，所述的喷淋管直径 57mm 的无缝钢管，壁厚 2mm。（8）如权利要求 7
所述的气化炉出口气体喷淋装置，其特征在于，所述的多个喷淋管口与
喷淋总管连通，喷淋总管处设置加压泵与分流器。（9）如权利要求 8 所
述的气化炉出口气体喷淋装置，其特征在于，所述的喷淋总管通过喷淋
管道与高压闪蒸罐的闪蒸冷凝液出口相连。

　　2009 年 6 月 7 日，聊城鲁西化工公司的母公司山东鲁西化工股份有
限公司（以下简称山东鲁西股份公司）（后更名为鲁西化工集团股份有限
公司）与航天长征公司签订合作框架协议及《工程设计合同》《保密协
议》《专利实施许可合同》《航天煤气化技术专利专有设备采购合同》
等，约定采用 HT-L 航天粉煤加压气化工艺技术生产合成氨和甲醇，项目
主要包括煤气化装置、空分装置、净化装置、压缩、合成装置及辅助公
用工程等设施。其中，《专利实施许可合同》中约定，山东鲁西股份公司
有权利用航天长征公司许可实施的专利技术和技术秘密针对该项目进行

后续改进，由此产生的具有实质性或创造性技术进步特征的新技术成果，归山东鲁西股份公司所有。

航天长征公司提供了"原料路线和动力结构年产 30 万吨尿素项目"涉及的工艺管道及仪表流程图 PID-1722（气化炉系统）、特殊管件规格书 17SPT-0004、工艺管道及仪表流程图 PID-1726（合成器洗涤系统）、工艺管道及仪表流程图 PID-1728（合成气洗涤系统）、工艺管道流程图 PID-1803（高压闪蒸系统）的设计蓝图。以上图纸内容与涉案专利内容比对，工艺管道及仪表流程图 PID-1722（气化炉系统）中"详图 E"、特殊管件规格书 17SPT-000 与涉案专利说明书附图相同。

航天长征公司向山东省济南市人民法院提起诉讼，请求确认涉案专利权属于航天长征公司。一审法院经审理，判决确认涉案专利权属于航天长征公司。

聊城鲁西化工公司不服一审判决，向最高人民法院提起上诉，请求撤销一审判决，依法改判驳回航天长征公司的诉讼请求。

【裁判】

山东省济南市中级人民法院认为：

本案系因专利抄袭引发的权属纠纷，判断是否构成专利抄袭，应当审理被诉侵权人是否有可能接触被抄袭的技术方案，以及被诉抄袭专利与原告在先技术对比是否具备实质性特点。在被诉侵权人接触被抄袭的技术方案的前提下，如果被诉抄袭专利与原告技术方案对比不具有实质性特点，则应当认定被诉侵权人未对被抄袭专利作出创造性贡献，构成了专利抄袭；反之，如果被诉抄袭专利与原告技术方案对比具备实质性特点，则应当认定被诉侵权人对于体现实质性特点的技术特征作出了创造性贡献，但二者相同的部分仍然构成对原告的抄袭，除非相同的部分属于现有技术。

就本案而言，航天长征公司与聊城鲁西化工公司的母公司山东鲁西股份公司之间就原料路线和动力结构调整年产 30 万吨尿素项目签订了

《合作框架协议》《航天煤气化技术专利专有设备采购合同》《专利实施许可合同》《保密协议》，且航天长征公司已经向山东鲁西股份公司交付了合同中涉及的图纸及设备，在本案庭审调查中，聊城鲁西化工公司认可涉案专利技术方案是借鉴了航天长征公司提交的涉案图纸。故应当认定聊城鲁西化工公司接触到了航天长征的技术方案。在聊城鲁西化工公司接触了航天长征公司技术方案的前提下，双方对于专利发生的权属争议，应当根据聊城鲁西化工公司是否抄袭了航天长征公司的技术方案来判断。

首先，航天长征公司向聊城鲁西化工公司的股东山东鲁西股份公司交付的"工艺管道及仪表流程图 PID-1722（气化炉系统）"中"详图 E"、特殊管件规格书 17SPT-0004 与涉案专利说明书附图完全一致，而航天长征公司该图纸交付聊城鲁西化工公司股东山东鲁西股份公司的时间为 2010 年 9 月，聊城鲁西化工公司申请涉案专利的时间为 2017 年 5 月 24 日，聊城鲁西化工公司在专利申请日前已接触了航天长征公司的技术方案。其次，航天长征公司与山东鲁西股份公司就"原料路线和动力结构调整年产 30 万吨尿素项目"签订的《合作框架协议》《航天煤气化技术专利专有设备采购合同》《专利实施许可合同》《保密协议》系双方真实意思表示，合法有效。在《保密协议》第 2 条约定："任何一方同意不把另一方披露的任何秘密信息用于项目和装置之外的任何目的。"因此，涉案专利"一种气化炉出口气体喷淋装置"，作为"原料路线和动力结构调整年产 30 万吨尿素项目"中的部分技术，聊城鲁西化工公司用于申请专利，明显违反其股东山东鲁西股份公司与航天长征公司签订的《保密协议》的约定。最后，聊城鲁西化工公司并未对涉案专利作出创造性劳动成果。航天长征公司提供的涉案技术的开发图纸与聊城鲁西化工公司申请专利的附图相同。涉案专利包含的 9 个权利要求，除权利要求 1 中"喷淋管口朝气化炉方向与气化炉合成气出口管道倾斜连接"和权利要求 2 "所述喷淋管口与气化炉合成气出口管道倾斜角度为 30 度~45 度"的技术特征外，其余权利要求中的技术特征均能从航天长征公司图纸中体现。航天长征公司的图纸中虽不能直接体现"喷淋管口朝气化炉方向与气化炉合成气出口管道 30 度~45 度倾斜连接"，但该图纸中并未排除倾斜连接的方式，且垂直连接和倾斜连接的方式并不具备实质性差别，一般技术人员通过一种连接方式很容易可以联想到另一种连接方式，因此，与航天长征公司技术方案相比，聊城鲁西化工公司的该权利要求并不具备创新性特征。涉案专利技术方案与航天长征公司的技术方案完全一致，并未做出创造性劳动。聊城鲁西化工公司主张涉案专利根据《专利实施许可合同》第十四条第一款应归其所有，对此不予支持。涉案专利系聊城鲁西化工公司在接触航天长征公司在先技术方案的前提下取得，且涉案专利与航天长征公司的在先技术相比不具备实质性特点，故涉案专利应认定为航天长征公司所有。

聊城鲁西化工公司向原审法院提供旋风分离器设计图及采购制作合同用以证明涉案专利是其自行设计开发，但其提供的设计图载明的设计日期为 2014 年 8 月，采购合同为 2014 年 9 月 29 日签订，均晚于航天长征公司的技术研发日期，且是在其接触到航天长征公司的技术方案之后完成，故对聊城鲁西化工公司的该辩称不予支持。

最高人民法院二审认为：

本案中，航天长征公司主张聊城鲁西化工公司将航天长征公司非公开的技术方案申请涉案专利，对于该种类型的专利权权属纠纷，一般首先应由原告举证证明涉案专利技术方案来源于其在先完成的技术方案，并且被告在涉案专利申请日前能够获知该技术方案；如果被告主张涉案专利技术方案系对现有技术而非对原告技术方案的改进，应当举证证明；在已确认涉案专利技术方案来源于原告的情况下，被告应说明涉案专利技术方案与原告技术方案的区别，并在此基础上就其对发明创造的实质性特点作出创造性贡献进行证明或合理的说明；若双方主张对方各自完成的部分属于公知常识、现有技术或现有技术已给出明确的技术启示，应对此进行举证。人民法院根据双方当事人针对上述内容提交的证据确定专利权归属。

本案中，航天长征公司向法院提交了其曾向聊城鲁西化工公司的股东鲁西化工集团提供的图纸，用以证明涉案专利技术方案来源于其在先完成的技术方案，并且聊城鲁西化工公司在涉案专利申请日前能够获知该技术方案。聊城鲁西化工公司认可其确系在该图纸的技术方案的基础上得到涉案专利的技术方案，但主张其作出了具有实质性特点的改进。将航天长征公司的技术方案与涉案专利权利要求1、2的技术方案进行比较，聊城鲁西化工公司主张在航天长征公司的技术方案中，喷淋管口与气化炉合成气出口管道呈垂直连接。对此，本院认为，本领域技术人员根据化工工艺流程图的标准图例可知，航天长征公司的图纸上并没有标示喷淋管口与气化炉合成气出口管道之间方向和角度关系的符号，聊城鲁西化工公司主张标示垂直连接的符号实际标示的是管道的流向。涉案专利说明书附图与航天长征公司的图纸亦完全一致。因此，原审法院认定航天长征公司的技术方案并未排除喷淋管口与合成气出口管道倾斜连接并无不当。涉案专利权利要求1系在航天长征公司技术方案的基础上明确选择了喷淋管口与气化炉合成气出口管道之间呈倾斜连接的方式，涉案专利权利要求2则给出了其认为最优的倾斜角度的选择。

与专利授权确权程序中对发明创造是否具有实质性特点的判断不同，在以非公开的技术方案作为主张权利基础的专利权属纠纷中，关于"对发明创造的实质性特点作出创造性贡献"的判断，建立在作为专利来源的非公开的技术方案基础之上。在这种情况下，对他人非公开技术方案作出改动并申请专利的一方要单独或共同拥有专利权，至少应当通过体现研发过程、技术效果等内容的证据或理由，证明或合理说明其在他人非公开技术方案基础上，进一步作出了实质性的技术贡献。涉案专利权利要求1、2仅仅是在航天长征公司的技术方案的基础上具体选择了喷淋管口与气化炉合成气出口管道之间倾斜连接的方式，并具体限定了倾斜的角度。虽然说明书也记载了其可以获得有益的技术效果，但设置喷淋装置本身即是为了去除合成气中的煤灰，喷淋管口与气化炉合成气出口管道之间连接的角度不同必然导致喷淋位置不同。在聊城鲁西化工公司既无实际研发记录，亦无验证技术效果的证据的情况下，难以说明其通过该点改动对发明创造的实质性特点作出了创造性贡献，故聊城鲁西化工公司不应因此改动而对该技术方案拥有专利权。原审判决认定涉案专利权应归航天长征公司所有，具有事实和法律依据，本院对此予以维持。

聊城鲁西化工公司还以其股东鲁西化工集团与航天长征公司签订的专利实施许可合同约定了技术成果的归属为由，主张涉案专利权应归其所有，但根据该合同约定，只有"针对该项目进行后续改进，由此产生的具有实质性或创造性技术进步特征的新技术成果"才能归鲁西化工集团一方所有。基于本院的上述分析，聊城鲁西化工公司以合同为依据的抗辩主张不能成立。

【评析】

专利权属纠纷通常分为三种情形：（1）因职务发明创造引发的专利权属纠纷；（2）因委托开发或合作开发引发的专利权属纠纷；（3）因将他人非公开技术方案或其改进方案申请专利而引发的专利权属纠纷。本案属于上述第三种情形。对于该种情形，法律、行政法规未明确规定确定权属的规则。其基本的审查逻辑是判断争议双方哪方对发明创造的实质性特点作出了创造性贡献，在不存在职务发明创造纠纷的情况下，可直接认定对发明创造的实质性特点作出创造性贡献的一方单位为专利申请人或专利权人。其审查关键是合理确定举证责任的分配和转移规则，根据举证情况确定权利的真正归属。

具体而言，该类案件的原告一般并非专利文件上记载的申请人或权利人，其以自己系真正的权利人为由提起诉讼，根据"谁主张、谁举证"的民事诉讼中基本的举证责任分配原则，一般首先应由原告初步证明涉案专利技术方案来源于其在先完成的技术方案，并且被告在涉案专利申请日前能够获知该技术方案，否则其诉讼请求因缺少基础证据而应被驳回。被告主要可能从两个方面提出抗辩：一是涉案专利技术方案是在现有技术上作出的改进，即现有技术方案比原告的技术方案更接近于涉案专利技术方案；二是涉案专利技术方案与原告的技术方案存在区别，并且该区别构成实质性特点。被告应对其提出的抗辩负举证责任。需要注意的是有关"实质性特点"的举证责任。发明创造具有实质性特点意味着其与最接近的现有技术之间的区别特征并非公知常识、未被其他现有技术公开且现有技术中不存在技术启示，这意味着发明创造具有实质性特点属于消极事实，所以在专利授权确权程序中，要由专利审查机关或无效宣告请求人对此进行举证证明发明创造不具有实质性特点。但是，在以非公开的技术方案作为主张权利基础的专利权属纠纷中，专利技术方案的基础是他人非公开的技术方案，如果让提供技术方案的一方对专利申请人或专利权人的改进不具有实质性特点承担举证责任，可能导致技术来源方的权利得不到有效保护，而对他人非公开技术方案作出改动并申请专利的一方更容易获得专利权的保护，使得权利保护与实际作出的技术贡献出现失衡。因此，此处的举证责任应当落脚到对"对发明创造的实质性特点作出创造性贡献"的判断，要求申请专利的一方至少应当通过体现研发过程、技术效果等内容的证据或理由，证明或合理说明其在他人非公开技术方案基础上，进一步作出了实质性的技术贡献。在此基础上，再由原告对两技术方案的区别属于公知常识或现有技术给出明确启示。如果经过上述举证，可以确定双方各自完成的部分均具有实质性特点，双方均作出了创造性贡献，则专利权应当共有。

（撰写人：崔宁，最高人民法院知识产权法庭法官）

28. 擅自转移、处分人民法院保全证据的法律后果

——上诉人无锡瑞之顺机械设备制造有限公司与被上诉人周某侵害发明专利权纠纷案

【裁判要旨】

侵害专利权纠纷案件中，被诉侵权人擅自转移、处分人民法院已经依法采取证据保全措施的被诉侵权产品，致使有关侵权事实无法查明的，构成对诚信诉讼原则的违反，可以推定被诉侵权产品落入涉案专利权保护范围，并可以对被诉侵权人采取罚款等强制措施。

【案号】

一审：江苏省苏州市中级人民法院（2019）苏 05 知初 1122 号

二审：最高人民法院（2021）最高法知民终 334 号

【案情】

周某是专利号为 201110375874.1、名称为"排水板成型机"的发明专利的专利权人。涉案专利权的申请日为 2011 年 11 月 23 日，授权公告日为 2013 年 12 月 11 日，至今仍在保护期内。涉案专利权共有 10 项权利要求。因发现无锡瑞之顺机械设备制造有限公司（以下简称瑞之顺公司）针对涉案专利权存在涉嫌侵权行为，周某向苏州市中级人民法院提出诉

前证据保全申请。一审法院作出（2019）苏 05 证保 61 号民事裁定书，并于 2019 年 10 月 25 日至瑞之顺公司当时的经营地点（无锡市新吴区振发五路 16 号）对一台被诉侵权产品采取了保全措施。一审法院的工作人员在保全现场对被诉侵权产品进行拍照，并明确告知瑞之顺公司不得破坏或者转移保全证据，瑞之顺公司法定代表人作为在场人在保全笔录上签字确认。

2019 年 11 月 6 日，周某向一审法院提起专利侵权之诉，请求判令瑞之顺公司立即停止侵犯涉案专利权的行为，即停止制造、销售、许诺销售侵权产品，销毁库存侵权产品；赔偿周某经济损失及合理维权费用共计 100 万元。周某在本案中明确请求以涉案专利权利要求 1 作为保护范围。鉴于被诉侵权产品系大型机械，一审法院决定组织双方当事人前往前述保全地点对保全证据进行现场勘验和技术特征比对，但瑞之顺公司法定代表人述称其原经营地点因拆迁导致保全的被诉侵权产品已被其员工转移，并承认因拆迁而转移保全证物一事确未事先通知法院。一审法院一再追问被诉侵权产品的实际去向，但瑞之顺公司仍拒不告知。后经查实，被诉侵权产品已被瑞之顺公司转售给案外人。一审法院认为，瑞之顺公司实施的上述擅自转移、处分被保全证据的行为，已经构成妨害民事诉讼，决定依法对其罚款 20 万元。瑞之顺公司在收到一审法院的罚款决定后如数缴纳了罚款。

除前述一审法院采取的诉前证据保全外，周某还就瑞之顺公司的其他涉嫌侵权行为进行了多次公证证据保全，包括：于 2019 年 5 月 22 日向浙江省杭州市湘湖公证处申请保全证据公证，于当日使用公证处电脑进入瑞之顺公司网站，该网站的"产品中心"页面显示有相关的排水板设备；于 2020 年 1 月 7 日向江苏省无锡市江南公证处申请保全证据公证，并于当日在"抖音"软件搜索栏中输入"我在无锡等你"，点击第一个搜索结果"我在无锡等你 黄悦明"，进入该抖音页面选择视频进行播放，视频显示有发往河北、新疆等地的多条排水板生产线。瑞之顺公司在一审审理中确认黄悦明系公司股东及监事，公证书所载的上述抖音账号为黄悦明所有。

【裁判】

苏州市中级人民法院经审理后认为，本案诉前保全证据系进行侵权判断的关键证据，瑞之顺公司的行为导致诉前保全证据灭失，直接影响侵权比对判断的有效开展，应依法认定诉前保全证据即被诉侵权产品落入涉案专利权利要求 1 的保护范围，构成专利侵权。

2020 年 11 月 25 日，一审法院作出（2019）苏 05 知初 1122 号民事判决：瑞之顺公司停止侵权、销毁库存侵权产品并赔偿周某经济损失及维权合理费用共计 100 万元。

瑞之顺公司不服一审判决，向最高人民法院提出上诉，请求撤销一审判决，依法改判或发回重审。瑞之顺公司的主要上诉理由为：（1）通过一审法院拍照所形成的保全证据，可以明显看出被诉侵权产品缺少冲压粒子、冲压粒子固定螺杆、真空泵、连通管路等结构，故被诉侵权产品不具有涉案专利权利要求 1 所限定的技术特征，不落入涉案专利权利要求 1 的保护范围；（2）瑞之顺公司因转移诉前保全证据导致证据灭失，已经承担被司法惩戒的不利后果，一审法院认定被诉侵权技术方案落入涉案专利权利要求 1 的保护范围，不恰当地扩大了该不利后果的范围。

最高人民法院经审理认为，涉案专利权利要求 1 限定了诸多技术特征，且部分技术特征涉及产品内部结构及位置连接关系，如果无法接触、观察被诉侵权产品实物，不易查明被诉侵权产品实施的技术方案是否全面覆盖涉案专利权利要求 1 所限定的全部技术特征。瑞之顺公司不仅实施了擅自转移、处分被诉侵权产品的行为，而且在一审法院组织现场勘验时仍拒不告知被诉侵权产品的准确去向，导致一审法院无法组织双方当事人围绕被诉侵权产品实物展开技术特征比对。瑞之顺公司实施的上述妨害民事诉讼行为，严重背离诚信原则，且人为加大法院查明技术事实的难度，应当为此承担相应的不利法律后果。一审法院基于瑞之顺公司的妨害民事诉讼行为，推定专利权人的主张成立，即被诉侵权产品的技术方案全面覆盖涉案专利权利要求1的全部技术特征，落入涉案专利权的保护范围，并无不当。对于瑞之顺公司关于原审法院不当扩大其承担的不利后果范围的上诉主张，最高人民法院认为，瑞之顺公司擅自实施转移、处分证据保全证物的行为已构成妨害民事诉讼，一审法院对其采取罚款的强制措施，体现的是公法上对于瑞之顺公司妨害民事诉讼、破坏诉讼秩序的行为的否定性评价。一审法院在侵权判定中基于瑞之顺公司实施的妨害诉讼行为，推定"被诉侵权产品的技术方案落入涉案专利权的保护范围"，是充分考虑到专利权人为维护自身合法权利，已经向人民法院提交了证明被诉侵权人涉嫌侵权的初步证据，并通过向法院申请证据保全及时固定了被诉侵权产品，之后出现被诉侵权人在未告知法院的情况下擅自将已保全证物擅自转移、处分的情况，由此导致后续无法查明被诉侵权技术方案是否落入涉案专利权保护范围的风险，自然不应当由对此善意无过错的专利权人来承担，以免造成实体不公正的结果。因此，瑞之顺公司关于原审法院不当扩大其承担的不利后果范围的上诉主张不能成立。综上，一审法院基于瑞之顺公司对证据保全的被诉侵权产品所实施的妨害民事诉讼行为，推定被诉侵权产品的技术方案全面覆盖涉案专利权利要求1的全部技术特征，落入涉案专利权的保护范围，具有充分的事实和法律依据。

2021年6月23日，最高人民法院作出（2021）最高法知民终334号民事判决：驳回上诉，维持原判。

【评析】

2018年2月28日，中共中央办公厅、国务院办公厅印发《关于加强知识产权审判领域改革创新若干问题的意见》，要求探索建立证据披露、证据妨碍排除等规则，着力破解知识产权权利人"举证难"问题。自2020年11月18日起施行的《最高人民法院关于知识产权民事诉讼证据的若干规定》（以下简称知识产权证据规定），在民事诉讼证据规则的基础上，进一步构建知识产权领域的证据妨碍排除规则。本案因被诉侵权人擅自转移、处分被法院采取保全措施的证据，导致人民法院无法查明被诉侵权产品相关技术事实，一审、二审法院基于知识产权证据规定所确立的证据妨碍排除规则，根据权利人的主张，依法作出不利于被诉侵权人的侵权认定，有力地保护了专利权人的合法权益，打击了被诉侵权人实施的妨碍民事诉讼行为。本案的审理思路对于在专利侵权判定中证据妨碍排除规则的适用具有参考借鉴价值，对于破解知识产权民事诉讼"举证难"问题，以及构建知识产权领域诉讼诚信体系，具有积极的类案示范意义。围绕本案所涉及的法律问题，进一步作如下评析。

一、证据妨碍排除规则在专利侵权判定中适用的依据

（一）法理层面的证据妨碍排除规则

所谓证据妨碍又称证明妨碍，是指不负举证责任的当事人故意或过失地以作为或不作为的方式使负有举证责任的当事人不可能提出证据或使待证事实无证据可资证明，形成待证事实存否不明的状态。因而在事实认定上，就负有举证责任的当事人的事实主张，作出对该人有利的调整。[1] 作为证据法上的一项规则，证据妨碍排除规则最早可追溯至英国法院审理的阿莫里诉戴里摩尔案，体现了"破坏证据者应承担不利推定"[2] 的理念。该规则的法理依据为以下两项原则。

第一，公平原则。证据妨碍排除规则蕴含着对于公平正义的价值追求。在民事诉讼法上，"谁主张，谁举证"是就行为意义的证明责任所确立的基本规则，即当事人对其主张的事实负有提供证据加以证明的责任，在没有证据或所提供的证据不足以证明所主张事实的存在具有高度可能

---

[1] 参见骆永家：《证明妨碍》，载我国台湾地区《月旦法学杂志》2001年第69期。实务中，与"证据妨碍排除"类似的表述有"举证妨碍""证明妨碍""证据妨碍"等，内涵基本相同，本文采用"证据妨碍排除"的表述，主要参照中共中央办公厅、国务院办公厅《关于加强知识产权审判领域改革创新若干问题的意见》的相关表述。

[2] 拉丁法谚"omnia presumuntur contra spoliatorem"，英译"All things presumed against the spoliator."

性的情况下，负举证责任的当事人须承担不利的法律后果。然而，如果造成所主张的待证事实无法查明并非负有举证责任的一方当事人怠于举证或举证不足所致，而是因为对方当事人实施了证据妨碍行为（如隐匿、毁损证据行为），于此情况下，仍然机械地适用"谁主张，谁举证"的证明责任规则而判令由负有举证责任的一方来承担举证不能的不利后果，无异于将因对方当事人实施的证据妨碍行为所导致的待证事实无法查明的风险转嫁给善意无过错的一方当事人来承担，此显然有失公允，并非诉讼法的立法本意。因此，为了实现实质正义，应当以证据妨碍排除规则为杠杆开发"避免通过证明责任作出裁判"的法律技术①，即在事实认定上做出有利于负有举证责任一方当事人的调整，进而保障双方当事人在诉讼活动中的利益平衡。

第二，诚信原则。诚信原则是指民事主体在民事活动中应当秉持诚实、恪守信用，善意行使权利和履行义务。该权利义务不仅包含实体上的权利义务，也应包括程序上的诉讼权利义务，因此作为私法领域的"帝王条款"，诚信原则逐渐超越私法领域扩展至公法领域，适用于民事诉讼活动中。② 诚信原则要求民事诉讼中的当事人应当如实陈述事实、提交证据，不得滥用诉讼权利。当事人非诚信诉讼的行为不仅损害另一方当事人的民事权利，也破坏了民事诉讼秩序，损害了法院的司法公信力，对于违背诚信原则的行为，应当予以不利的法律判断与评价。近年来，民事诉讼活动中当事人不诚信诉讼的行为愈演愈烈，在知识产权诉讼中表现尤为突出。针对知识产权诉讼活动中突出存在的"不诚信诉讼"现象，知产证据规定第一条明确规定："知识产权民事诉讼当事人应当遵循诚信原则，依照法律及司法解释的规定，积极、全面、正确、诚实地提供证据。"在专利侵权纠纷中，行为人的证据妨碍行为不仅导致权利人"举证难"，而且加大了法院查明技术事实的难度，破坏了民事诉讼秩序，

---

① ［日］高桥宏志：《民事诉讼制度与理论的深层分析》，林剑锋译，法律出版社2003年版，第466页。

② 民事诉讼法第十三条第一款规定："民事诉讼应当遵循诚信原则。"

故有必要对实施证据妨碍的行为人作出私法意义上的不利事实推定，并应在公法意义上予以必要的惩戒。

（二）规范层面的证据妨碍排除规则

《最高人民法院关于民事诉讼证据的若干规定》第九十五条对证据妨碍排除规则作了一般性规定，即一方当事人控制证据无正当理由拒不提交，对待证事实负有举证责任的当事人主张该证据的内容不利于控制人的，人民法院可以认定该主张成立。然而，在具体案件审理中，因无其他更细化的规定，亦无针对知识产权侵权诉讼中适用该规则的专门性规定，知识产权侵权诉讼中适用证据妨碍规则在操作层面具有一定难度。[①]

对此，于 2020 年 11 月 18 日施行的知识产权证据规定在民事诉讼证据规则的基础上，进一步有针对性地构建了知识产权诉讼领域中的证据妨碍排除规则，对应该司法解释第二十五条的规定。根据知识产权证据规定第二十五条规定，对于经人民法院依法要求提交有关证据的当事人，如果其无正当理由拒不提交、提交虚假证据、毁灭证据或者实施其他致使证据不能使用行为的，人民法院可以推定对方当事人就该证据所涉证明事项的主张成立，其行为构成民事诉讼法第一百一十一条规定情形的，人民法院可以依法予以制裁，对其采取妨害民事诉讼的强制措施。

针对司法实践中当事人拒不配合和妨害证据保全的现象时有发生，为增强法律权威，督促当事人履行诉讼义务，保障证据保全的顺利实施，知识产权证据规定第十三条、第十四条对于证据保全中的证据妨碍行为作了进一步的规制，明确了当事人无正当理由拒不配合或者妨害证据保全，致使无法保全证据的，或者破坏已经采取保全措施的证据，致该证据不能使用的，人民法院可以确定由其承担不利后果。通过对当事人不法行为法律后果的明确，促使其积极履行举证义务，保障诉讼程序的顺

[①] 参见邓昭君、余洪春：《论证明妨碍规则在知识产权侵权诉讼中的适用》，载《公正司法与行政法实施问题研究（上册）》，人民法院出版社 2013 年版，第 116 页。

利进行。① 此外，《最高人民法院关于依法加大知识产权侵权行为惩治力度的意见》规定："对于已经被采取保全措施的被诉侵权产品或者其他证据，被诉侵权人擅自毁损、转移等，致使侵权事实无法查明的，人民法院可以推定权利人就该证据所涉证明事项的主张成立。属于法律规定的妨害诉讼情形的，依法采取强制措施。"上述司法解释及司法政策细化了在专利侵权案件中适用证据妨碍排除规则的内容。

二、证据妨碍排除规则在专利侵权判定中的具体适用

（一）专利侵权判定的基本原则

专利侵权判定的基本原则是全面覆盖原则。所谓全面覆盖原则，是指判断一项技术方案是否落入专利权的保护范围，应当审查权利人主张的权利要求所记载的全部技术特征，并以权利要求中记载的全部技术特征与被诉侵权技术方案所对应的全部技术特征逐一进行比较；被诉侵权技术方案包含与权利要求记载的全部技术特征相同或等同的技术特征的，应当认定其落入专利权的保护范围，如果被诉侵权技术方案缺少了一项涉案专利技术特征，即不落入涉案专利权保护范围。

本案中，对于被诉侵权产品的技术方案是否包含与权利要求记载的全部技术特征相同或等同的技术特征，瑞之顺公司认为，因被保全的证据未显示被诉侵权产品具有冲压粒子、冲压粒子固定螺杆、真空泵、连通管路等结构，故被诉侵权产品不具有涉案专利权利要求1所限定的相应技术特征，不落入涉案专利权利要求1的保护范围。因此，本案专利侵权判定的关键在于：对"被诉侵权产品是否具有冲压粒子、冲压粒子固定螺杆、真空泵、连通管路等部件"这一待证事实作出认定。

---

① 参见林广海、李剑、吴蓉：《〈最高人民法院关于知识产权民事诉讼证据的若干规定〉的理解与适用》，载《法律适用》2021年第4期。

（二）证据妨碍排除规则在本案专利侵权判定中的具体适用

1. 瑞之顺公司擅自转移、处分人民法院采取保全措施的证据导致证据灭失，构成证据妨碍

从构成要件看，证据妨碍需满足以下几个要件：第一，从行为主体上看，行为人对于证明事项不负有举证义务。第二，从客观行为上看，行为人以作为或不作为的方式使得负有举证责任的当事人不能提出证据或使待证事实无证据可资证明。需要注意的是，第二个要件需满足行为人的妨碍行为导致负有举证义务的当事人无法提出证据或使得待证事实无以查明，倘若对方当事人可以通过其他途径进行举证证明，则不构成所谓妨碍行为。第三，从行为人的主观状态看，行为人对于妨碍行为具有过错。第四，从结果上看，行为人的妨碍行为导致待证事项处于存否不明的状态，虽然，被诉侵权人存在妨碍行为，但是人民法院根据在案证据可以对前述待证事实进行认定，则不存在适用证据妨碍的前提。

本案中，瑞之顺公司擅自转移、处分保全证据构成证据妨碍，理由如下：首先，从行为主体上看，被诉侵权产品的技术方案的举证义务在于主张被诉侵权产品构成侵权的权利人周某，行为人瑞之顺公司对于该证明事项并不负有举证义务。其次，从客观行为上看，瑞之顺公司未事先通知一审法院的情况下实施了擅自转移、处分被保全证据的行为，且在一审法院组织双方当事人进行现场勘验时仍拒不告知被保全的被诉侵权产品的准确去向，导致一审法院的勘验目的落空，无法组织双方当事人围绕被诉侵权产品实物展开技术特征比对，存在妨碍行为。再次，一审法院在对被诉侵权产品采取保全措施时已明确告知了瑞之顺公司不得破坏或者转移被保全的证据，该公司法定代表人作为在场人在保全笔录上签字确认，瑞之顺公司在之后的诉讼中擅自转移、处分被诉侵权产品，且拒不告知被诉侵权产品的去向，主观上具有过错。最后，瑞之顺公司虽主张被诉侵权产品不具有冲压粒子、冲压粒子固定螺杆、真空泵、连通管路等技术特征，然而，正是其擅自转移、处分被诉侵权产品的行为

导致原审法院无法组织双方当事人进行侵权比对，且无法查明被诉侵权产品是否具有上述区别技术特征，最终导致权利人主张的侵权事实客观上处于存否不明的状态。综上所述，瑞之顺擅自转移、处分被诉侵权产品的行为构成证据妨碍。

2. 瑞之顺公司对于所实施的证据妨碍行为而应承担的法律后果

知识产权证据规定第十四条规定："对于人民法院已经采取保全措施的证据，当事人擅自拆装证据实物、篡改证据材料或者实施其他破坏证据的行为，致使证据不能使用的，人民法院可以确定由其承担不利后果。构成民事诉讼法第一百一十一条规定情形的，人民法院依法处理。"《最高人民法院关于依法加大知识产权侵权行为惩治力度的意见》对该"不利后果"进一步明确为推定权利人就该证据所涉证明事项的主张成立；此外，属于法律规定的妨害诉讼情形的，依法对行为人采取强制措施。对于瑞之顺公司对于所实施的证据妨碍行为而应承担法律后果的理解，应当注意以下几点：

第一，该"不利后果"并非当然推定被诉侵权产品落入涉案专利权保护范围。根据专利侵权判定的全面覆盖原则，在进行专利侵权比对时，应当审查权利人主张的权利要求所记载的全部技术特征，并以权利要求中记载的全部技术特征与被诉侵权技术方案所对应的全部技术特征逐一进行比较。被诉侵权人实施证据妨碍行为，可能导致被诉侵权产品的技术特征完全无法查明，也可能仅是部分技术特征无法查明。在证据妨碍行为导致被诉侵权产品的技术特征完全无法查明，且权利人已尽力举证的情况下，人民法院可以推定被诉侵权产品的技术方案落入涉案专利权保护范围；如果证据妨碍行为仅是导致被诉侵权产品部分技术特征无法呈现，则不宜一概认为无法进行侵权比对而径行认定构成侵权，仍应结合在案证据做进一步的技术特征比对，并进行综合判断。①

第二，该"不利后果"系推定权利人就该证据所涉证明事项的主张

---

① 参见上海市高级人民法院（2018）沪民终 438 号民事判决书。

成立，具体是指在"证据妨碍行为所导致权利人不能证明的相关技术特征部分"事实范围内，推定权利人的主张成立，即推定被诉侵权产品因证据妨碍行为而无法证明的技术特征落入涉案专利权的保护范围。[①] 本案中，瑞之顺公司在诉讼中主张被诉侵权产品不具有涉案专利权利要求1所限定的相应技术特征的依据，是证据保全形成的照片未显示被诉侵权产品具有冲压粒子、冲压粒子固定螺杆、真空泵、连通管路等结构。然而，上述技术特征目前无法查明正是由于瑞之顺公司擅自转移、处分被诉侵权产品所导致。根据前述证据妨碍排除规则，应当对于"被诉侵权产品是否具有冲压粒子、冲压粒子固定螺杆、真空泵、连通管路等部件"这一待证事实，作出有利于权利人的事实推定，即推定被诉侵权产品具备上述技术特征，落入涉案专利权权利要求1的保护范围。

第三，行为人对于证据妨碍行为而承担不利的事实推定和接受民事制裁，两者并行不悖。证据妨碍行为将可能引发私法层面和公法层面的双重法律后果。一方面，实施证据妨碍行为者，其行为损害了民事诉讼中对方当事人的合法权益，且导致案件技术事实无法准确查明，故应当承担不利事实推定的法律后果；另一方面，所实施的证据妨碍行为还破坏了民事诉讼正常秩序，故实施者应承担基于妨害民事诉讼行为而导致的公法层面的司法制裁。证据妨碍行为虽然只是一个行为，但是因其侵害了公、私层面的不同对象，故行为人不应因承担了其中一个层面的法律后果（被科以司法制裁）而可以当然豁免另一层面的法律后果（被诉侵权产品因证据妨碍行为而无法呈现的部分技术特征被推定与涉案专利权利要求1的相应技术特征相对应）。

本案中，瑞之顺公司擅自实施转移、处分证据保全证物的行为构成对民事诉讼的妨害，原审法院对其采取罚款的民事强制措施，属于其承担的公法意义上的法律后果。同时，原审法院在侵权判定中基于瑞之顺公司实施的妨害诉讼行为，推定"被诉侵权产品的技术方案落入涉案专

① 参见最高人民法院（2019）最高法知民终379号民事判决书。

利权的保护范围"，属于私法意义上的法律后果。法院对于被诉侵权人实施的擅自转移、处分被法院采取保全措施之证据的妨害民事诉讼行为，分别对其科以公法层面的制裁和私法层面的不利事实推定，两项举措各司其职，并行不悖。被诉侵权人不因承担了公法层面被司法制裁的不利后果，而可以当然豁免私法层面的不利事实推定。

（撰写人：欧宏伟，最高人民法院知识产权法庭法官）

29. 涉"信息匹配平台"销售行为的认定

——上诉人江苏亲耕田农业产业发展有限公司与被上诉人江苏省金地种业科技有限公司侵害植物新品种权纠纷案

【裁判要旨】

被诉侵权人通过网络交易平台以"信息匹配"名义组织被诉侵权种子买卖交易，并实际主导确定交易价格、交易数量、履行时间等具体交易条件的，可以认定其实施了销售被诉侵权种子的行为。

【案号】

一审：江苏省南京市中级人民法院（2020）苏 01 民初 773 号

二审：最高人民法院（2021）最高法知民终 816 号

【案情】

江苏省金地种业科技有限公司（以下简称金地公司）为水稻新品种"金粳 818"的独占实施被许可人，江苏亲耕田农业产业发展有限公司（以下简称亲耕田公司）未经许可，以线下门店推广以及在微信群内发布"农业产业链匹配信息"线上宣传等方式，寻找潜在的交易者，并在其成为亲耕田公司会员后提供具体的侵权种子交易信息，在与买家商定交易价格、数量、交货时间后安排送货收款，对外销售白皮袋包装的"金粳

818"稻种。亲耕田公司自己的宣传来看，其服务 200 多万亩耕地，辐射江苏、山东、河南、安徽的 4600 多大户金地公司诉请判令亲耕田公司停止侵权并赔偿经济损失 300 万元。亲耕田公司辩称，其仅是向种子供需双方提供自留种子信息，由供需双方自行交易，并未以自己的名义销售过被诉侵权"金粳 818"稻种。亲耕田公司不生产种子，不收取种子货款，种子货款直接支付给卖家，如果出现种子质量问题，亲耕田公司会协助种子买方寻找卖家。亲耕田公司的营业额、经营规模等与本案没有关联关系。

南京市中级人民法院经审理认为，涉案侵权种子系案外人周树亮销售，亲耕田公司对周树亮的侵权行为提供了帮助，构成侵权，应当承担停止侵权、赔偿损失的民事责任。亲耕田公司的侵权故意明显，情节严重，可适用惩罚性赔偿，一审法院综合考虑涉案植物新品种权类型、侵权行为带来的损失、侵权行为的性质、情节和后果、涉案维权合理费用判决支持了金地公司要求停止侵权和判赔 300 万元的全部诉讼请求。

亲耕田公司不服，向最高人民法院提起上诉主张：（1）原审庭审中周树亮出庭证实涉案种子销售者是其本人，出售的稻种是其自留剩余的稻种，该交易符合法律规定不属于侵权行为，亲耕田公司行为不属于原审法院认定的所谓协助侵权行为。（2）亲耕田公司免费向微信群内的农户转发自留稻种信息，并未从中获取任何利益。（3）亲耕田公司的客户范围和营业额与本案无关，亲耕田公司涉案行为不属于适用惩罚性赔偿的情形。金地公司答辩认为：（1）亲耕田公司提供种子供需信息匹配，并促成种子交易的行为违反了相关的法律规定。（2）亲耕田公司在是否向会员提供种子匹配信息上，一、二审程序中作出了相互矛盾的陈述。（3）亲耕田公司通过侵权行为吸纳大量客户，谋取巨额利润。

【裁判】

最高人民法院经审理认为，亲耕田公司实施了发布被诉种子销售具体信息，与金地公司取证人员协商确定种子买卖的包装方式、价款和数量、履行期限等交易要素，其行为对于被诉侵权种子的交易不仅具有肇始意义，而且金地公司依据与亲耕田公司约定的交易条件，已产生据此取得被诉侵权种子所有权的确定预期，销售合同已经依法成立。可见，亲耕田公司系被诉侵权种子的交易组织者、决策者。后续交易履行过程中货物交付和收款的主体的变化，并不影响认定亲耕田公司的销售主体地位。故根据上述事实，可以认定亲耕田公司直接实施了被诉侵权种子的销售行为。亲耕田公司在所谓"为农民买卖自留种提供信息匹配"的经营模式下，以为"农民""种粮大户"服务名义所实施的销售行为严重侵害了品种权人的合法权益，应当认定构成侵害植物新品种权的行为。

亲耕田公司作为宣传营业额达亿元的企业，在原审诉讼中明确不留存相关种子交易记录，导致无法查明其实际侵权规模，应对此承担相应的不利后果，人民法院据此可依据亲耕田公司相关宣传资料合理推定其侵权获利，作为赔偿数额的计算基数。根据本案查明的事实，可合理推定亲耕田公司就"金粳818"的侵权获利达100万元以上。综合考虑亲耕田公司的侵权恶意、手段、规模和范围等，尤其是亲耕田公司未取得种子生产经营许可证，以无标识、标签的包装销售授权品种，亲耕田公司属侵权情节严重。对于亲耕田公司在依法适用惩罚性赔偿时可以按照计算基数的二倍以上确定惩罚性赔偿数额。故江苏省南京市中级人民法院确定本案的惩罚性赔偿金额为200万元、判令亲耕田公司承担共300万元的赔偿责任于法有据，最高人民法院予以确认。

【评析】

一、"信息匹配平台""自繁自用"面纱的揭开和直接销售行为的认定

一般而言，买卖双方就标的物买卖条件的意思表示达成一致，销售合同依法成立，则构成法律意义上的销售行为。同时，《最高人民法院关于审理侵害植物新品种权纠纷案件具体应用法律问题的若干规定（二）》

第四条规定，以广告、展陈等方式作出销售授权品种繁殖材料的意思表示的，人民法院可以以销售行为认定处理。即销售合同成立前的广告、展陈等行为已足以认定为销售行为，销售者是否亲自实施标的物的交付和收款行为，不影响其销售行为性质的认定。

亲耕田公司实施了发布被诉种子销售具体信息，与金地公司取证人员协商确定种子买卖的包装方式、价款和数量、履行期限等交易要素，其行为对于被诉侵权种子的交易不仅具有肇始意义，而且金地公司依据与亲耕田公司约定的交易条件，已产生据此取得被诉侵权种子所有权的确定预期，销售合同已经依法成立。可见，亲耕田公司系被诉侵权种子的交易组织者、决策者。后续交易履行过程中货物交付和收款的主体的变化，并不影响认定亲耕田公司的销售主体地位。故根据上述事实，可以认定亲耕田公司直接实施了被诉侵权种子的销售行为。

关于亲耕田公司主张本案属农民销售自留种，不构成侵权行为的辩解，首先，本案被诉侵权行为不符合农民自繁自用的条件。本案系亲耕田公司实施销售行为，亲耕田公司并非与农村集体经济组织签订家庭农村土地承包经营合同的农民，不符合上述规定的农民自繁自用行为。其次，本案中亲耕田公司并非农民，不符合农民个人自繁自用条件。同时，本案被诉侵权种子通过亲耕田公司的商务电子平台组织交易，其交易场所并非法定的当地集贸市场。最后，本案所涉被诉侵权种子和亲耕田公司发布的其他种子销售信息达数千斤、数万斤，远超出农民家庭农村土地承包经营合同约定的土地范围所能剩余自留种的数量，上述因素足以证明亲耕田公司的交易目的是获取不正当的巨额经济利益。综上，亲耕田公司在所谓"为农民买卖自留种提供信息匹配"的经营模式下，以为"农民""种粮大户"服务名义所实施的销售行为严重侵害了品种权人的合法权益，应当认定构成侵害植物新品种权的行为。

二、惩罚性赔偿的适用和赔偿基数的准确计算

侵犯植物新品种权情节严重可适用惩罚性赔偿。而对于侵权情节严

重的认定，人民法院应当综合考虑侵权人的主观恶意、侵权手段、次数、侵权行为的持续时间、地域范围、规模、后果，侵权人在诉讼中的行为等因素予以确定。本案中，首先，亲耕田公司明知未经许可销售授权品种繁殖材料的侵权性质，销售的被诉侵权种子部分包装未标注任何信息，其试图掩盖侵权行为和逃避责任追究的意图明显，可见其具有侵权恶意。其次，亲耕田公司的经营模式实系通过信息网络途径组织买卖各方，以"农民""种粮大户"等经营主体名义为掩护实施的侵权行为，其行为较为隐蔽。再次，关于侵权行为的规模与范围。亲耕田公司以种植大户为主要服务对象，种植大户在农民家庭联产承包合同之外的经营面积不属于农民自繁自用种子的免责范畴，需从品种权人处购入种子，故亲耕田公司的经营行为对品种权人造成巨大市场冲击。从亲耕田公司自己的宣传来看，其服务 200 多万亩耕地，辐射江苏、山东、河南、安徽的 4600 多大户，可认定为侵权范围广、规模大。最后，关于情节严重的法定情形。参照《最高人民法院关于审理侵害植物新品种权纠纷案件具体应用法律问题的若干规定（二）》第十七条第一款第五项规定，违反种子法第七十七条第一款第一项，即未取得种子生产经营许可证生产经营种子的，可以认定为侵权行为情节严重。如前所述，本案中亲耕田公司的行为可认定为直接从事种子销售，而亲耕田公司在二审中当庭确认其并未取得种子生产经营许可证，又销售包装无标识的种子，足以认定亲耕田公司侵权情节严重。

关于惩罚性赔偿金额的计算问题。参照《最高人民法院关于审理侵害知识产权民事案件适用惩罚性赔偿的解释》第五条规定，人民法院确定惩罚性赔偿数额时，以原告实际损失数额、被告违法所得数额或者因侵权所获得的利益作为计算基数。人民法院依法责令被告提供其掌握的与侵权行为相关的账簿、资料，被告无正当理由拒不提供或者提供虚假账簿、资料的，人民法院可以参考原告的主张和证据确定惩罚性赔偿数额的计算基数。据此，亲耕田公司作为宣传营业额达亿元的企业，在原审诉讼中明确不留存相关种子交易记录，导致无法查明其实际侵权规模，应对此承担相应的不利后果，人民法院据此可依据亲耕田公司相关宣传资料合理推定其侵权获利，作为赔偿数额的计算基数。经查，《亲耕田联合农场加盟协议》记载亲耕田公司 2019 年服务 200 多万亩耕地，辐射苏、鲁、豫、皖四省 4600 多名大户，年交易超过 2 亿元；对于加盟会员其每季每亩收取 10 元服务费。在亲耕田公司微信中发布的"亲耕田农业产业信息匹配"信息中，可见的品种有"南粳 2728""南粳 9108""南粳 505""武运粳 23""南粳 46""金粳 818"。根据上述查明的事实，从亲耕田公司的服务费收入口径计算：其服务的耕地面积 200 万亩，按收费标准 10 元每季每亩来算，计为 2000 万元；或按另一统计口径即其服务 4600 名大户，每户服务费收取本案服务费标准 4700 元计算，计为 2162 万元。考虑到亲耕田公司还经营农药、化肥等大项农资，前述服务费与种子相关部分按比例计三分之一为 600 万~700 万元。从种子销售利润口径计算：亲耕田公司服务的耕地面积 200 万亩，每亩最少用种子 12 斤，而每斤销售价格 2 元与商品粮价格 1.5 元的差价为 0.5 元，总利润计为 1200 万元。上述收入合计近 2000 万元。而本案证据显示亲耕田公司微信中提及销售水稻品种共 6 种，同时充分考虑到可能还涉及其他植物新品种，从宽计算"金粳 818"在亲耕田公司所售种子中的比例，仍可合理推定亲耕田公司就"金粳 818"的侵权获利达 100 万元以上。

如前所述，综合考虑亲耕田公司的侵权恶意、手段、规模和范围等，尤其是亲耕田公司未取得种子生产经营许可证，以无标识、标签的包装销售授权品种，亲耕田公司属侵权情节严重。依照种子法第七十三条第三款前述规定，并参照《最高人民法院关于审理侵害植物新品种权纠纷案件具体应用法律问题的若干规定（二）》第十七条第二款关于认定为侵权情节严重"存在前款第一项至第五项情形的，在依法适用惩罚性赔偿时可以按照计算基数的二倍以上确定惩罚性赔偿数额"的规定，对于亲耕田公司在依法适用惩罚性赔偿时可以按照计算基数的二倍以上确定惩罚性赔偿数额。据此确定作为本案赔偿基数的侵权获利为 100 万元、惩罚性赔偿 200 万元，对权利人的判赔请求予以全额支持。

综上，伴随着国家种业知识产权保护力度不断加强，植物新品种权侵权纠纷中所涉及的销售行为也呈现出隐蔽化的趋势。类似本案通过分步提供交易信息，远程安排送货收款的隐蔽交易行为逐渐多发。最高人民法院通过本案的审理，明确了对此类交易行为认定，并不限于参与当面交付、收款。参照《最高人民法院关于审理侵害植物新品种权纠纷案件具体应用法律问题的若干规定（二）》第四条的规定，以广告、展陈等方式作出销售授权品种繁殖材料的意思表示的，人民法院可以以销售行为认定处理。即销售合同成立前的广告、展陈等行为已足以认定为销售行为。同时，协商确定种子买卖的包装方式、价款和数量、履行期限等交易要素的行为，对交易不仅具有肇始意义，并且使交易对象已产生据此取得被诉侵权种子所有权的确定预期，应认定销售合同已经依法成立，同样足以认定为销售行为。此外，对于侵权主体拒不提供交易记录，无法直接计算侵权获利的情况，本案根据侵权主体对外宣传的获利情况、侵权种子单位估算利润、涉嫌侵权种子品种数量、服务费收入口径等因素，合理推定侵权获利，并据此为基数依法适用惩罚性赔偿的计算方式。通过本案的赔偿数额推导过程，给出了依据在案证据精确估算侵权获利作为惩罚性赔偿的基数、提高惩罚性赔偿数额确定性和科学性的成功范例。

（撰写人：潘才敏，最高人民法院知识产权法庭法官）

30. 单方委托的检验报告的效力认定

——上诉人山西诚信种业有限公司与被上诉人山东登海先锋种业有限公司、原审被告和顺县玉丰农业生产资料销售有限公司侵害植物新品种权纠纷案

【裁判要旨】

侵害植物新品种权纠纷案件中，一方当事人就专门性问题自行委托有关机构或者人员出具的意见，在法律性质上虽非鉴定意见，但仍具备证据资格，一般可以参照法律和司法解释关于鉴定意见的审查规则和准用私文书证的质证规则，结合具体案情，对其证明力适当从严审查。自行委托取得的书面意见由具有相应资格的机构和人员作出、检测程序合法、对照样品来源可靠、检测方法科学，经质证对方当事人未提出足以推翻意见的相反证据或者足以令人信服的质疑的，一般可以确认其证明力；存在程序严重违法、对照样品来源不明等重大错误，或者对方当事人提交了足以推翻意见的相反证据或者足以令人信服的质疑的，不予采信。

【案号】

一审：山西省太原市中级人民法院（2020）晋01知民初49号

二审：最高人民法院（2021）最高法知民终732号

【案情】

山东登海先锋种业有限公司（以下简称登海公司）为玉米新品种"先玉508"的被许可人，登海公司发现和顺县玉丰农业生产资料销售有限公司（以下简称玉丰公司）对外销售外包装为"诚信1号"而实际为"先玉508"的玉米种，该产品包装显示生产商为山西诚信种业有限公司（以下简称诚信公司）。登海公司委托河南中农检测技术有限公司对经公证购买的"诚信1号"与"先玉508"进行品种真实性比对，检验结论为：该样品与对照样品经用40对SSR引物进行DNA谱带数据对比，差异位点数为0，判定为极近似或相同品种。诚信公司对此提出异议，认为对照样品来源不明，并申请司法鉴定。

太原市中级人民法院经审理认为，河南中农检测技术有限公司作为具有相应品种检测技术水平的专业机构，由专业人员对植物新品种真实性进行鉴定，符合《最高人民法院关于审理侵犯植物新品种权纠纷案件具体应用法律问题的若干规定》第四条规定。该检验方法科学，得出的极近似或相同品种的检测结论应作为定案证据采信。诚信公司申请对登海公司公证购买的涉案"诚信1号"繁殖材料与农业部备案的"诚信1号"品种是否是同一品种进行司法鉴定，该鉴定申请缺乏必要性，未获得准许。山西省太原市中级人民法院认定诚信公司生产涉案种子侵犯登海公司涉案植物新品种权，判决诚信公司停止侵权，并赔偿20万元。

诚信公司不服，向最高人民法院提起上诉主张：涉案鉴定报告中标准样品系登海公司提供，该鉴定意见不足采信，应使用农业部植物新品种保藏中心保存的标准样品重新进行鉴定。山西省种子管理站委托农业部植物新品种测试中心所作《农业植物品种特异性鉴定报告》证明被诉侵权的"诚信1号"与"先玉508"属不同品种。山西省太原市中级人民法院忽略该证据而直接采信登海公司DNA测试结果，导致认定事实不清。同时山西省太原市中级人民法院不准许司法鉴定，剥夺了诚信公司的权利。

【裁判】

最高人民法院审理认为，登海公司单方委托河南中农检测技术有限公司出具的检验报告存在对照样品无样品编号、未注明对照样品来源等问题，无法确认是否为审定品种的标准样品，检验结论存在明显疑点。诚信公司、玉丰公司原审中已明确对此提出异议，主张涉案检验报告不能作为认定事实的依据。山西省太原市中级人民法院未就此进行核实而径行确认该证据效力，在此基础上作出的原审判决属认定基本事实不清，应在重新审理中予以纠正。裁定撤销原审判决，将本案发回山西省太原市中级人民法院重审。

【评析】

一、自行委托的检验报告的证据属性和诉讼法意义

鉴定意见通常指司法鉴定，是在司法审判实践活动中，对于专门领域的专业问题，通过专门的司法鉴定机构，在相应领域的行业专家运用科学的鉴定方法得出科学、独立的第三方结论从而帮助审判工作查明事实真相，其主要作用在于解决司法机构不能判断的科学性、专门性问题。为此，我国法律对于司法鉴定的证据作用和启动程序作出了详细规定。民事诉讼法第七十九条第一款规定，当事人可以就查明事实的专门性问题向人民法院申请鉴定。《最高人民法院关于民事诉讼证据的若干规定》第四十条第一款、第三款规定，当事人申请重新鉴定，存在下列情形之一的，人民法院应当准许：（1）鉴定人不具备相应资格的；（2）鉴定程序严重违法的；（3）鉴定意见明显依据不足的；（4）鉴定意见不能作为证据使用的其他情形。对鉴定意见的瑕疵，可以通过补正、补充鉴定或者补充质证、重新质证等方法解决的，人民法院不予准许重新鉴定的申请。第四十一条规定，对于一方当事人就专门性问题自行委托有关机构或者人员出具的意见，另一方当事人有证据或者理由足以反驳并申请鉴

定的，人民法院应予准许。

自行委托的检验，通常是当事人根据自己诉讼需要，自行选取具体机构就特定问题进行鉴定所出具专门性意见。其与民事诉讼法中所指的的鉴定意见具有类似的外观形式与名称，但其实质具有较大区别：（1）启动司法鉴定需经过法定程序，由人民法院审查同意才能进行，而自行委托的检验并不需要经过法定程序，当事人可以在诉讼前或诉讼中发起自行委托的检验。（2）鉴定机构的选择不同。人民法院委托鉴定需要召集双方当事人进行协商，在对应的鉴定人目录中选取该案的鉴定人；若协商不成，则通过既定的程序，例如使用摇号等方式确定鉴定人。并且能够进入鉴定人目录的机构，需要有相应的资质确认。而自行委托检验则没有前述选择规则限制。（3）鉴定的材料不同。司法鉴定的对象是经过当事人质证的证据，法院向鉴定机构移交的鉴定材料经当事人双方质证确认，具有真实性、完整性，而自行委托的检验其检验材料系由当事人自行提供，并不具备真实性与完整性的形式保证。（4）鉴定的方法不同。司法鉴定所采用的鉴定方法系在征询当事人双方意见的基础上，为查明案件客观事实的需要而经法院指定鉴定机构采用；而自行委托鉴定则基于委托人的诉讼目的，由其自行决定鉴定方法。

综上，自行委托的形成的书面检验意见与司法鉴定的结论相比，存在许多天然的不足，不能将自行委托的检验意见与民事诉讼法中的鉴定意见相混淆。自行委托的检验意见不属于民事诉讼法中鉴定意见这一证据类型，其性质近于私文书证。

在植物新品种权侵权纠纷中，除直接以品种权名称进行的销售行为外，大多数被诉侵权行为均难以观察的方式判断被诉繁殖材料是否侵犯植物新品种权，必须经过专门机构通过科学方法进行比对，才能确定被诉繁殖材料与涉案品种权之间的关系。在提起诉讼前，权利人通常已经自行委托进行检验，并且根据反馈的书面意见确定是否发起诉讼。若武断地以自行委托的检验行为没有法律、司法解释明确规定而一律否定，一方面会造成法院在审理植物新品种权侵权纠纷案件中，几乎每个案件都需要启动司法鉴定程序，耗费大量的司法资源，降低司法运行质效；另一方面，也削弱了权利人举证积极性，延长了维权周期，加大权利人维权成本，不利于对植物新品种权提供有效保护。自行委托检验有利于发挥当事人主动性，推进诉讼进程，提高审判效率，具有一定的合理性和必要性。我国民事诉讼法并未排除自行委托检验意见的证据效力，人民法院可以结合具体案情予以审查。当事人就专门性问题单方自行委托专业机构或者个人出具的书面意见，虽然不属于民事诉讼法所称的由人民法院经由司法鉴定程序所获得的鉴定意见，但法律并未排除其作为证据的资格。对一方当事人就专门性问题自行委托有关机构或者人员出具的意见，一般可参照法律和司法解释关于鉴定意见的审查规则和准用私文书证的质证规则，结合具体案情，对其证明力从严进行审查。

二、对当事人自行委托的检验报告的审查

《最高人民法院关于民事诉讼证据的若干规定》第三十六条规定了人民法院对鉴定人出具鉴定书的内容和形式的审查，包括审查是否具有委托法院的名称、委托鉴定的内容和要求、鉴定材料、鉴定所依据的原理和方法、对鉴定过程的说明、鉴定意见、承诺书等要件，以及该鉴定书有无经鉴定人签名或者盖章，并附鉴定人的相应资格证等。《最高人民法院关于知识产权民事诉讼证据的若干规定》第二十三条针对鉴定程序作出了进一步规定：（1）鉴定人是否具备相应资格；（2）鉴定人是否具备解决相关专门性问题应有的知识、经验及技能；（3）鉴定方法和鉴定程序是否规范，技术手段是否可靠；（4）送检材料是否经过当事人质证且符合鉴定条件；（5）鉴定意见的依据是否充分；（6）鉴定人有无应当回避的法定事由；（7）鉴定人在鉴定过程中有无徇私舞弊或者其他影响公正鉴定的情形。该条款进一步明确了知识产权领域鉴定意见的审查方法。结合相关法律法规以及私文书证的质证规定，对于一方当事人自行委托获得的检验报告，通常着重以下几个方面进行审查：

第一，对接受委托的专业机构的资格、资质进行审查。如前所述自

行委托的程序与司法鉴定的程序差异，故不宜强制要求自行委托的机构来源于鉴定人名录。但应审查接受委托的专业机构是否具备进行科学鉴定的能力，是否掌握科学鉴定的方法，如审查相应的资质证明等，必要时，可以要求该专业机构进行说明。此外，民事诉讼法第四十七条规定了鉴定人回避的相关事由，虽然自行委托的专业机构与委托人之间必然存在委托费用等经济关系，但仍然应该按照民事诉讼法中条款的规定进行审查，以确定其所出具意见的具体效力。

第二，对检验报告所依据的证据材料进行审查。在植物新品种权纠纷中，鉴定所需的检验材料通常有两组，即作为检测对象的被诉繁殖材料与作为对照的标准样品。对于这两种材料均需要注意其来源问题，特别是标准样品，在实践中常见瑕疵为自行委托鉴定意见中对照使用的标准样品没有标注样品来源，无法确认该标准样品中遗传物质是否对应涉案植物新品种，进而导致无法采信最终的意见结论。对于单方委托检验的当事人而言，其完全有能力、有条件提供有利诉讼目的的对照样品，而检验机构和对方当事人对该对照样品并无机会进行查验以确认是否属于授权品种，即该部分证据是未经质证的，由此导致在此基础上形成的检验报告的效力存疑。

第三，对检验报告的意见形成过程意见进行审查。通常检验报告意见具备专业性，非专业技术人员难以对其中技术问题进行逐一分析。但是法院结合程序理性可以对单方委托的专业意见进行正当性评价，包括采用的检验方法是否科学、意见形成是否符合行业规范、鉴定措施及流程安排是否合理、所得结论是否具有逻辑冲突等。对此可充分发挥对方当事人作为行业内经营者的质证作用，引导其充分发表意见。

如果经审查，自行委托的检验报告由具有相应鉴定资格的鉴定机构和鉴定人作出、鉴定程序合法、对照样品来源可靠、鉴定方法科学，经质证对方未提出足以反驳的相反证据，一般可以确认其证明力。但是如果经审查，自行委托鉴定意见存在鉴定机构或鉴定人不具备相应鉴定资质、鉴定程序严重违法、对照样品来源不明、鉴定方法明显依据不足等重大错误，或者当事人提交了足以推翻原鉴定意见的相反证据的，人民法院可不予采信并启动重新鉴定程序。本案中，先锋公司单方委托河南中农检测技术有限公司出具的《检验报告》中的对照样品"先玉508"无样品编号、未注明对照样品来源等问题，无法确认是否为审定品种的标准样品，因此该委托鉴定意见属于存在重大错误，并非因为其自行委托形式而不能予以采信。

三、自行委托意见的反驳与举证责任问题

如前所述，一方当事人自行委托取得检验报告，对方当事人不认可的，可以提出反驳。如其异议合理、符合法律规定，例如指出委托的机构或人员不具备资格或能力、检验材料来源存疑、检验数据与检验结果之间存在逻辑冲突等，反驳的证据和理由充分，那么自行委托意见的证据效力将被削弱乃至被否定。在此情况下，法院应当首先审查对方当事人异议成立与否，再行作出是否采信单方委托检验报告效力的决定。本案中，一审法院在诚信公司已明确就先锋公司单方委托的检验报告提出异议，且其异议存在合理性的情况下，未予回应而径直采信了单方委托的检验报告，在证据审查程序上存在瑕疵，其所认定的被诉侵权种子与先锋公司授权品种"先玉508"具有同一性的事实缺乏有效证据支持，导致基本事实不清。

此外，自行委托的检验报告并非民事诉讼法意义上的鉴定意见，当事人提交了自行委托的检验报告并不当然排斥司法鉴定程序，是否启动司法鉴定程序，取决于法院是否采纳该检验报告并认为案件基本事实是否足以查明。在自行委托的检验报告的效力被否定、不足以支持当事人主张的情况下，有必要进行司法鉴定，但此时举证责任仍在于提出主张的一方，尤其是原告一方。以本案为例，在诚信公司所提异议成立的情况下，诚信公司并无申请司法鉴定以证明被诉侵权种子不构成侵权的义务，举证责任仍在于先锋公司一方，应由先锋公司再行申请司法鉴定以确认被诉侵权种子与授权品种的同一性。

　　综上，被诉繁殖材料与植物新品种权之间的同一性比对是绝大多数植物新品种权侵权纠纷中必经之路，其比对结果对于此类案件裁判有着重大影响。为了提高种业知识产权审判质效、破解权利人举证难的维权困境、加强知识产权全链条保护、营造种业创新良好环境，应当允许权利人通过自行委托检验报告的方式进行积极举证，引导专业机构提升自行委托鉴定意见程序合规化程度，推动自行委托检验报告的可信化质量提升，为保护种业自主创新提供有力司法保障。

（撰写人：潘才敏，高人民法院知识产权法庭法官）

31. 集成电路布图设计专有权被撤销后侵权案件可裁定驳回原告起诉

——上诉人深圳市天微电子股份有限公司与被上诉人深圳市鑫天胜科技有限公司、无锡中微爱芯电子有限公司侵害集成电路布图设计专有权纠纷案

【裁判要旨】

侵害集成电路布图设计专有权纠纷案件中，涉案集成电路布图设计专有权被撤销，权利人据以提起诉讼的权利基础处于不确定状态的，人民法院可以裁定驳回起诉，并允许权利人在有证据证明撤销涉案集成电路布图设计专有权的行政决定被生效判决撤销后另行起诉。

【案号】

一审：广东省深圳市中级人民法院（2019）粤03民初4778号

二审：最高人民法院（2021）最高法知民终1313号

【案情】

深圳市天微电子股份有限公司（以下简称天微公司）一审诉称：其是登记号为 BS.095006249 的集成电路布图设计专有权的权利人，经调查

发现，深圳市鑫天胜科技有限公司（以下简称鑫天胜公司）在其电子城柜台销售采购自无锡中微爱芯电子有限公司（以下简称中微爱芯公司）的产品型号为 AiP1637、名称为"2 线串口共阳极 8 段 6 位 LED 驱动控制/8＊2 位键盘扫描专用电路"的芯片，复制了天微公司的涉案布图设计，故诉至深圳市中级人民法院，请求判令鑫天胜公司、中微爱芯公司赔偿天微公司经济损失及为制止侵权行为的合理开支合计 100 万元。

中微爱芯公司原审答辩称：天微公司关联企业宁波市健微电子有限公司（原宁波市天微电子有限公司）曾经向国家知识产权局申请了名称为 TM1637 的布图设计，该布图设计的创作完成日为 2008 年 8 月 6 日，首次商业利用日为 2009 年 1 月 5 日，早于涉案名称为 TM1635 的布图设计的创作完成日 2009 年 1 月 22 日。中微爱芯公司通过购买天微公司的 TM1637 芯片，并与涉案布图设计 TM1635 对应的芯片进行解析对比，发现两款芯片的 STAIN、POLY、M1 三个关键层次布图设计完全相同。根据以上对比分析，在 TM1635 布图设计之前，已经有完全相同的 TM1637 芯片公开了涉案 TM1635 布图设计。涉案 TM1635 集成电路布图设计不符合《集成电路布图设计保护条例》（以下简称布图设计保护条例）第四条的规定，不具有独创性。

本案一审诉讼过程中，中微爱芯公司针对涉案布图设计向国家知识产权局提出撤销申请。2021 年 2 月 18 日，国家知识产权局作出集成电路布图设计撤销程序审查决定书，撤销登记号为 BS.095006249 的集成电路布图设计专有权。

【裁判】

深圳市中级人民法院经审理认为，对集成电路布图设计专有权的保护，应以集成电路布图设计专有权的有效存在为前提和基础。《集成电路布图设计保护条例》第八条规定，布图设计专有权经国务院知识产权行政部门登记产生。《集成电路布图设计保护条例实施细则》第二十九条规定，布图设计登记公告后，发现登记的布图设计专有权不符合《集成电路布图设计保护条例》第二条第一项和第二项、第三条、第四条、第五条、第十二条或者第十七条规定的，由专利复审委员会撤销该布图设计专有权。该细则第三十条规定，被撤销的布图设计专有权视为自始即不存在。因本案请求保护的登记号为 BS. 095006249 的集成电路布图设计专有权已被国家知识产权局撤销，天微公司丧失了提起本案诉讼的权利基础，其起诉应予以驳回。一审法院根据民事诉讼法第一百一十九条、《最高人民法院关于适用〈中华人民共和国民事诉讼法〉的解释》第二百零八条第三款之规定，裁定：驳回天微公司的起诉。一审案件受理费 13800 元，予以退还。

天微公司不服该裁定，向最高人民法院提起上诉，认为涉案集成电路布图设计虽被国家知识产权局撤销，但天微公司已提起行政诉讼，且《最高人民法院关于审理侵犯专利权纠纷案件应用法律若干问题的解释（二）》规定权利人在专利侵权诉讼中主张的权利要求被宣告无效的，审理侵犯专利纠纷案件的人民法院可以裁定驳回权利人基于该无效权利要求的起诉，但该规定仅限于专利纠纷领域，集成电路布图设计专有权纠纷并没有任何法律法规及司法解释作出类似规定，因此应中止诉讼。

最高人民法院经审理认为：首先，天微公司以其享有的登记号为 BS. 095006249 的集成电路布图设计专有权向人民法院提起诉讼，但本案一审期间，该集成电路布图设计专有权已被国家知识产权局撤销。尽管天微公司在法律规定期限内就国家知识产权局的行政决定提起诉讼，但其权利基础仍处不确定状态，如该行政决定最终未被生效裁判撤销，则涉案集成电路布图设计专有权将被视为自始不存在，从而丧失起诉的权利基础。其次，天微公司起诉鑫天胜公司、中微爱芯公司侵害其集成电路布图设计专有权，在权利基础状态不确定的情况下，若中止侵权诉讼，该案可能长期处于悬而未决的状态。最后，侵害集成电路布图设计专有权纠纷亦属知识产权纠纷范畴，在涉案集成电路布图设计专有权被撤销的情况下，可参照专利侵权诉讼中专利权被宣告无效后的处理方式，裁定驳回天微公司的起诉。如果撤销涉案集成电路布图设计专有权的行政决定随后被生效的行政判决撤销，涉案集成电路布图设计专有权的权利状态明确稳定，则天微公司可另行起诉，并不会对天微公司的合法权利造成严重损害。裁定：驳回上诉，维持原裁定。

【评析】

本案案情并不复杂，所创设的法律规则也比较简单，但却是比较少见的类推适用法律的情形。本案裁定载明侵害集成电路布图设计专有权纠纷中在涉案集成电路布图设计专有权被撤销的情况下，可参照专利侵权诉讼中专利权被宣告无效后的处理方式，裁定驳回起诉，如涉案集成电路布图设计专有权的权利状态明确稳定，则可另行起诉，处理方式上明显是参照了专利法关于专利权被宣告无效的规定。根据《最高人民法院关于审理侵犯专利权纠纷案件应用法律若干问题的解释（二）》第二条的规定，权利人在专利侵权诉讼中主张的权利要求被国家知识产权局宣告无效的，审理侵犯专利权纠纷案件的人民法院可以裁定驳回权利人基于该无效权利要求的起诉，有证据证明宣告上述权利要求无效的决定被生效的行政判决撤销的，权利人可以另行起诉。上诉人在上诉理由中特别提出，该规定仅限于专利侵权纠纷领域，集成电路布图设计专有权纠纷并没有任何法律法规及司法解释作出类似规定，因此应中止本案诉讼。诚然，如本案上诉人所言，法律及行政法规、司法解释针对布图设计专有权被撤销的情形，没有如何处理的明文规定，出现了法律漏洞。但是，法官审理案件可以视情运用何种法律适用方法，并不能简单地因为法无明文规定而中止审理。法官适用法律裁判案件一般有三种法律适用方法：一是狭义的法律适用，即直接以法律规范为大前提、本案事实为小前提，依形式逻辑得出本案判决；二是参照适用，即依立法明确授权，法官适用某法律规范裁判本不在适用范围内的案件；三是类推适用，即在无立法明确授权的情况下，适用某法律规范裁判本不在适用范围内的案件。① 本案裁定书虽使用了"参照"的文字表述，但实质上系运用了

---

① 参见梁慧星：《合同通则讲义》，人民法院出版社2021年版，第40~41页。

类推适用的方法。但值得注意的是，本案中天微公司的起诉属于可以裁定驳回起诉的情形，类似案件中是否先行裁定驳回起诉，应根据具体案情确定，原审法院认为因本案请求保护的集成电路布图设计专有权已被撤销，其起诉应予以驳回，有所不当，但已不影响本案裁判结果。这主要是因为，原审裁定认为应予裁定驳回起诉，过于绝对化，如果结合案情可判断不需要裁定驳回起诉，则亦可中止审理，"可以"的表述及处理方式具有回旋余地。

（撰写人：徐卓斌，最高人民法院知识产权法庭法官）

32. 量产芯片委托开发合同研发特点对违约责任的影响

——上诉人泰凌微电子（上海）股份有限公司与被上诉人深圳市星火原光电科技有限公司集成电路委托开发合同纠纷案

【裁判要旨】

涉及芯片量产的技术委托开发合同纠纷案件中，应当根据合同约定，结合量产芯片研发领域的技术研发特点和产业实践惯例，认定开发任务完成情况。有关合同明确约定以量产芯片为研发目标，但未明确约定全部研发任务详细内容的，原则上应当以完成晶圆材料制造、集成电路制造、芯片封装测试，且晶圆测试、封装测试合格，作为认定完成全部研发任务的标准。鉴于集成电路制造是整个技术开发流程中难度最高、步骤最多、投资最大的主要环节，亦鉴于晶圆测试合格后，有关芯片封装测试可以另行开展，故开发方完成了集成电路设计、样片制造且晶圆测试合格，但未完成芯片封装测试的，可以认定其完成了主要研发任务。

【案号】

一审：北京知识产权法院（2017）沪 73 民初 551 号

二审：最高人民法院（2020）最高法知民终 394 号

【案情】

深圳市星火原光电科技有限公司（以下简称星火原公司）向上海知识产权法院起诉请求：1. 解除星火原公司与泰凌微电子（上海）股份有限公司（以下简称泰凌公司）签订的涉案合同；2. 泰凌公司返还星火原公司产品开发费用 2650000 元；3. 泰凌公司赔偿星火原公司高价采购其它替代芯片损失 5606990.09 元。泰凌公司向原审法院反诉请求：星火原公司向泰凌公司支付应付而未付的合同款 350000 元及其利息（从 2015 年 3 月 31 日起，以年利率 5.75% 计算，暂计至 2017 年 11 月 16 日，共计 53733.80 元），前述共计 403733.80 元。

2014 年 6 月 5 日，星火原公司与泰凌公司签订了《技术开发合同》（以下简称涉案技术合同）。约定本项目通过 COMS（即互补金属氧化物半导体）技术设计空调专用微处理器控制芯片，履行方式为：由泰凌公司按照星火原公司的设计要求进行研发，泰凌公司完成研发后将技术成果以磁盘、光盘、磁带、软件等数据载体形式交付星火原公司。

2014 年 6 月 9 日，星火原公司（甲方）与泰凌公司（乙方）签订《专用集成电路产品委托开发设计合同》（以下简称涉案合同）。涉案合同主要内容如下：涉案合同系涉案技术合同的补充合同，如两个合同条款有不一致的，以涉案合同为准。产品开发分为规格定义、完成设计、流片验证、样片验证、金属层修改、芯片试产、小批量产、完全量产 8 个阶段。合同费用总计 441 万元，其中，设计开发费用 386 万元，掩模、芯片生产费 55 万元，流片前甲方应支付乙方 300 万元。如一方违反合同条款并在另一方书面通知的 15 日内无法改正其违约行为，另一方可以书面通知对方终止本合同并要求赔偿。

2014 年 6 月、8 月、12 月，星火原公司分三次向泰凌公司支付合同款 265 万元。泰凌公司、星火原公司确认规格定义书所约定的相关技术参数中，LCD 相关技术参数系星火原公司为实现涉案空调专用集成电路芯片量产而专门设定的特定技术参数，属于泰凌公司签订涉案技术合同、涉案合同前并不掌握的技术内容，需要泰凌公司专门研发实现；其余 MCU、Memory 等技术参数均属于常规技术参数或者泰凌公司在常规技术参数基础上作配套改进即可实现。双方同时确认合同履行至第三、第四阶段停滞，即泰凌公司交付流片供星火原公司检测后，星火原公司检测出存在 LCD 技术参数不达标等问题，泰凌公司承诺可以通过金属层修改（metal change）解决问题，但最终未进行第五阶段金属层修改。原审审理中，星火原公司与泰凌公司均当庭表示不对阶段性成果委托司法鉴定。

【裁判】

北京知识产权法院认为：泰凌公司交付的用于检测的流片存在 LCD 技术参数不符合开发需求等问题，即使双方对"待机功耗"问题的金属层修改条件尚未协商一致，在其余所有问题已经具备金属层修改条件的情况下，泰凌公司继续进行金属层修改工作也是可行和合理的。在此情况下，涉案合同未能继续履行的主要原因应为泰凌公司所致。故，北京知识产权法院认定泰凌公司构成根本违约.

北京知识产权法院判决：解除星火原公司与泰凌公司之间签订的涉案合同；泰凌公司向星火原公司返还合同款 265 万元；泰凌公司应赔偿星火原公司损失 120 万元；驳回星火原公司其余本诉请求；驳回泰凌公司的反诉请求。

泰凌公司不服，向最高人民法院提起上诉，请求撤销原审判决，改判驳回星火原公司的诉讼请求并支持泰凌公司的反诉请求。主要事实与理由：泰凌公司向星火原公司交付的芯片设计成果已经实质满足规格定义书的要求、星火原公司的芯片使用需求，并非毫无商业价值的阶段性成果。本案不应对照规格定义书僵硬对比，而应从合同目的出发，结合设计成果是否影响芯片使用综合判断。由于星火原公司宁愿高价购买第三方芯片也不肯积极确认修改方案，才导致合同搁置。星火原公司流片前应支付 300 万元款项，但其仅支付了 265 万元，泰凌公司已交付的设计成果对应合同价值为 300 万元。假设星火原公司继续履行合同，金属层修改后实现量产，仅需额外 3 至 5 个月，而非原审判决认定的一年。

最高人民法院认为，一审法院将本案合同纠纷定性为集成电路布图设计创作合同纠纷不妥，由于集成电路与集成电路布图设计法律内涵并不相同，在集成电路技术领域，集成电路、半导体集成电路与集成电路布图设计涵义亦不相同。根据涉案合同的约定，星火原公司委托泰凌公司开发完成的技术成果应当是能够实现量产的芯片，属于专用集成电路；而相关集成电路布图设计仅属于研发阶段部分成果，故本案应当定性为技术委托开发合同纠纷。

关于泰凌公司交付的用于检测的流片是否已经实质满足规格定义书的要求，即泰凌公司是否交付星火原公司可以继续开发利用的阶段性研发成果，二审法院认为，由于专用集成电路研发内容中既包括常规技术参数要求，又包括委托方为解决专门技术问题而设定的特定技术参数要求，应当首先审查特定技术参数是否满足要求，如果特定技术参数未能达到产品规格定义书的要求，可以直接认定开发方未能完成相关集成电路制造阶段研发任务。本案中，双方均认可涉案合同规格定义书中约定的 LCD 相关技术参数系星火原公司为实现涉案空调专用集成电路芯片量产而专门设定的特定技术参数，而泰凌公司提交的流片未能满足 LCD 特定技术参数要求，故，应当认定泰凌公司没有完成涉案集成电路设计、样片制造阶段性研发任务。且由于泰凌公司没有及时进行金属层修改，导致涉案合同未能继续履行，泰凌公司构成根本违约，应当承担返还开发款项、赔偿损失的违约责任。

二审法院判决：驳回上诉，维持原判。

【评析】

一、关于涉案技术合同、涉案合同的法律性质

原审法院将本案合同纠纷定性为集成电路布图设计创作合同纠纷，2011 年修改的《民事案件案由规定》（以下简称规定）将涉及集成电路

布图设计合同纠纷单列为一类知识产权合同纠纷，主要考虑是由于"集成电路布图设计相对而言是一类比较新型的知识产权"①。规定将集成电路布图设计合同纠纷作为第三级案由规定的同时，分列了三个第四级案由，包括集成电路设计创作合同纠纷、专有权转让合同纠纷、许可使用合同纠纷。其中，集成电路布图设计创作合同纠纷是指当事人就集成电路布图设计的创作所订立的合同而发生的纠纷，与此相关的系《集成电路布图设计保护条例》（以下简称条例）第十条、第十一条，《最高人民法院关于审理技术合同纠纷案件适用法律若干问题的解释》（法释〔2004〕20号）第四十六条第一款。② 显然，规定中所指称的"集成电路布图设计"具有特定含义，即专指依据条例可以享有集成电路布图设计专有权的知识产权客体。而根据涉案技术合同、涉案合同的约定，星火原公司委托泰凌公司开发完成的技术成果系专用集成电路，而相关集成电路布图设计仅属于阶段技术成果，故涉案技术合同、涉案合同的法律性质应为技术委托开发合同。具体分析如下：

首先，集成电路与集成电路布图设计法律内涵并不相同。条例第二条第一款第一项、第二项分别给出了集成电路与集成电路布图设计的法律含义，即集成电路系指半导体集成电路，是以半导体材料为基片，将集成电路布图设计集成在基片之中或者基片之上，以执行某种电子功能的中间产品或者最终产品；集成电路布图设计是指集成电路中至少有一个是有源元件的两个以上元件和部分或者全部互连线路的三维配置，或者为制造集成电路而准备的上述三维配置。依据上述规定，法律概念中，集成电路系专指半导体集成电路，客体表现形式系指将集成电路布图设计集成在半导体材料基片之中或者基片之上，以执行某种电子功能的中间产品或者最终产品，其所承载的技术成果除集成电路布图设计外，同时也包括基片生产技术以及将集成电路集成在基片上的技术等，因而，

---

① 最高人民法院民事案件案由规定课题组编著：《最高人民法院民事案件案由规定理解与适用》，人民法院出版社2011年版，第222页。

② 参见最高人民法院民事案件案由规定课题组编著：《最高人民法院民事案件案由规定理解与适用》，人民法院出版社2011年版，第221页。

半导体集成电路中包含的知识产权客体除了集成电路布图设计外，还包括因基片生产、电路集成等而获得的技术秘密或者专利等。而集成电路布图设计的法律内涵系专指体现在集成电路中的三维配置或者为制造集成电路而准备的三维配置，其既不属于专利法保护的发明创造，亦不属于著作权法保护的作品，在我国系由条例进行专门保护的客体。

其次，在集成电路技术领域，集成电路、半导体集成电路与集成电路布图设计涵义并不相同。集成电路是一种微型电子器件或部件，是采用一定的工艺，把一个电路中所需的晶体管、电阻、电容和电感等元件及布线互连一起，制作在一小块或几小块半导体晶片或介质基片上，然后封装在一个管壳内，成为具有所需电路功能的微型结构。集成电路按制作工艺可分为半导体集成电路和膜集成电路等。[①] 其中，半导体集成电路是指在一个半导体衬底上至少有一个电路块的半导体集成电路装置，是将晶体管、二极管等有源元件和电阻器，电容器等无源元件，按照一定的电路互联，集成在一块半导体单晶片上，从而完成特定的电路或者系统功能。[②] 而集成电路布图设计是确定用以制造集成电路的电子元件在一个传导材料中的几何图形排列和连接的布局，属于集成电路制造过程中设计阶段需要完成的布图设计。"集成电路版图是电路系统与集成电路工艺之间的中间环节，是一个必不可少的重要环节。通过集成电路版图设计，可以将立体的电路系统变成一个二维的平面图形，再经过工艺加工还原为基于硅材料的立体结构。因此，版图设计是一个上承电路系统、下接集成电路芯片制造的中间桥梁，其重要性可见一斑。"[③]

第三，根据涉案技术合同、涉案合同的约定，星火原公司委托泰凌公司开发的系通过 CMOS 技术设计空调专用微处理器控制芯片。完成涉

① 来源于百度百科"集成电路"词条，由"科普中国"科学百科词条编写与应用工作项目审核，载 https://mbd.baidu.com/ma/s/jtSCqc1Z，2021 年 10 月 3 日访问。
② 来源于百度百科"半导体集成电路"词条，由"科普中国"科学百科词条编写与应用工作项目审核，载 https://mbd.baidu.com/ma/s/7j7QqMe5，2021 年 10 月 3 日访问
③ ［美］克里斯托弗·赛因特、朱迪·赛因特：《集成电路版图基础——实用指南》，李伟华、孙伟锋译，清华大学出版社 2020 年版，译者序。

案合同的八个阶段包含集成电路设计、制造、封装各个阶段，特别是知识产权条款除约定本合同所述的产品名称、商标、版权、及最终设计方案归星火原公司所有外，还专门约定由泰凌公司、星火原公司任一方独立开发的专利，归开发方所有。显然，泰凌公司委托星火原公司开发完成的系空调专用微处理器控制芯片，而不仅仅是相关集成电路布图设计，对此，泰凌公司、星火原公司在二审审理中均予以认可。

综上，根据涉案技术合同、涉案合同性质，本案案由应当确定为技术委托开发合同纠纷。[①]

二、量产芯片技术委托开发合同，开发方完成全部研发任务的考量因素

由于在半导体集成电路领域，研发能够实现量产的芯片技术成果，需要经过集成电路设计、制造（包括硅片制造、晶圆制造）、封装测试等才能最终应用到终端产品中。[②] 按照芯片的生产分工，整个产业链的制造过程包括晶圆材料制造、集成电路制造、芯片封装测试三大步骤，其中晶圆材料制造主要指单晶硅、硅晶柱、硅片等芯片制造核心原材料的生产制造；集成电路制造主要指在硅片上制作电路与电子组件，是半导体全制程中所需技术最复杂且资金投入最多的制程。以本案所涉及的微处理器为例，其所需的工艺步骤可达数百道，加工所需的机械设备技术含量高价格昂贵，虽然详细的加工处理程序与产品种类和所使用的技术相关，但是基本处理步骤通常都是硅片先经过适当的清洗之后，进行氧化、沉积、显影、蚀刻、及掺杂等反复的工艺步骤，完成硅片上电路的加工与制作形成晶圆（wafer），经过上述工艺后，进入芯片封装测试阶段。由于集成电路芯片并不是一个可以独立存在的元件个体，其必须经过与其

[①] 技术委托开发合同纠纷是指当事人一方支付研究开发经费和报酬等，另一方接受委托就新技术、新产品、新工艺或者新材料及其系统进行研究开发所订立的合同而发生的纠纷。参见最高人民法院民事案件案由规定课题组编著：《最高人民法院民事案件案由规定理解与适用》，人民法院出版社 2011 年版，第 222 页。

[②] 参见姚玉、周文成主编：《芯片先进封装制造》，暨南大学出版社 2019 年版，第 6 页。

他元件系统互连，才能发挥整体系统功能，集成电路封装作为半导体开发的最后一个阶段，不仅起着物理包裹、固定、密封、保护芯片和增强电热性能的作用，而且还是芯片内部世界与外部电路沟通的桥梁。[①] 因此，以交付能够实现量产的芯片为最终研发成果的技术委托开发合同，对于开发方是否交付最终研发成果的认定，要考量开发方应当完成集成电路设计、制造、封装测试各阶段研发任务，晶圆测试（chip probing）、封装测试（final test）均符合合同约定后，才能实现委托方芯片量产的合同目的，任何一个阶段的任务未能完成，均应当认定开发方未能交付符合合同目的芯片技术成果。

本案中，涉案芯片技术成果的研发过程分为八个阶段，涵盖了涉案专用集成电路设计、制造、封装测试全过程，其中，前五阶段研发任务涵盖了涉案空调遥控器专用集成电路设计、制造相关阶段研发任务，第六阶段，10万片芯片试产封装，属于芯片封装测试及试产研发任务。根据原审及二审查明的事实，泰凌公司作为开发方仅向星火原公司交付了涉案合同约定的第三阶段技术成果，即用于进行检测的流片。星火原公司经过检测提出存在的问题后，泰凌公司仅认可相关问题通过金属层修改可以解决，但是没有进一步提交金属层修改之后的样片，后双方成讼。显然，泰凌公司并未履行完成涉案合同约定的第五、第六阶段工作任务，即涉案集成电路设计、封装测试阶段研发任务均未完成，星火原公司无法通过其提交的流片实现芯片量产，故应当认定泰凌公司未能交付符合合同约定的芯片最终技术成果。

三、量产芯片技术委托开发合同，开发方完成阶段研发任务的考量因素

量产芯片技术委托开发合同中，判断开发方是否完成阶段性研发任务，要考量集成电路制造作为芯片研发过程中技术最复杂且资金投入最

---

① 参见姚玉、周文成主编：《芯片先进封装制造》，暨南大学出版社2019年版，第7~12页。

多的制程，包含了集成电路设计、样片制造主要研发任务，此阶段任务完成，晶圆测试合格，意味着主要的芯片制造流程结束，而之后的封装测试，属于可以独立于集成电路制造单独进行研发的技术阶段，封装测试亦属于芯片进入量产前的独立测试内容。[①]"版图工程师在新的芯片设计制造过程中是必不可少的，如果你具有更丰富的知识、更强的创造性和更高的效率，那么你可以为你的公司省数百万美元，因为你所设计的芯片在第一次流水后的性能甚至比预期的还要好，或者你设计的芯片版图比其他人员设计的版图尺寸小，或者在芯片生产之前找到并改正那些致命的错误。一个优秀的版图工程师是公司的宝贵财富，特别是作为芯片产品流水前最后一道工序的执行者。"[②] 因此，在以量产芯片为研发目的的技术委托开发合同中，如果开发方完成了集成电路设计、样片制造相关研发任务，开发方亦按照合同约定向委托方交付了相关技术资料。由于此时委托方已经具备了单独或者委托他人继续完成封装测试阶段研发任务的技术条件，如果开发方交付的阶段性技术成果已经实质满足产品规格定义书的要求，对于开发方具有商业价值，除非合同另有约定，委托方应当向开发方支付相应的研发费用。

此外，由于专用集成电路研发内容中既包括常规技术参数要求，又包括委托方为解决专门技术问题而设定的特定技术参数要求，应当首先审查特定技术参数是否满足要求，如果特定技术参数未能达到产品规格定义书的要求，开发方通过后续改进仍然不能达到要求，意味着开发方没有完成主要研发任务，此时，可以直接认定开发方未能完成相关集成电路制造阶段研发任务；如果特定技术参数已经达到产品规格定义书的要求，仅是常规技术参数未能满足产品规格定义书要求，说明开发方已经具备完成主要研发任务的技术条件，那么应当根据未达标常规技术参数所占产品规格定义书技术参数的比例、通过金属层修改解决的难易程

① 参见姚玉、周文成主编：《芯片先进封装制造》，暨南大学出版社 2019 年版，第 7~12 页。
② ［美］克里斯托弗·赛因特、朱迪·赛因特：《集成电路版图基础——实用指南》，李伟华、孙伟锋译，清华大学出版社 2020 年版，第 2 页。

度等，综合判断开发方是否实质完成相关集成电路制造阶段研发任务。

本案中，由于泰凌公司提交的流片未能满足涉案合同规格定义书约定的 LCD 特定技术参数要求，而实现上述 LCD 特定技术参数要求是星火原公司委托研发涉案空调专用集成电路的主要目的，应当认定泰凌公司没有完成涉案合同的主要阶段研发任务。

四、量产芯片技术委托开发合同，开发方未进行金属层修改对违约责任的影响

民法典第五百六十三条第四项规定，当事人一方迟延履行债务或者有其他违约行为致使不能实现合同目的，另一方当事人可以解除合同。第八百五十四条规定："研究开发人违反约定造成研究开发工作停滞、延误或者失败的，应当承担违约责任。"依据上述规定，技术委托开发合同签订后，开发方应当按照合同约定实施研究开发工作，并按时交付符合合同约定的研发成果，如果开发方未按合同计划实施研究开发工作，委托人有权要求其实施研究开发计划并采取补救措施，研究开发人逾期仍不按照合同约定实施研究开发计划，致使委托人获得开发成果的合同目的无法实现，委托人有权解除合同，此时研究开发人应当返还研究开发经费，并赔偿因此给委托人造成的损失。

根据涉案合同约定，泰凌公司收到星火原公司支付的流片前大部分费用后，应当提供符合产品规格定义书要求的样片。显然，涉案合同的约定，符合半导体集成电路的研发特点，即星火原公司作为委托方应当在流片前支付大部分研发费用，而泰凌公司作为开发方在收到大部分研发费用后，应当按照合同约定进行相关集成电路设计、制造并提交符合合同约定的样片。

正如泰凌公司工程师所言，集成电路研发中，提交样片后进行一至两次金属层修改是行业惯例，而为满足规格定义书的要求进行金属层修改是开发方应当履行的义务。正因此，涉案合同中第 5.6 条专门约定，如果系因星火原公司根据设计或规格的改变，要求额外的金属层修改，

每次金属层修改星火原公司需向泰凌公司支付 6 万元设计费并承担实际金属层修改流片费用；而若由泰凌公司提出做金属层修改，则金属层修改费用由泰凌公司承担。

根据双方合同履行情况，对于星火原公司提出的样片存在问题，经过双方反复协商，已经具备了通过金属层修改予以解决的条件。虽然双方对于 IR 传输距离问题等相关问题解决方案没有达成一致意见，但是泰凌公司作为掌握集成电路研发技术的开发方，应当知道上述技术参数在双方共同确定的规格定义书内是有明确约定的，其应当按照规格定义书的要求进行金属层修改。由于泰凌公司在已经具备通过金属层修改解决样片存在问题的条件下，未能及时进行金属层修改，导致双方履行至涉案合同约定的第四阶段停滞，星火原公司在等待至 2015 年 10 月后，因泰凌公司仍然没有提交符合规格定义书要求的样片，星火原公司开始向第三方购买芯片。泰凌公司作为开发方在已经收取星火原公司大部分研发费用后，明知其提交的样片实质不符合规格定义书要求，却未能按照合同的约定及星火原公司的要求，及时进行金属层修改，直至星火原公司提起本案诉讼，泰凌公司仍未能进行金属层修改，并提交符合规格定义书要求的样片，致使双方未能连续履行涉案合同。故，应当认定泰凌公司没有及时进行金属层修改系导致涉案合同无法继续履行的主要原因，并最终导致星火原公司未能获得符合合同约定的空调专用集成电路。基于此，泰凌公司构成根本违约，应当承担返还研发费用赔偿损失的民事责任。

（撰写人：原晓爽，最高人民法院知识产权法庭法官；郝小娟，最高人民法院知识产权法庭法官助理）

33. 计算机软件技术秘密的保护对象及其证明

——上诉人北京龙软科技股份有限公司与被上诉人北京元图智慧科技有限公司、刘某喜、卢某陶、王某、熊某、贲某东侵害商业秘密纠纷案

【裁判要旨】

计算机软件的源代码与流程、逻辑关系、算法等内容一般构成相对独立的技术信息。当事人主张计算机软件的源代码和与源代码对应的流程、逻辑关系、算法均构成技术秘密的，应当分别明确请求保护的具体技术信息并分别证明其符合法律保护条件。

【案号】

一审：北京知识产权法院（2017）京 73 民初 1259 号
二审：最高人民法院（2020）最高法知民终 1472 号

【案情】

在上诉人北京龙软科技股份有限公司（以下简称龙软公司）与被上诉人北京元图智慧科技有限公司（以下简称元图公司）及刘某等五自然人侵害商业秘密纠纷案中，该五名自然人曾于 2004 年至 2013 年 9 月期间在龙软公司任职，且其中多人在任职期间参与了部分软件技术的研发。其后，该五人陆续从龙软公司离职，加入元图公司。龙软公司认为元图

公司在一些矿山软件招投标项目中利用了上述人员从龙软公司处获取的技术秘密，致使龙软公司遭受了重大的经济损失和名誉损失，故向北京知识产权法院提起诉讼。龙软公司提交了涉案软件的源代码作为证据。一审法院认为，在案证据不足以证明元图公司及五名自然人实施了侵害涉案技术秘密的行为，驳回了龙软公司的诉讼请求。

【裁判】

北京知识产权法院认为，龙软公司所主张的秘密点第三至第二十一的源代码满足法律规定的要件，构成商业秘密；根据鉴定意见，龙软公司主张秘密点中的源代码与被诉侵权的内容不构成实质上相同。在案证据不足以证明元图公司、刘某等人实施了侵害涉案商业秘密的行为。

龙软公司不服一审判决，认为原审鉴定机构未对龙软公司申请的秘密点第三至第二十二项的流程、逻辑关系、算法等内容进行比对，一审法院遗漏审理与密点的流程、逻辑关系、算法相关的事实，向最高人民法院提起上诉。

最高人民法院认为，本案二审的争议焦点为：元图公司、刘某等人是否侵害了龙软公司的商业秘密并应就此承担侵权责任。

《最高人民法院关于审理不正当竞争民事案件应用法律若干问题的解释》第十四条规定，当事人指称他人侵犯其商业秘密的，应当对其拥有的商业秘密符合法定条件、对方当事人的信息与其商业秘密相同或者实质相同以及对方当事人采取不正当手段的事实负举证责任。其中，商业秘密符合法定条件的证据，包括商业秘密的载体、具体内容、商业价值和对该项商业秘密所采取的具体保密措施等。1993 年反不正当竞争法第十条规定的商业秘密，是指不为公众所知悉、能为权利人带来经济利益、具有实用性并经权利人采取保密措施的技术信息和经营信息。从技术秘密角度而言，计算机软件的流程、逻辑关系、算法和计算机软件源代码存在如下关系：首先，计算机软件的流程、逻辑关系、算法是计算机软件源代码的基础，软件源代码是对流程、逻辑关系、算法内容的具体实现和表达。同一流程、逻辑关系、算法可通过不同的编程语言的源代码甚至同一编程语言的不同源代码进行表达。正因为如此，对源代码本身采取保密措施并不一定意味着该源代码所包含的流程、逻辑关系、算法信息必然也被采取了保密措施；在计算机技术领域中，大量经典算法对技术人员而言是一般常识，源代码具有秘密性也不必然推知其承载的"流程、逻辑关系、算法"信息一定不为公众所知。其次，一段软件源代码所包含的流程、逻辑关系可能是纷繁复杂的，也可能涉及多个逻辑关系、多个算法，甚至可能是多流程、多逻辑相互嵌套的，加之流程、逻辑关系、算法本身是高度抽象的，因此，即使一段软件源代码承载了特定流程、逻辑关系、算法信息，该源代码本身也并不一定能直观地体现该流程、逻辑关系、算法信息。总之，技术秘密的本质是技术信息，在计算机软件中，虽然流程、逻辑关系、算法等内容与软件源代码本身在一定程度上存在相互表征的关系，但从技术角度而言，二者依旧是互为独立的技术信息。本案中这些特定流程、逻辑关系、算法信息未经明确指出，他人难以得知技术秘密权利人主张的具体权利对象。

本案一审期间，龙软公司虽针对"流程、逻辑关系、算法"信息主张权利，但未对相关具体信息内容进行任何说明；二审期间，龙软公司虽提交了书面意见说明，但该说明未涉及任何算法内容，其中对逻辑关系、流程的说明部分也未达到《最高人民法院关于审理不正当竞争民事案件应用法律若干问题的解释》第十四条之规定的要求。龙软公司始终未对其所称秘密点第三至第二十二所涉及的流程、逻辑关系、算法进行过明确、具体的说明，未明确其主张的权利对象，应当承担举证不能的法律后果。一审判决对龙软公司主张的流程、逻辑关系、算法的主张不能成立。

【评析】

本案是一起典型的涉及计算机软件的侵害技术秘密纠纷案件。龙软公司主张的秘密点中包括涉案软件部分功能对应的源代码以及相应的

"算法、流程、逻辑关系"。

计算机软件作为智力劳动成果，基于其产生的权利可以体现为专利权、著作权以及商业秘密（技术秘密）等形式。在审理涉及计算机软件的技术秘密案件的过程中，我们发现几个典型问题。首先，相当比例的当事人无法准确区分此类案件与其它类型知识产权侵权纠纷案件的区别。当事人在举证及陈述事实、理由的方式上与侵害著作权纠纷案件高度相似，导致无法有力维护自身权益。比如，当事人主张流程、逻辑关系、算法技术秘密被非法披露和实施，但依据的证据仅有源代码且无具体说明；甚至有当事人主张涉案软件的特定"功能"是技术秘密点。其次，业界对商业秘密案件的研究往往集中于构成要件、举证责任等法律问题，但对技术秘密信息内容的说明及其与载体的关系等问题缺少关注。究其原因，是对计算机软件技术秘密案件中的技术信息这一概念不甚清晰，对相应请求权基础的理解和适用不够重视。因此，有必要借本案对相关概念从技术和法律角度予以澄清。

请求权基础分析法就是通过考察当事人的请求权主张，寻求该请求权的规范基础。[①] 这一请求权基础的分析范式是："谁得向谁，依据何种法律规范，主张何种权利。"[②] 计算机软件的外观是程序代码。从该外观出发，著作权与商业秘密在请求权基础上的确容易发生混淆，但是我们知道，著作权只保护表达而不保护思想，这是著作权与商业秘密权益的重大区别之一。在符合相关规范的条件下，对计算机软件采用商业秘密保护，其保护范围明显不同于著作权的保护范围。

技术秘密的本质是技术信息。就计算机软件而言，虽然流程、逻辑关系、算法等内容与软件源代码本身在一定程度上存在相互表征的关系，但从技术角度看，二者互为独立的技术信息。

大多数编程语言教科书的第一个程序都是输出字符串"Hello, World"，表1列举了几种常用编程语言对这一程序指令的具体表达方式。

---

① 参见王利明：《民商法前沿论坛》，人民法院出版社 2002 年版，第 5~6 页。
② 王泽鉴：《民法思维 请求权基础理论体系》，北京大学出版社 2009 年版，第 41 页。

表1 "Hello，World"程序的不同编程语言表达

C 语言	printf（"Hello，World"）
Basic 语言	PRINT（"Hello，World"）
MatLab 语言	disp（"Hello，World"）
Logo 语言	print［Hello，World］
Pascal 语言	WriteLn（"Hello，World"）
Python 语言	print（"Hello，World"）

由此简单例子可见，同一流程、逻辑关系、算法可通过不同的编程语言的源代码（甚至同一编程语言的不同源代码）进行表达。可以说，从技术秘密角度分析计算机程序，其"源代码"是关于表达的信息；其"流程、逻辑关系、算法"是关于思想的信息。正因为如此，在判断是否满足技术秘密的构成要件、权利人是否履行了具体内容说明和举证义务等诸多问题时，需对"源代码"和"流程、逻辑关系、算法"这两类截然不同的技术信息区分评价。这也是商业秘密请求权规范基础不同于著作权请求权规范基础之处。

我们首先分析商业秘密的"不为公众所知悉"这一构成要件。很容易进一步理解，对软件源代码本身采取保密措施并不一定意味着该源代码所包含的流程、逻辑关系、算法信息必然也被采取了保密措施。在计算机技术领域，大量经典算法对程序员而言是一般常识。我们在任何一本计算机编程教科书中都能找到一些经典算法的介绍。显然，基于其中某一算法编制的源代码即使被采取了保密措施而具有秘密性，也并不能必然推得该源代码承载的算法信息一定不为公众所知这一结论。因此，"流程、逻辑关系、算法信息"与源代码在商业秘密的构成要件方面并不必然具有一致性，权利人必须分别加以举证证明。

另外，技术秘密的权利人在主张其权利时，有义务说明其权利对象、内容等信息。如果权利人主张的技术秘密信息是一种配方，那么在他拿出配方表的时候，配方的信息就已是一目了然的。但是，软件的流程、逻辑关系、算法本身是高度抽象的，甚至存在多个逻辑关系相互嵌套的

情况。即使一段软件源代码承载了特定流程、逻辑关系、算法信息，该源代码本身也并不一定能直观地体现该流程、逻辑关系、算法信息。因此，一般而言，即使当事人提交了源代码作为其主张技术秘密的载体，但若未明确指出相应的流程、逻辑关系、算法信息，他人仍难以得知技术秘密权利人主张的具体权利对象。这就好比在机械或电子领域，一般情况下技术秘密权利人光拿出图纸是不够的，还需要对照图纸指出其技术秘密具体是什么内容。综上，权利人提交源代码并不能免除其对流程、逻辑关系、算法进行说明的义务，且根据民事诉讼两审终审的基本原则，权利人应当在一审法庭辩论结束前，明确其所主张的流程、逻辑关系、算法作为商业秘密的具体内容。

接下来需要明确的问题是，何谓"明确商业秘密具体内容"？仍以配方技术秘密为例，配方载体所载物质成分、含量即为该秘密配方具体内容，这是具体而直观的。也就是说，当事人在举证的同时已完成了其对秘密点具体内容进行说明的义务。但是对于计算机软件的"流程、逻辑关系、算法"而言却并非如此；权利人不仅应对其作出说明，而且说明的内容必须达到明确具体的程度。众所周知，计算机软件所有功能对应的实现过程都是"输入—处理—输出"三步。若某一权利人主张的逻辑和流程仅是"输入—处理—输出"，则其主张涵盖了任何软件功能对应的逻辑和流程，这显然是不合理的。此时我们应当认定该权利人对技术秘密点的具体说明未达到"明确商业秘密具体内容"的要求。

（撰写人：詹靖康，最高人民法院知识产权法庭法官；毛涵，最高人民法院知识产权法庭法官助理）

34. 技术秘密许可合同约定保密期限届满后保密义务的承担

——上诉人石家庄泽兴氨基酸有限公司、河北大晓生物科技有限公司与被上诉人北京君德同创生物技术股份有限公司侵害技术秘密纠纷案

【裁判要旨】

技术秘密许可合同约定的保密期限届满，除非另有明确约定，一般仅意味着被许可人的约定保密义务终止，但其仍需承担侵权法上普遍的消极不作为义务和基于诚实信用原则的后合同附随保密义务。

【案号】

一审：河北省石家庄市中级人民法院（2018）冀 01 民初 936 号
二审：最高人民法院（2020）最高法知民终 621 号

【案情】

北京君德同创生物技术股份有限公司（原北京君德同创农牧科技股份有限公司，以下简称君德同创公司）向河北省石家庄市中级人民法院提起本案诉讼，主张石家庄泽兴氨基酸有限公司（以下简称泽兴公司）、河北大晓生物科技有限公司（以下简称大晓公司）共同侵犯了君德同创公司相关胍基乙酸的知识产权和技术秘密，私自使用君德同创公司技术

秘密生产胍基乙酸，并在市场上大肆宣传和销售，请求判令泽兴公司、大晓公司立即停止制造、销售、许可他人销售侵害君德同创公司知识产权和技术机密的饲料级胍基乙酸并连带赔偿的经济损失及合理费用共计1067万元。

一审法院经审理查明：君德同创公司主营业务包括饲料添加剂研发、生产、销售。2008年，君德同创公司开始研究胍基乙酸在饲料方面的应用价值，研发了饲料级胍基乙酸产品的不同生产工艺，并将其中的盐酸胍-氯乙酸法申请发明专利，于2012年1月4日获得授权；将甘氨酸-单氰胺法采用技术秘密予以保护，且与可以接触到相关技术信息的员工签订了《保密协议》。

2010年6月，君德同创公司与泽兴公司分别签订《关于北京君德同创与石家庄泽兴氨基酸公司联合开发胍基乙酸项目的战略合作协议》（以下简称战略合作协议）、《委托加工协议》（以下简称加工协议），约定泽兴公司为君德同创公司向农业农村部申请新饲料和新饲料添加剂给予生产试验、生产设备、场地等支持；同时为君德同创公司加工饲料级胍基乙酸产品。两份协议除产品质量要求有所区别外，其他内容均完全相同。两份协议均明确约定：泽兴公司应严格控制胍基乙酸生产技术，防止相关技术外泄，如果泽兴公司或泽兴公司人员将相关技术外泄，造成君德同创公司经济或技术（专利）损失，泽兴公司应完全承担君德同创公司损失；还约定未经君德同创公司许可，泽兴公司不得将胍基乙酸出售给除君德同创公司之外的任何第三方，如出现以上情况，给君德同创公司造成的经济和形象损失由泽兴公司承担。关于泽兴公司使用君德同创公司相关技术信息的期限，战略合作协议、加工协议中均没有明确约定，但约定了合同期限和保密期限，即合同有效期三年，自2010年6月30日至2013年6月30日，双方协商同意，可以书面补充协议方式延长协议期限；合作期内及双方合作结束后三年内，泽兴公司必须对双方合作有关的销售数据、技术信息等进行保密，不得向任何人泄漏任何相关资料。

2012年6月，君德同创公司将名称为《单氰胺法生产胍基乙酸》的生产工艺（以下简称涉案技术秘密）提供给泽兴公司。2014 年 6 月君德同创公司与泽兴公司双方合作终止。2015 年 3 月 26 日泽兴公司自行制作了《单氰氨法生产胍基乙酸》工艺流程表，即被诉侵权生产工艺。2016 年 3 月 10 日，君德同创公司委托北京大成律师事务所向泽兴公司发出《关于停止生产、经营和使用胍基乙酸作为饲料添加剂的律师函》，表明泽兴公司在双方合作终止后，泽兴公司将胍基乙酸作为饲料添加剂生产、经营、使用、宣传并销售给用户，要求泽兴公司立即停止侵权行为。2016 年下半年始，君德同创公司发现大晓公司在对外宣传、参加展会、销售饲料级胍基乙酸产品时，宣称其生产工艺来自于君德同创公司、泽兴公司或者与君德同创公司、泽兴公司有关。大晓公司出具的胍肌乙酸（饲料级）产品的分析报告等显示该公司销售的胍肌乙酸（饲料级）产品质量达到了战略合作协议要求。大晓公司与泽兴公司具有关联关系。

【裁判】

河北省石家庄市中级人民法院经审理认为，君德同创公司提供给泽兴公司的《单氰胺法生产胍基乙酸》中记载的内容符合 2017 年修订的反不正当竞争法规定的技术秘密的法定要件，泽兴公司使用的被诉侵权生产工艺与君德同创公司涉案技术秘密实质相同。君德同创公司提供的现有证据能够证明泽兴公司、大晓公司共同实施了侵害商业秘密行为，泽兴公司、大晓公司应承担停止侵权、赔偿损失的民事责任，因君德同创公司主张 1067 万元经济损失及合理开支未提供相关证据，将依法酌情确定。

一审法院判决：泽兴公司、大晓公司立即停止制造、销售侵害君德同创公司技术秘密的饲料级胍基乙酸产品；泽兴公司、大晓公司共同赔偿君德同创公司经济损失及合理开支共计 50 万元；驳回君德同创公司的其他诉讼请求。

一审宣判后，泽兴公司、大晓公司均不服，分别向最高人民法院（以下简称二审法院）提起上诉，请求均为：撤销一审判决第一、二项，依法驳回君德同创公司的诉讼请求。

二审法院认为，根据战略合作协议、加工协议中的约定，应当认定战略合作协议、加工协议中约定的保密期限为合作期内及双方合作结束后三年内，在此期限内，泽兴公司对于君德同创公司涉案技术秘密负有保密义务，未经泽兴公司许可不得使用涉案技术秘密。根据在案事实，泽兴公司履行战略合作协议、加工协议约定的保密期限义务应当至2017年6月30日。而被诉侵权技术信息载明的时间为2015年3月26日，且根据2016年3月10日，君德同创公司委托北京大成律师事务所向泽兴公司发出《关于停止生产、经营和使用胍基乙酸作为饲料添加剂的律师函》记载，泽兴公司在双方合作结束后、2016年3月前，实施了将胍基乙酸作为饲料添加剂销售给用户等行为，在泽兴公司没有提交相反证据的情况下，可以推定泽兴公司在战略合作协议、加工协议约定的保密期限内，未经君德同创公司的许可，使用了涉案技术秘密，构成侵害商业秘密。

本案中，战略合作协议、加工协议均没有授权泽兴公司在合同约定的保密期限届满后可以许可他人使用、披露涉案技术秘密，且根据战略合作协议、加工协议对泽兴公司保密义务和保密期限的约定，泽兴公司未经君德同创公司许可，不得将胍基乙酸出售给除君德同创公司之外的任何第三方，显然，君德同创公司作为涉案技术秘密的权利人通过签订战略合作协议、加工协议，允许泽兴公司使用涉案技术秘密，旨在充分利用涉案技术秘密商业价值，与泽兴公司实现合作共赢。而泽兴公司提供的在案证据不能证明，战略合作协议、加工协议约定的保密期限届满后，君德同创公司具有允许泽兴公司许可他人使用、披露涉案技术秘密的任何意思表示；亦不能证明泽兴公司为了在保密期限届满后享有与君德同创公司同等的涉案技术秘密权利人权益，支付了相当于涉案技术秘密价值的合理对价。故，泽兴公司在战略合作协议、加工协议约定的保密期限届满后，即2017年6月30日以后，仅能自己使用涉案技术秘密，不能许可他人使用、披露涉案技术秘密。根据君德同创公司提供的证据，可以认定在战略合作协议、加工协议约定的保密期限届满前及届满后，泽兴公司与大晓公司共同使用了涉案技术秘密。

一审法院判决泽兴公司、大晓公司停止侵权，并无不当，但是在确定泽兴公司、大晓公司的侵权责任时，没有根据技术许可合同的特点，保密期限的法律性质等严格区分泽兴公司作为被许可人应当承担的民事责任，和大晓公司作为第三人应当承担的民事责任，属于适用法律错误，应依法予以纠正。且反不正当竞争法所规制的侵害商业秘密的行为并非指对相关产品的制造、销售行为，而是对所涉商业秘密的非法使用、许可使用、披露等行为，一审法院对此亦存在适用法律错误，应亦依法予以纠正。

二审法院判决：维持一审法院（2018）冀01民初936号民事判决第二项；撤销一审法院（2018）冀01民初936号民事判决第一、第三项；泽兴公司立即停止允许他人使用君德同创公司涉案技术秘密的行为直至涉案技术秘密为公众所知悉；大晓公司立即停止使用君德同创公司涉案技术秘密的行为直至涉案技术秘密为公众所知悉；驳回泽兴公司其他上诉请求；驳回大晓公司上诉请求；驳回君德同创公司其他诉讼请求。

【评析】

技术秘密作为知识产权保护客体，与专利以公开换保护不同，技术秘密以不为公众所知悉为获得法律保护的基础条件。由于技术秘密许可使用是权利人实现技术秘密价值，获得收益的重要途径，基于技术秘密保护的特殊性，在技术秘密许可使用合同中，当事人通常需约定保密期间。但对于保密期限届满后，负有保密义务的一方当事人是否有权披露相关技术秘密的问题，目前理论和司法实践中意见不统一。目前主要有两种观点：一是保密期限届满后，负有保密义务的一方当事人不能擅自披露相关技术秘密；二是民事法律行为可以附期限，但是根据其性质不得附期限的除外，附终止期限的民事法律行为，自期限届满时失效。[①] 因

---

① 参见最高人民法院民法典贯彻实施工作领导小组：《中华人民共和国民法典总则编理解与适用》，人民法院出版社2020年版，第799页。

此，保密期限届满后，保密义务人不再负有保密义务，否则，保密期限约定没有意义。保密期限届满后，负有保密义务的一方当事人不再负有保密义务，。

二审法院在该案中明确了技术秘密许可合同约定的保密期限届满，除非另有明确约定，一般仅意味着被许可人的约定保密义务终止，但其仍需承担侵权法上普遍的消极不作为义务和基于诚实信用原则的后合同附随保密义务。具体分析如下：

一、技术秘密许可合同约定使用期限与保密期限的关系

2017 年修订的反不正当竞争法第九条第一款第三项规定，违反约定或者违反权利人有关保守商业秘密的要求，披露、使用或者允许他人使用其所掌握的商业秘密的行为属于侵害商业秘密行为。《中华人民共和国合同法》（以下简称合同法）第三百四十三条规定："技术转让合同可以约定让与人和受让人实施专利或者使用技术秘密的范围，但不得限制技术竞争和技术发展。"① 第三百四十八条规定："技术秘密转让合同的受让人应当按照约定使用技术，支付使用费，承担保密义务。"② 《最高人民法院关于审理技术合同纠纷案件适用法律若干问题的解释》（〔2004〕20号）第二十八条第一款规定："合同法三百四十三条所称'实施专利或者使用技术秘密的范围'，包括实施专利或者使用技术秘密的期限、地域、方式以及接触技术秘密的人员等。"③ 根据上述规定，技术秘密许可合同的双方当事人可以约定被许可人使用技术秘密的范围，包括使用期限、

① 民法典第八百六十四条规定："技术转让合同和技术许可合同可以约定实施专利或者使用技术秘密的范围，但是不得限制技术竞争和技术发展。"

② 民法典第八百六十九条规定："技术秘密转让合同的受让人和技术秘密使用许可合同的被许可人应当按照约定使用技术，支付转让费、使用费，承担保密义务。"

③ 《最高人民法院关于审理技术合同纠纷案件适用法律若干问题的解释》（2020 年修正）第二十八条规定："民法典第八百六十四条所称'实施专利或者使用技术秘密的范围'，包括实施专利或者使用技术秘密的期限、地域、方式以及接触技术秘密的人员等。当事人对实施专利或者使用技术秘密的期限没有约定或者约定不明确的，受让人、被许可人实施专利或者使用技术秘密不受期限限制。"

地域、方式以及接触技术秘密的人员等；还可以约定保密期限，被许可人应当按照约定使用技术秘密，承担保密义务。因此，在技术秘密许可合同中，当事人可能同时约定了使用期限和保密期限，亦有可能仅约定其一，厘清使用期限和保密期限的关系，对于判断约定的保密期限届满，被许可人是否仍然负有保密义务具有重要意义。如果技术秘密许可合同约定了使用期限，期限届满，被许可人不得再使用相关技术秘密；如果技术秘密许可合同没有约定使用期限，仅约定了保密期限，那么保密期限内，被许可人应当按照合同约定使用相关技术秘密，保密期限届满，被许可人仍可以使用技术秘密；如果技术许可合同对使用期限、保密期限均没有约定或者约定不明确的，被许可人使用技术秘密不受期限限制。[①]

二、技术许可合同约定的保密期限届满后，被许可方应否继续承担保密义务

技术秘密许可合同与其他合同一样，应遵循当事人意思自治原则，如果合同中明确约定保密期限届满后，被许可人可以许可他人使用、披露相关商业秘密，则被许可人实施上述行为不构成侵害商业秘密；如果技术许可合同并未明确约定保密期限届满后，被许可人可以许可他人使用、披露相关商业秘密，则需要根据双方签订合同的目的、双方的权利义务、合同对价、合同履行情况、商业惯例及诚信原则等，综合判断保密期限届满后，被许可人是否可以许可他人使用、披露相关商业秘密。

首先，技术秘密构成要件中不为公众所知悉的要求，使得技术许可合同中被许可人保密义务的期限和范围直接影响技术秘密专有权是否存续。民法总则第一百二十三条第一款规定："民事主体依法享有知识产权。"第二款规定，商业秘密作为知识产权的一种，系权利人依法享有的

---

① 参见黄薇：《中华人民共和国民法典释义》，法律出版社 2020 年版，第 1563 页。

专有的权利。① 显然，包括技术秘密在内的商业秘密是民事主体依法享有的知识产权，任何人未经许可不得披露、使用和允许他人使用权利人的商业秘密。区别于其他知识产权具有公开性、期限性、绝对排他性等特征，商业秘密自产生之日就自动取得，并具有相对排他性，即同一商业秘密可能由多个权利主体占有；同时，商业秘密的保护期限具有不确定性，只要商业秘密不被泄露，就一直受法律保护。技术许可合同约定保密期间，仅代表双方当事人对该期间的保密义务进行了约定，该保密期间届满，虽然合同约定的保密义务终止，但被许可人仍需承担除自己使用以外的保密义务。

其次，保密义务的来源不仅只有约定义务，还有法定义务。法律规定的保密义务既包括侵权法意义上的、普遍的消极不作为义务，如2017年修订的反不正当竞争法第九条第一款规定，任何人未经许可都不得披露、使用和允许他人使用权利人的商业秘密；也包括基于诚实信用原则的合同前、合同中、合同后的保密义务。如合同法第四十三条规定："当事人在订立合同过程中知悉的商业秘密，无论合同是否成立，不得泄露或者不正当地使用。泄露或者不正当地使用该商业秘密给对方造成损失的，应当承担损害赔偿责任。"② 第九十二条规定："合同的权利义务终止后，当事人应当遵循诚实信用原则，根据交易习惯履行通知、协助、保密等义务。"③《最高人民法院关于适用〈中华人民共和国合同法〉若干问题的解释（二）》第二十二条规定："当事人一方违反合同法第九十二条规定的义务，给对方当事人造成损失，对方当事人请求赔偿实际损

---

① 民法典第一百二十三条规定："民事主体依法享有知识产权。知识产权是权利人依法就下列客体享有的专有的权利：（一）作品；（二）发明、实用新型、外观设计；（三）商标；（四）地理标志；（五）商业秘密；（六）集成电路布图设计；（七）植物新品种；（八）法律规定的其他客体。"

② 民法典第五百零一条规定："当事人在订立合同过程中知悉的商业秘密或者其他应当保密的信息，无论合同是否成立，不得泄露或者不正当地使用；泄露、不正当地使用该商业秘密或者信息，造成对方损失的，应当承担赔偿责任。"

③ 民法典第五百五十八条规定："债权债务终止后，当事人应当遵循诚信等原则，根据交易习惯履行通知、协助、保密、旧物回收等义务。"

失的，人民法院应当支持。"保密义务贯穿技术秘密许可合同的订立、履行的始终，对于当事人在订立合同过程中知悉的商业秘密，无论合同是否成立，都不得泄露或者不正当地使用，泄露或者不正当地使用该商业秘密给对方造成损失的，应当承担损害赔偿责任；[1] 合同终止后，当事人仍然有保密义务，未尽到保密义务的，应当向对方承担赔偿责任。[2]

再次，按照技术许可合同的性质，被许可人仅是获得了使用相关商业秘密的权利，合同中约定有保密期限，也不应当解释为保密期限届满后，受让人和被许可人可以许可他人使用、甚至披露相关商业秘密。因披露商业秘密属于放弃商业秘密民事权利的行为，除非合同中有明确约定，否则该行权处分行为不能由非权利主体作出。如合同法第三百四十八条规定，技术秘密转让合同的受让人应当按照约定承担保密义务。[3] 第三百五十条规定："技术转让合同的受让人应当按照约定的范围和期限，对让与人提供的技术中尚未公开的秘密部分，承担保密义务。"[4] 因合同法未区分技术转让合同和技术许可合同，上述规定应当适用于技术许可合同。依据前述规定，技术许可合同中被许可人应当承担的保密义务至少包括：未经许可人同意，不得擅自许可第三人使用相关商业秘密；应当按照合同约定采取保密措施，不应故意或者过失泄露相关商业秘密；对许可人提供或者传授的技术和有关技术资料，应当按照合同约定的范围和期限承担保密义务；对超过合同约定范围和期限仍需保密的技术，应当遵循诚实信用的原则，履行合同保密的附随义务。

综上，若技术秘密许可合同中仅约定了保密期限，届满后负有保密义务的一方当事人有权自己使用技术秘密，但仍应承担不对外披露相关技术秘密的义务。

---

[1] 参见黄薇：《中华人民共和国民法典释义》，法律出版社 2020 年版，第 960 页。

[2] 最高人民法院民法典贯彻实施工作领导小组：《中华人民共和国民法典合同编理解与适用（一）》，人民法院出版社 2020 年版，第 283 页。

[3] 民法典第八百六十九条规定："技术秘密转让合同的受让人和技术秘密使用许可合同的被许可人应当按照约定使用技术，支付转让费、使用费，承担保密义务。"

[4] 民法典第八百七十一条规定："技术转让合同的受让人和技术许可合同的被许可人应当按照约定的范围和期限，对让与人、许可人提供的技术中尚未公开的秘密部分，承担保密义务。"

　　该案中，泽兴公司违反保密约定，在战略合作协议、加工协议约定的保密期限内单独使用了涉案商业秘密，构成侵害君德同创公司商业秘密，应当承担的相应的民事责任。在战略合作协议、加工协议约定的保密期限内和保密期限届满后，泽兴公司与大晓公司共同实施了侵害君德同创公司商业秘密行为，应当承担连带赔偿责任。

　　（撰写人：原晓爽，最高人民法院知识产权法庭法官；郝小娟，最高人民法院知识产权法庭法官助理）

35. 侵害技术秘密行为的认定及责任承担

——上诉人嘉兴市中华化工有限责任公司、上海欣晨新技术有限公司与上诉人王龙集团有限公司、宁波王龙科技股份有限公司、喜孚狮王龙香料（宁波）有限公司、傅某根、被上诉人王某军因侵害技术秘密纠纷案

【裁判要旨】

（1）权利人举证证明被诉侵权人非法获取了完整的产品工艺流程、成套的生产设备等技术秘密信息或者技术秘密载体，且被诉侵权人已经实际生产出相同产品的，可以根据优势证据规则和日常生活经验，推定被诉侵权人使用了全部技术秘密。

（2）被诉侵权企业系其法定代表人或者实际控制人专门为从事侵权而登记设立，该被诉侵权企业的生产经营主要系实施被诉侵权行为，且该法定代表人或者实际控制人自身积极参与侵权行为实施的，可以认定该法定代表人或者实际控制人与该被诉侵权企业共同实施了侵权行为，并应当依法承担连带法律责任。

（3）侵害技术秘密纠纷案件中，被诉侵权人以侵权为业的，可以被诉侵权行为相关产品的销售利润为基础计算损害赔偿数额；被诉侵权行为相关产品的销售利润难以确定的，可以被诉侵权行为相关产品的销售量乘以权利人相关产品的销售价格及销售利润率为基础计算损害赔偿

数额。

【案号】

一审：浙江省高级人民法院（2018）浙民初 25 号

二审：最高人民法院（2020）最高法知民终 1667 号

【案情】

嘉兴市中华化工有限责任公司（以下简称嘉兴中华化工公司）与上海欣晨新技术有限公司（以下简称上海欣晨公司）共同研发出乙醛酸法制备香兰素的新工艺，并作为技术秘密加以保护。嘉兴中华化工公司因香兰素生产新工艺技术两次获得省部级科技进步奖，并被评为高新技术企业，成为全球最大的香兰素制造商。

王龙集团有限公司（以下简称王龙集团公司）成立于 1995 年，王某军任监事。宁波王龙科技股份有限公司（以下简称王龙科技公司）成立于 2009 年，由王某军与王龙集团公司共同出资成立，王某军任法定代表人。喜孚狮王龙香料（宁波）有限公司（以下简称喜孚狮王龙公司）成立于 2015 年，由王龙科技公司出资成立并使用王龙科技公司作为股权出资的生产设备生产香兰素，后王龙科技公司将其所持有的 51% 股权出售给凯美菱精细科学有限公司与喜孚狮欧洲股份公司。

2010 年，嘉兴中华化工公司香兰素车间副主任傅某根获得王龙集团公司给予的 40 万元报酬后，将嘉兴中华化工公司的香兰素技术秘密披露给王某军，并进入王龙科技公司香兰素车间工作。随后，王龙科技公司利用载有涉案技术秘密的图纸订购香兰素生产设备，组建生产线。2011年 6 月起，王龙科技公司开始生产香兰素。喜孚狮王龙公司自成立后持续使用王龙科技公司作为股权出资的香兰素生产设备生产香兰素。2011至 2017 年，王龙集团公司、王龙科技公司及喜孚狮王龙公司实际利用涉案技术秘密每年生产和销售香兰素至少 2000 吨。

嘉兴中华化工公司与上海欣晨公司向浙江省高级人民法院提起诉讼，

请求判令：（1）王龙集团公司、王龙科技公司、喜孚狮王龙公司、傅某根、王某军立即停止一切侵害嘉兴中华化工公司与上海欣晨公司商业秘密的行为；（2）王龙集团公司、王龙科技公司、喜孚狮王龙公司、傅某根、王某军赔偿嘉兴中华化工公司与上海欣晨公司经济损失，包括为调查、制止侵权行为所支付的合理费用共计 5.02 亿元；（3）本案诉讼费用由王龙集团公司、王龙科技公司、喜孚狮王龙公司、傅某根、王某军负担。嘉兴中华化工公司与上海欣晨公司在本案中主张的赔偿数额仅计算至 2017 年底，不包括被诉侵权行为 2018 年以来持续至今给其造成的损失。

【裁判】

浙江省高级人民法院一审经审理认为：王龙集团公司、王龙科技公司、喜孚狮王龙公司、傅某根从嘉兴中华化工公司处非法获取的涉案技术秘密中，只有部分技术秘密被实际使用；由于本案商业秘密权利人的实际损失和侵权人的侵权获利均难以确定，故适用法定赔偿确定本案损害赔偿数额。

浙江省高级人民法院一审判决：（1）王龙集团公司、王龙科技公司、喜孚狮王龙公司、傅某根立即停止侵害涉案技术秘密的行为，即停止以不正当手段获取、披露、使用、允许他人使用涉案设备图和工艺管道及仪表流程图记载的技术秘密；该停止侵害的时间持续到涉案技术秘密已为公众所知悉时止。（2）王龙集团公司、王龙科技公司、傅某根自本判决生效之日起十日内连带赔偿嘉兴中华化工公司、上海欣晨公司经济损失 300 万元、合理维权费用 50 万元，共计 350 万元；喜孚狮王龙公司对其中 7%即 24.5 万元承担连带赔偿责任。（3）驳回嘉兴中华化工公司、上海欣晨公司的其他诉讼请求。

嘉兴中华化工公司、上海欣晨公司、王龙集团公司、王龙科技公司、喜孚狮王龙公司、傅某根不服一审判决，向最高人民法院提起上诉。

嘉兴中华化工公司与上海欣晨公司上诉请求：（1）依法改判原审判

决第一项，判令王龙集团公司、王龙科技公司、喜孚狮王龙公司、傅某根、王某军停止以不正当手段获取、披露、使用、允许他人使用原审判决附件 2 所示设备图和工艺流程图记载的技术秘密；（2）依法改判原审判决第二项，判令王龙集团公司、王龙科技公司、喜孚狮王龙公司、傅某根、王某军赔偿经济损失 175287031.92 元，合理支出 2483196 元，合计 177770227.92 元；（3）判令王龙集团公司、王龙科技公司、喜孚狮王龙公司、傅某根、王某军负担全部诉讼费用。二审庭审中，嘉兴中华化工公司与上海欣晨公司明确：由于二审诉讼产生了新的合理开支，第二项上诉请求中的合理开支有相应的增加，但是增加后其所主张赔偿总额仍为 177770227.92 元。

王龙集团公司、王龙科技公司、喜孚狮王龙公司、傅某根上诉请求：撤销原审判决第一项、第二项，改判驳回嘉兴中华化工公司与上海欣晨公司全部诉讼请求，并负担全部诉讼费用。

最高人民法院二审经审理认为：王龙集团公司、王龙科技公司、喜孚狮王龙公司、傅某根从嘉兴中华化工公司处非法获取的涉案技术秘密，即 185 张设备图和 15 张工艺流程图均已被实际使用。王某军与王龙集团公司、王龙科技公司、喜孚狮王龙公司、傅某根构成共同侵权。关于赔偿数额，二审法院考虑王龙集团公司等被诉侵权人侵权情节恶劣且拒不提交相关账簿和资料，以及嘉兴中华化工公司香兰素产品的销售价格及销售利润率可以作为参考等事实，决定以 2011—2017 年期间王龙集团公司、王龙科技公司及喜孚狮王龙公司生产和销售的香兰素产量乘以嘉兴中华化工公司香兰素产品的销售价格及销售利润率计算赔偿数额。

最高人民法院二审判决：（1）撤销浙江省高级人民法院（2018）浙民初 25 号民事判决；（2）王龙集团公司、王龙科技公司、喜孚狮王龙公司、傅某根、王某军立即停止侵害嘉兴中华化工公司、上海欣晨公司技术秘密的行为，即停止以不正当手段获取、披露、使用、允许他人使用涉案设备图和工艺管道及仪表流程图记载的技术秘密，该停止侵害的时间持续到涉案技术秘密为公众所知悉时止；（3）王龙集团公司、王龙科技公司、傅某根、王某军自本判决生效之日起十日内连带赔偿嘉兴中华化工公司、上海欣晨公司经济损失 155829455.20 元，合理维权费用 3492216 元，共计 159321671.20 元，喜孚狮王龙公司对其中 7% 即 11152516.98 元承担连带赔偿责任；（4）驳回嘉兴中华化工公司、上海欣晨公司的其他诉讼请求；（5）驳回王龙集团公司、王龙科技公司、喜孚狮王龙公司、傅某根的上诉请求。

【评析】

本案是人民法院史上侵害商业秘密纠纷生效判决中判赔额最高的案件，判赔数额高达 1.59 亿元，并入选最高人民法院知识产权法庭"2020 年 10 件技术类知识产权典型案例"。本案判决在技术秘密的使用行为认定、法定代表人共同侵权认定、侵权损害赔偿数额计算等多个问题的处理思路和论证说理都具有较强的典型意义和指导意义。

一、关于涉案技术秘密使用行为的认定

技术秘密是具备秘密性、价值性和保密性的技术信息。技术秘密可以是完整的技术方案，也可以是构成技术方案的部分技术信息；可以是完整的工艺流程、成套的生产设备，也可以是相对碎片化的技术参数、设备尺寸等。侵害技术秘密纠纷案件中的使用行为认定与产品专利民事侵权案件不同，后者的当事人通过公证购买等方式可以相对容易地获得被诉侵权产品，进而可以通过拆解等方式固定被诉侵权产品的技术方案后进行侵权比对。相比而言，在侵害技术秘密纠纷案件中，一方面由于权利人请求保护的技术秘密信息量较大、覆盖面较广且可能存在碎片化的现象，另一方面由于被诉侵权技术信息可能涉及温度、配比等，有时难以直接获得，导致此类案件普遍存在发现难、举证难、比对难的特点，在权利人已经举证证明被诉侵权人非法获取涉案技术秘密并至少部分使用上述技术秘密的情况下，人民法院应当充分考虑涉案技术秘密的特点、被诉侵权行为的情节、性质及当事人提供的反证情况，运用优势证据规

则作出事实认定。

本案中，二审法院在确认一审法院关于被诉侵权人使用部分涉案技术秘密的事实认定的基础上，综合考虑了涉案技术秘密的整体性、配套性特点，以及被诉侵权人已经实际量产侵权产品，并结合被诉侵权人拒不提供研发数据等举证妨碍的事实，推定被诉侵权人使用了非法获取的全部涉案技术秘密。具体而言，首先，本案中，王龙集团公司、王龙科技公司、喜孚狮王龙公司、傅某根已经从嘉兴中华化工公司处非法获取了涉案全部技术秘密。香兰素生产设备和工艺流程通常具有配套性，其生产工艺及相关装置相对明确固定，王龙集团公司等被诉侵权人已经实际建成香兰素项目生产线并进行规模化生产，故其必然具备制造香兰素产品的完整工艺流程和相应装置设备。其次，王龙集团公司等被诉侵权人拒不提供有效证据证明其对香兰素产品的完整工艺流程和相应装置设备进行了研发和试验，且其仅用了一年左右的时间就上马香兰素项目生产线并实际投产。与之相比，嘉兴中华化工公司从研发涉案技术秘密到建成生产线至少用了长达4年多的时间。再次，王龙集团公司等被诉侵权人未提交有效证据证明其对被诉技术方案及相关设备进行过小试和中试，且其又非法获取了涉案技术图纸，同时王龙科技公司的环境影响报告书及其在向案外人购买设备的过程中均已使用了其非法获取的设备图和工艺流程图。最后，虽然王龙集团公司、王龙科技公司的香兰素生产工艺流程和相应装置设备与涉案技术秘密在个别地方略有不同，但其未提交证据证明这种不同是基于其自身的技术研发或通过其他正当途径获得的技术成果所致。同时，现有证据表明，王龙集团公司等被诉侵权人是在获取了涉案技术秘密后才开始组建工厂生产香兰素产品，即其完全可能在获得涉案技术秘密后对照该技术秘密对某些生产工艺或个别配件装置作规避性或者适应性修改。这种修改本身也是实际使用涉案技术秘密的方式之一。①

二、关于法定代表人共同侵权的认定

法定代表人既是自然人，又是公司的代表。在侵害技术秘密纠纷、专利权侵权纠纷等知识产权民事案件中，权利人经常以被诉侵权公司的法定代表人参与了被诉侵权相关的生产经营活动（例如以其个人账户收取货款、以其个人控制的媒体平台发布侵权产品信息、以个人所有房产存放被诉侵权产品等）为由，主张法定代表人与公司构成共同侵权。法定代表人实施了与被诉侵权产品相关的生产经营行为是否可以认定其与公司构成共同侵权，仍应根据共同侵权的构成要件并结合案件事实进行具体分析。最高人民法院在 SMC 株式会社与乐清市中气气动科技有限公司、倪某才侵害发明专利权纠纷案再审认为，侵权责任法第八条规定的共同侵权的要件是：加害主体为两人或者两人以上；各加害人主观上具有共同意思；各加害人彼此的行为之间客观上存在相互利用、配合或者支持；各加害人行为造成的损害后果在其共同意思的范围内。本案与上述 SMC 株式会社案的不同之处在于，本案系侵害技术秘密纠纷，当事人以不正当手段获取技术秘密亦可构成侵权，王某军以利诱方式从傅某根处获取涉案技术秘密，其行为是个人行为亦或代表王龙科技公司作出的行为？对于这个问题，如果仅局限于王某军利诱傅某根并获取涉案技术秘密这个单一事实，则难以解答，还应回归共同侵权的构成要件并结合案件其他事实，特别是王龙科技公司、喜孚狮王龙公司本身的登记成立及生产经营情况加以认定。如果被诉侵权企业系其法定代表人或者实际控制人专门为从事侵权而登记成立，客观上该企业的生产经营主要系实施被诉侵权行为，且该法定代表人或者实际控制人自身积极参与侵权行

---

① 《最高人民法院关于审理侵犯商业秘密民事案件适用法律若干问题的规定》第九条规定："第九条被诉侵权人在生产经营活动中直接使用商业秘密，或者对商业秘密进行修改、改进后使用，或者根据商业秘密调整、优化、改进有关生产经营活动的，人民法院应当认定属于反不正当竞争法第九条所称的使用商业秘密。"虽然该司法解释于 2020 年 9 月 12 日施行，但是上述规定可以印证本案的审理思路和处理结果。

为实施，则可以认定该法定代表人或者实际控制人与法人共同实施了侵权行为，并应依法承担连带法律责任。

根据本案查明的事实，王龙集团公司是从事香兰素生产、销售的企业，其通过签订《香兰素技术转让协议》、向傅某根等人支付报酬的方式，直接获取嘉兴中华化工公司的涉案技术秘密并披露给王龙科技公司使用。王龙科技公司由其法定代表人王某军和王龙集团公司（王某军任公司监事）共同出资成立，王龙科技公司雇用傅某根并使用其非法获取的涉案技术秘密，自成立后短期内即完成香兰素生产线建设并大量生产、销售香兰素产品，之后又通过设备出资方式将涉案技术秘密披露给喜孚狮王龙公司并允许其继续使用涉案技术秘密。王龙集团公司、王龙科技公司主观上具有共同侵权的意思联络，客观上各自分工并共同实施了获取、披露、使用、允许他人使用涉案技术秘密的行为，共同造成了侵害涉案技术秘密的损害后果，构成共同侵权。喜孚狮王龙公司是王龙科技公司以香兰素生产设备出资成立的公司，主要产品为香兰素，自2017年成立到2020年期间始终由王某军担任法定代表人。结合以上事实，可以认定王龙科技公司、喜孚狮王龙公司是王某军专为侵害涉案技术秘密而成立的公司，其中王某军实施了利诱傅某根并获取涉案技术秘密的行为，其个人意志和王龙科技公司、喜孚狮王龙公司的侵权意志高度一致，其个人行为也和其他被诉侵权人存在分工配合，并造成侵权后果，应认定构成共同侵权。

此外，对于王某军是否构成共同侵权，一审法院认为："法人人格独立是公司法的基本价值取向，本案中，《香兰素技术转让协议》的签订、履行和付款，涉案技术秘密的获取、使用均以王龙集团公司和王龙科技公司名义完成，王某军的行为并未明显超出其法定代表人职务行为的范畴。"诚然，法人人格独立是公司法的基本价值取向，但是法人人格独立不是绝对、彻底的，而是要根据案件事实考虑是否适用，以及是否需要"刺破公司面纱"。《全国法院民商事审判工作会议纪要》（法〔2019〕254号）指出，只有在股东实施了滥用公司法人独立地位及股东有限责任的行为，且该行为严重损害了公司债权人利益的情况下，才能适用公司人格否认的规定；损害债权人利益，主要是指股东滥用权利使公司财产不足以清偿公司债权人的债权。公司人格否认的规定旨在矫正有限责任制度在特定法律事实发生时对债权人保护的失衡现象，而公司法第二十条并非针对法定代表人以公司名义侵害知识产权的行为。结合本案王龙科技公司、喜孚狮王龙公司是王某军专为侵害涉案技术秘密而成立的公司、王某军自身直接参与实施侵权行为等事实，王某军显然是共同侵权行为人之一，应承担连带责任。本案不能简单基于法人人格独立排除王某军承担侵权责任。

三、关于损害赔偿数额的认定

本案的被诉侵权行为从 2010 年起至少持续到 2020 年本案开庭时，即被诉侵权行为跨越了 2017 年和 2019 年反不正当竞争法实施期间，而 2019 年反不正当竞争法规定了惩罚性赔偿，并且民法典也规定了惩罚性赔偿，本案最终适用了 2017 年反不正当竞争法，未适用 2019 年反不正当竞争法判令惩罚性赔偿，主要原因在于嘉兴中华化工公司与上海欣晨公司一审、二审始终主张损害赔偿数额仅计算至 2017 年底。此外，二审法院在判决中也特别指出，对于 2018 年以来仍在持续的侵害涉案技术秘密行为，嘉兴中华化工公司与欣晨公司可以依法另行寻求救济。

根据 2017 年反不正当竞争法及相关司法解释规定，侵害技术秘密纠纷案件的赔偿数额按照权利人实际损失、侵权人侵权获益、300 万元以下法定赔偿的先后顺序计算，并且可以参照侵犯专利权的损害赔偿额的方法进行确定。嘉兴中华化工公司与上海欣晨公司在二审主张三种赔偿计算方式：（1）按营业利润计算，即以王龙集团公司、王龙科技公司及喜孚狮王龙公司生产和销售的香兰素产品数量乘以嘉兴中华化工公司同期香兰素产品销售价格及营业利润率为基数，乘以 1.5 倍为惩罚性赔偿；（2）按销售利润计算，即以王龙集团公司、王龙科技公司及喜孚狮王龙公司同期生产和销售的香兰素产品总量乘以嘉兴中华化工公司同期香兰素产品的销售价格及销售利润率；（3）按价格侵蚀计算，2011—2017年期间因王龙集团公司、王龙科技公司及喜孚狮王龙公司的侵权及不正当竞争行为对嘉兴中华化工公司香兰素产品的价格侵蚀损害高达7.9亿元。以价格侵蚀来计算实际损失，虽然在外国有相关判例，但是在中国司法实践中尚未存在先例，这种计算方式所依据的数据以及计算方法是否与中国司法实践相契合，仍有待研究，但其价格侵蚀高达7.9亿元的结论可以旁证侵权行为情节之恶劣、后果之严重，可以作为判赔参考因素。在实际损失难以确定情况下，应考虑是否可以根据侵权获利计算损害赔偿额。《最高人民法院关于审理专利纠纷案件适用法律问题的若干规定》（2015年第二次修正）第二十条第二款规定："专利法第六十五条规定的侵权人因侵权所获得的利益可以根据该侵权产品在市场上销售的总数乘以每件侵权产品的合理利润所得之积计算。侵权人因侵权所获得的利益一般按照侵权人的营业利润计算，对于完全以侵权为业的侵权人，可以按照销售利润计算。"上述"侵权行为的情节"，一般可以考虑商业秘密的性质、商业价值、研究开发成本、创新程度、所带来的竞争优势以及侵权人的主观过错、侵权行为的性质、具体行为、后果等因素。本案判赔主要考虑了以下要点：（1）王龙集团公司等被诉侵权人非法获取涉案技术秘密的手段恶劣。王龙集团公司、王龙科技公司、王某军采取现金及股权收买等方式，策划、利诱掌握涉案技术秘密的嘉兴中华化工公司员工傅某根到王龙集团公司工作，并在傅某根到王龙集团公司工作后立即上马香兰素项目。傅某根为个人利益出卖涉案技术秘密，主观恶意极为明显。（2）王龙集团公司等被诉侵权人不仅非法获取了大量记载有涉案技术秘密的图纸，还大量使用了其非法获取的涉案技术秘密，特别是实际使用了其非法获取的涉案技术秘密的关键技术。（3）王龙集团公司、王龙科技公司、喜孚狮王龙公司持续、大量使用侵害涉案技术秘密的设备及工艺流程生产香兰素产品。一审法院作出行为保全裁定，责令立即停止侵害涉案技术秘密后，王龙集团公司、王龙科技公司、喜孚狮王龙公司等依然无动于衷，继续实施侵害涉案技术秘密的行为，不仅表明其主观恶意极深，也显属对法律与司法权威的藐视。（4）涉案技术秘密是嘉兴中华化工公司、王龙集团公司、王龙科技公司、喜孚狮王龙公司香兰素产品占据全球市场份额并创造巨额利润的重要因素，具有较高商业价值，王龙集团公司等被诉侵权人侵害涉案技术秘密的行为对全球市场形成严重冲击。（5）喜孚狮王龙公司、王龙科技公司均系实际上以侵权为业的公司。（6）王龙集团公司等被诉侵权人拒绝提交侵权产品销售数量等证据，存在举证妨碍、不诚信诉讼等情节。

此外，由于王龙集团公司、王龙科技公司及喜孚狮王龙公司在本案中拒不提交与侵权行为有关的账簿和资料，二审法院无法直接依据其实际销售数据计算销售利润。考虑到嘉兴中华化工公司香兰素产品的销售价格及销售利润率可以作为确定王龙集团公司、王龙科技公司及喜孚狮王龙公司相关销售价格和销售利润率的参考，为严厉惩处恶意侵害技术秘密的行为，充分保护技术秘密权利人的合法利益，二审法院决定以嘉兴中华化工公司香兰素产品2011—2017年期间的销售利润率来计算本案损害赔偿数额，即以2011—2017年期间王龙集团公司、王龙科技公司及喜孚狮王龙公司生产和销售的香兰素产量乘以嘉兴中华化工公司香兰素产品的销售价格及销售利润率计算赔偿数额。

（撰写人：陈律，最高人民法院知识产权法庭法官助理）

36. 技术秘密侵权损害赔偿数额及侵权行为重复起诉的确定

——上诉人优铠（上海）机械有限公司与被上诉人曹某、李某保、周某、上海路启机械有限公司、寿光市鲁丽木业股份有限公司侵害技术秘密纠纷案

【裁判要旨】

确定技术秘密侵权损害赔偿数额时，可以考虑技术秘密的性质、商业价值、研究开发成本、创新程度、能带来的竞争优势、技术贡献度和侵权人的主观过错、侵权情节，以及现有证据能证明的部分侵权损失或者侵权获利情况等因素。

技术秘密的披露是一过性行为，权利人已就同一主体向另一主体披露同一技术秘密信息的行为提起诉讼，又在诉讼过程中或者裁判生效后再次就此提起诉讼的，构成重复诉讼。

【案号】

一审：上海知识产权法院（2017）沪 73 民初 716 号

二审：最高人民法院（2019）最高法知民终 7 号

【案情】

优铠（上海）机械有限公司（以下简称优铠公司）向上海知识产权法院起诉称：该公司拥有"边测量边锯切的设计"的技术信息（以下简称涉案技术秘密）。李某某、周某、曹某系优铠公司的前员工，知悉涉案技术秘密并签有保密协议，并在任职期间共同成立了上海路启机械有限公司（以下简称路启公司）。李某某、周某、曹某向路启公司披露了涉案技术秘密，路启公司使用优铠公司的技术秘密制造了优选锯产品，构成侵权。故请求判令上述被告停止侵权并赔偿损失。优铠公司主张以权利人的损失确定赔偿数额，具体包括：（1）路启公司在 2013 年 10 月到 2017 年 4 月期间制造 V200、S200 优选锯给优铠公司造成的损失；（2）路启公司在 2017 年 5 月至 2017 年 12 月期间制造、销售 F308、H18 优选锯给优铠公司造成的损失。

李某某、周某、路启公司认可 V200、S200、F308、H18 优选锯（以下简称被诉侵权产品）系路启公司制造和销售，但辩称：优铠公司主张的涉案技术秘密保护范围不确定；涉案技术秘密属于公知的技术信息；被诉侵权产品使用的技术方案与涉案技术秘密实质不同。曹某辩称，其已于 2014 年从路启公司离职并退股，未参与路启公司的经营活动。

【裁判】

上海知识产权法院受理后，委托鉴定机构对路启公司制造的被诉侵权产品是否存在与涉案技术秘密相同或实质相同的内容进行技术鉴定，鉴定结论为路启公司制造的被诉侵权产品所体现的技术信息与涉案技术秘密不相同且实质不同。据此，上海知识产权法院判决驳回优铠公司的全部诉讼请求。

优铠公司不服，向最高人民法院提起上诉。其上诉请求为：撤销一审判决；改判支持优铠公司的全部诉讼请求；一审、二审诉讼费用由李某某、周某、曹某、路启公司等承担。其事实和理由为：（1）一审法院组织的鉴定（以下简称一审鉴定）程序违法，鉴定结论错误。一审法院对优铠公司的涉案技术秘密理解错误，并采纳了错误的鉴定结论，导致适用法律错误。（2）在案证据可以证明路启公司制造、销售的Q80优选锯侵犯了优铠公司的涉案技术秘密。（3）一审法院作出的在先生效判决（2016）沪民终470号民事判决（以下简称第470号判决）已经认定李某某、周某、曹某、路启公司侵犯了优铠公司的技术秘密。本案中，在上述当事人没有提供任何研发证据的情况下，一审法院认定上述当事人不构成侵权，明显与在先生效判决冲突。

由于该案所涉技术秘密涉及抽象的公式算法和锯切工艺流程，而一审鉴定设计的锯切实验方案过于简单，实验数据不足以全面、客观地反映出被诉侵权产品的技术信息。因此，最高人民法院根据优铠公司的申请，前往山东省临沂市、潍坊市两地工厂对公证封存的被诉侵权产品进行现场勘验。通过现场勘验查明了技术事实，推翻了一审鉴定结论，并最终认定被诉侵权产品使用了涉案技术秘密，路启公司侵犯了优铠公司的技术秘密。路启公司需要承担停止侵权和赔偿损失的民事责任。

关于赔偿数额，最高人民法院认为，优铠公司主张依据权利人的损失确定赔偿数额，其具体主张的侵权期间为路启公司在2013年10月到2017年4月期间，制造V200、S200优选锯；在2017年5月至2017年12月期间，制造、销售F308、H18优选锯。但其提交的证据不足以证明路启公司制造、销售V200、S200、F308、H18优选锯的具体数量。上海市奉贤区税务局提供的路启公司销项数据跨度为2016年5月至2017年9月，其中涉及V200、S200、F308、H18优选锯产品的总金额为425万余元。结合鲁丽公司毁损的S200优选锯的制造时间为2014年，路启公司提供的前述期间内的S200优选锯发票（8万元）明确备注属于尾款，可以认定税务机关提供的销项数据未能涵盖路启公司本案被诉侵权期间的全部销售数量及金额。在权利人的损失难以准确计算的情况下，综合考虑涉案技术秘密的性质、创新程度、研究开发成本、商业价值、能带来的竞争优势、技术贡献度以及侵权人的主观过错、侵权情节等因素酌情确定。具体来说，考虑了以下因素：（1）涉案技术秘密的性质和创新程度。涉案技术秘密不是简单的技术组合，不同于常规的测量与锯切分开进行的锯切工艺，而是为了提高优选锯锯切效率和加工精度而专门设计，需要配合专门设计的软件，电控硬件以及相关机械结构，并经本领域的技术人员研究、反复试验才能实现，是优选锯实现边测量边锯切的核心关键信息。（2）涉案技术秘密的研究开发成本。根据第470号判决，涉案技术秘密是优铠公司通过案外人上海威迈木工机械有限公司委托中国石油大学研发的技术，项目研发费用为52万余元。（3）涉案技术秘密的商业价值及带来的竞争优势。涉案优选锯产品单价高，无论优铠公司还是路启公司，平均销售单价都在30万至50万元每台。根据第470号判决，2008年5月至2013年12月期间，优铠公司共计销售使用涉案技术秘密的优选锯82台，销售收入高达3923万余元，毛利率为55.43%。（4）涉案技术秘密的贡献度。经过勘验，V200优选锯的长度模式和系数模式使用了涉案技术秘密，而V200和其他型号的优选锯还具有其他锯切模式。（5）侵权人的主观过错和侵权情节。路启公司明知其使用的是李某某、周某未经许可向其披露的优铠公司的涉案技术秘密，仍然在第470号判决其构成侵权之后，在本案的V200、S200、F308、H18优选锯产品中予以使用。侵权时间长、涉及的被诉侵权产品多，主观恶意明显。综合上述因素，最高人民法院酌情确定路启公司向优铠公司赔偿经济损失500万元。

同时，最高人民法院认为，在上高470号案中，优铠公司主张曹某、李某某、周某未经许可向路启公司披露优铠公司涉案技术秘密，该案判决认定李某某、周某系优铠公司前员工且能够接触到优铠公司的涉案技术秘密，并向路启公司披露了涉案技术秘密；曹某系优铠公司的销售经理，无证据表明其可以接触到优铠公司的涉案技术秘密，其未实施向路启公司披露涉案技术秘密的行为，据此判决李某某、周某承担相应的法律责任。鉴于针对同一技术秘密的披露行为系一次性的侵权行为，在前案对该行为已经审理并作出相应判项的情况下，优铠公司在本案中再次

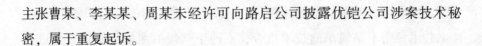

主张曹某、李某某、周某未经许可向路启公司披露优铠公司涉案技术秘密，属于重复起诉。

【评析】

一、技术秘密侵权赔偿数额的考量因素及计算方法

（一）基本思路及计算方法

司法实践中，如何确定侵害技术秘密的损害赔偿数额一直是审判中的难点和重点。1993 年修正的反不正当竞争法①第二十条第一款规定，经营者违反本法规定，给被侵害的经营者造成损害的，应当承担损害赔偿责任，被侵害的经营者的损失难以计算的，赔偿额为侵权人在侵权期间因侵权所获得的利润；并应当承担被侵害的经营者因调查该经营者侵害其合法权益的不正当竞争行为所支付的合理费用。根据这一规定，法院在确定侵害技术秘密损害赔偿数额时，可以依据以下方式确定。

1. 以权利人的实际损失计算

这种确定方式的法理来源于民法上的填平原则。由于民法强调侵权人对权利人造成的损害应当予以填平，故在确定损害赔偿时，可以以权利人因侵权行为所受到的实际损失计算。在具体计算时，可以考虑技术秘密的研发成本、经济价值、使用状况、市场销量、销售价格、权利人因侵权减少的销量、供求关系、维权成本、行业平均利润等因素。计算方法为：权利人的损失＝权利人因侵权造成的产品销量减少的总数乘以权利人产品的合理利润。

2. 以侵权人的获利计算

由于权利人因侵权所造成的损失可能不仅仅来源于一个侵权人，而是由多个侵权人造成，因此，在确定侵权损害赔偿时，具体计算案涉侵

---

① 由于本案侵权行为发生在 2013 年 10 月至 2017 年期间，故本案适用 1993 年的反不正当竞争法及相关司法解释，因此案件评析也围绕 1993 年的反不正当竞争法及相关司法解释。

权人的侵权获利具有合理性和公平性。而且，从司法实践来看，由于权利人的实际损失证明难度较大，而侵权人的具体销量、行业利润等证据较为客观，也容易为各方当事人所接受，故司法实践中被法院采纳的案例不在少数。在具体计算时，可以考虑侵权产品的销量、销售价格、侵权人的营业利润等因素。计算方法为：侵权人的侵权获利＝侵权产品在市场上的销售总数乘以侵权产品的合理利润。对于完全以侵权为业的侵权人，可以按照销售利润计算。

3. 附加计算权利人的合理开支

在通过上述任一方式确定权利人的损失或者侵权人的获利后，对于权利人因调查侵权人侵害其技术秘密行为所支付的律师费、公证费、差旅费、鉴定费等合理费用也应一并予以计算。

（二）权利人损失或者侵权人获利的具体计算方式

如前所述，当权利人的损失或者侵权人的获利可以精确计算时，法官可以依照前述公式轻松计算出侵害技术秘密案件的损害赔偿数额。但是当权利人提供的证据不足以精确计算时，此时应当如何确定侵权损害赔偿数额呢？

我们认为，当无法精确计算权利人的损失或者侵权人的获利时，可以通过裁量性赔偿方式确定侵权赔偿数额，而不是一味地在法定限额范围内确定赔偿数额。特别是当在案证据已经合理表明，权利人的损失或者侵权人的获利已经明显超出了法定赔偿数额上限时，如果此时还是机械地套用法定赔偿方式确定赔偿数额，明显不符合公平原则，也不足以充分保护技术秘密权利人的合法利益。

目前，知识产权法上并无裁量性赔偿的明确规定，但是知识产权司法实践中，已有大量的案例通过这种计算方式确定损害赔偿数额。例如，在珠海鹏游网络科技有限公司、肖某等侵害技术秘密纠纷案①中，广东省

① 参见广东省高级人民法院（2019）粤知民终457号民事判决书。

高级人民法院认为，首先，该案"权利人因被侵权所受到的实际损失"或者"侵权人因侵权所获得的利益"均难以确定。一方面，虽然仟游公司、鹏游公司主张以腾讯和360平台提供的被诉游戏充值流水数据来推算策略公司、南湃公司的总收入，以该总收入以及涉案"帝王霸业"游戏运营成本为依据，确定仟游公司、鹏游公司损失数额为2550万元。但是仟游公司、鹏游公司对涉案游戏的运营成本，只作口头主张，并无提供证据证明运营成本的具体数额，在对方不予确认的情况下，对该项口头主张不予采信。退一步而言，即使其提供该项证据，仅凭运营成本这一项数据，也无法计算仟游公司、鹏游公司所遭受损失的具体数额。另一方面，依据腾讯和360平台提供的被诉游戏充值流水数据，可以大概地推算出被诉游戏全部营业收入。但是，侵权人因侵害行为所获得的利益，应当以其营业收入为基础，刨除运营、管理、财务等成本以及相关税金及附加费用等，以此计算出结果。本案中，无法获知被诉游戏前述项目具体数据，而仅有被诉游戏营业收入这一项，无法计算策略公司和南湃公司的相应获利。综上，各方提供的证据不能精确计算权利人的实际损失或者侵权人的获利。其次，侵权人因侵权所获得的直接利益已经明显超过法定赔偿上限300万元。从腾讯和360平台分别调取来的被诉游戏充值流水数据显示，仅2015年7月至2017年2月两平台总收入已经超过1400万元，前述数据仅仅反映侵害持续时间的一半左右，即使刨除运营成本等其他因素，结合游戏行业经验来看，策略公司和南湃公司因侵权所获得的直接利益已经明显超过300万元。因此，本案应当在法定赔偿上限之上，经综合考量本案证据和各项因素之后，公平合理地酌定损害赔偿数额。

我们认为，裁量性赔偿不是法定赔偿的计算方式，其仍然属于对权利人的实际损失或侵权人的获利的计算范畴，只不过此时不能通过精确计算的方式确定权利人的损失或者侵权人的获利，而是由法院根据案件的实际情况公平、合理地酌情确定。但是必须明确的是，这种裁量是法官在一定相关证据的基础上作出的综合考量，而"不是无原则的无客观标准的自由心证"①。既然属于酌情确定，那么法官在侵害技术秘密案件中应当考虑哪些具体因素公平合理地确定赔偿数额就显得格外重要。具体来说，可以从以下几方面予以考量：一是技术秘密的性质、开发成本、商业价值、创新程度、能带来的竞争优势、技术贡献度等因素。技术秘密的性质如该技术信息是属于结构、原料、组分、配方、材料、样品、样式、植物新品种繁殖材料、工艺、方法或其步骤、算法、数据、计算机程序及其有关文档中的哪一种。开发成本如权利人为了研发或者开发技术信息所投入的人力、物质、资金成本。创新程度如涉案技术信息属于基础性技术信息，还是改进性技术信息。商业价值如商品的销售价格、市场占有率等。二是侵权人的主观过错、侵权行为的性质、情节、后果等因素。侵权人的主观过错如侵权人对于其实施的行为侵害他人技术秘密或者经营秘密是否明知或者应知。侵权行为的性质、情节、后果如侵权人是否属于重复侵权、恶意侵权，侵权期间及侵权范围，是否具有阻挠法院证据保全或者财产保全等情形。技术贡献度如涉案技术信息对于被诉侵权产品的技术贡献程度。三是现有证据能证明的部分侵权获利情况。包括已经查明的侵权人在部分侵权期间的销量、销售价格、利润等获利情况。

例如在本案中，优铠公司主张以权利人的损失确定赔偿数额，具体包括：（1）路启公司在 2013 年 10 月到 2017 年 4 月期间制造 V200、S200 优选锯给优铠公司造成的损失；（2）路启公司在 2017 年 5 月至 2017 年 12 月期间制造、销售 F308、H18 优选锯给优铠公司造成的损失。但是，优铠公司在本案提交的证据不足以证明上述期间，路启公司制造、销售 V200、S200、F308、H18 优选锯的具体数量，自然也就无法计算出路启公司给优铠公司造成的损失。根据最高人民法院向上海市奉贤区税务局调取的路启公司销项数据，在 2016 年 5 月至 2017 年 9 月期间，路启公司销售 V200、S200、F308、H18 优选锯产品的总金额为 425 万余元。结合

---

① 张金柱：《知识产权侵权损害赔偿责任的确定》，载冯晓青编：《中国知识产权审判实务与案例分析》，人民法院出版社 2017 年版，第 43 页。

二审已经查明的鲁丽公司毁损的路启公司 S200 优选锯的制造时间为 2014 年，路启公司提供的前述期间内的 S200 优选锯发票（8 万元）明确备注属于尾款，可以认定税务机关提供的 2016 年 5 月至 2017 年 9 月期间的销项数据未能涵盖本案被诉侵权期间的全部销售数据。在本案无法通过精确计算权利人的损失的情况下，二审法院根据案件的实际情况，通过裁量性赔偿方式公平合理地确定了本案的具体损害赔偿数额。在这一过程中，主要考量了前述三方面因素：一是涉案技术秘密的性质、创新程度、研究开发成本、商业价值、能带来的竞争优势、技术贡献度；二是路启公司的主观过错、侵权情节；三是现有证据能证明的路启公司部分侵权获利情况。在此基础上，再合理确定权利人为查明侵权行为所支付的律师费、差旅费、公证费、交通费等合理支出，最终公平合理地酌定路启公司向优铠公司赔偿经济损失 500 万元及合理开支 100 万元。

二、针对披露技术秘密行为的重复起诉认定

（一）重复起诉的法律规定及含义

重复起诉，又被称为"一事不再理"原则，是指对于已经裁判并发生法律效力的案件，当事人的诉权已经消耗，不得再行提起诉讼，否则构成重复起诉。其具体法律规定是《最高人民法院关于适用〈中华人民共和国民事诉讼法〉的解释》第二百四十七条："当事人就已经提起诉讼的事项在诉讼过程中或者裁判生效后再次起诉，同时符合下列条件的，构成重复起诉：（一）后诉与前诉的当事人相同；（二）后诉与前诉的诉讼标的相同；（三）后诉与前诉的诉讼请求相同，或者后诉的诉讼请求实质上否定前诉裁判结果。当事人重复起诉的，裁定不予受理；已经受理的，裁定驳回起诉，但法律、司法解释另有规定的除外。"

关于后诉与前诉的当事人相同中当事人的范围，既包括原被告，也包括其他诉讼参加人如第三人等。后诉与前诉的当事人相同并不仅仅指前后两个诉中的当事人完全相同，还包括后诉的当事人包含在前诉的当

事人中。

关于后诉与前诉的诉讼标的相同是指当事人在前后两个诉中主张的权利义务或者法律关系相同。

关于后诉与前诉的诉讼请求相同是指当事人在前后两个诉中主张的诉讼请求相同，或者后诉的诉讼请求包含在前诉的诉讼请求之中。关于后诉的诉讼请求实质上否定前诉裁判结果是指后诉的诉讼请求与前诉的诉讼请求或者其中包含的某项诉讼请求完全相反，后诉的诉讼请求实质上是在否定前诉所包含的诉讼请求。

（二）重复起诉在本案中的适用

从行为表现上看，由于披露技术秘密的行为是一个一次性的行为，当侵权人向他人披露了权利人的技术秘密后，他人就已经了解了这一技术秘密，侵权人不可能再次向同一人披露同一技术秘密。

从法律效果上看，当权利人已就一项侵权行为向法院提起了侵害技术秘密之诉，且法院也已对此行为作出了生效裁判，权利人的诉权就已经消失，不得再行提起诉讼，也不能再次要求侵权人就同一侵权行为承担相同的侵权责任，否则有违公平原则。

本案的二审判决也体现了上述规则。在优铠公司诉曹某、李某某、周某、路启公司侵害商业秘密纠纷（2016）沪民终470号一案中，优铠公司主张曹某、李某某、周某未经许可向路启公司披露优铠公司涉案技术秘密，该案生效判决已经认定李某某、周某向路启公司披露了涉案技术秘密，曹某未向路启公司披露涉案技术秘密，并判决李某某、周某承担相应的民事侵权责任。在前述生效判决作出后，优铠公司在本案再次主张曹某、李某某、周某未经许可向路启公司披露同一涉案技术秘密，由于前后两诉的当事人相同、诉讼标的、诉讼请求均相同，因此后诉属于重复起诉。

（撰写人：傅蕾，最高人民法院知识产权法庭法官）

37. 程序比对并非计算机软件著作权侵权认定的唯一方法

——上诉人新思科技有限公司与上诉人武汉芯动科技有限公司侵害计算机软件著作权纠纷案

【裁判要旨】

著作权人已经举证证明被诉侵权软件与主张权利的在先软件界面高度近似，或者被诉侵权软件存在相同的权利管理信息、设计缺陷、冗余设计等特有信息，能够初步证明被诉侵权软件与主张权利软件构成实质性近似且被诉侵权人接触主张权利软件的可能性较大的，举证责任转移至被诉侵权人，由其提供相反证据证明其未实施侵权行为。

【案号】

一审：湖北省武汉市中级人民法院（2016）鄂 01 民初 5618 号
二审：最高人民法院（2020）最高法知民终 1138 号

【案情】

新思科技有限公司（以下简称新思公司）将其不断开发升级所完成的 Design Compiler \ 98.08 \ Suite Version F-2011.09 \ Suite Version G-2012.06 等多个版本软件，分别在美国版权局进行了作品登记，登记信息载明的著作权人均为新思公司，作品性质为职务作品。2014 年 10 月 5

日，新思公司及其北京公司曾向客户提供报价单，其中 Design Compiler Graphical 软件 3 年 TSL 许可的折扣价为 75224 美元。一审法院湖北省武汉市中级人民法院对位于湖北省武汉市东湖新技术开发区光谷大道 77 号光谷金融港 A2 栋 10 楼的武汉芯动科技有限公司（以下简称芯动公司）办公场所电脑采取命令探查、截屏复制等证据保全措施，对位于芯动公司办公场所内的 6 台服务器、72 台电脑进行勘查，剔除其中安装 Windows 系统的 25 台台式电脑后，现场对 ip 地址为 192.168.212.20、192.168.212.30、 192.168.212.31、 192.168.212.32、 192.168.212.66、192.168.212.67（以下简称 1、2、3、4、5、6 号）服务器以及按照双方协商确认的 10% 比例随机抽取 5 台员工台式电脑（ip 地址分别为 192.168.212.117、192.168.212.134、192.168.212.148、192.168.212.175、192.168.212.179）（以下依次简称 A、B、C、D、E 电脑），输入相应查询命令进行探查，并将查询结果截屏保存至预先准备的空白移动硬盘中。其中，针对 Design Compiler 软件的探查内容包括：（1）通过输入 "which dc_ shell" 命令，5、6 号服务器和台式电脑反馈信息均为 " / softs/synopsys/syn_ vJ-2014.09-SP2/bin/dc_ shell"；（2）再输入 "dc_ shell" 命令，台式电脑和服务器反馈信息一般为 "Fatal：Design Compiler is not enabled.（DCSH-1）"，仅 A 电脑的反馈信息为 "Error：The script is not supported"，此外 C \ D \ E 电脑的反馈信息还附有 "Warning：Site Information is not available…Have you run install_ site?" 询问内容；（3）再输入 "ls-al" 命令，反馈信息一般为 "total ＊＊＊＊" 以及该路径下的文件夹内全部文件信息，其中，"total" 数值为文件块，D 电脑为 2048，5 号服务器和其他台式电脑均为 2044，6 号服务器为 2000；文件创建、修改时间，A 电脑为 2015.5.14，5 号服务器和其他台式电脑大部分为 2014.11.26，6 号服务器主要为 2014.1.21；关于服务器 "PATH" 设置内容，显示有 "syn_ HOME =/softs/synopsys/syn_ vJ-2014.09-SP2" 路径信息。证据保全过程中，芯动公司以涉及商业秘密为由拒绝复制上述被核查电脑硬盘的文件内容，上述电脑路径下的文件因而未能保存在取证硬盘中。本案一审审理过程中，法院亦组织双方当事人各自提供相关软件文件进行比对鉴别。在勘验比对过程中，新思公司提供包含 Design Compiler Version I-2013.12 SP1 \ J-2014.09-SP2 软件在内的安装光盘，并说明涉案 Design Compiler 软件安装及运行时必须与 License 服务器端连接后获得许可才能正常使用，经拆封全新笔记本电脑安装该软件后，其软件运行界面能够分别显示"Copyright（C）1988-2013（或 2014）Synopsys Inc"版权信息。再进行版本命令查询后，可以查询软件程序所在文件夹内二级目录以下包括子目录中的文件内容，在未连接 License 服务器端输入证据保全所使用的"which dc_ shell""dc_ shell""Is-al"等查询命令后，可以得到与证据保全相同的上述软件信息反馈结果以及相同排列顺序的文件目录结构。勘验过程中，芯动公司亦提交带有"-softs"文件夹的台式电脑进行演示对比，经过同样输入前述证据保全时的针对 Design Compiler 软件的"which dc_ shell""dc_ shell""Is-al"等查询命令后，可以得到与上述证据保全时相同的电脑反馈信息，再查询该"-softs"文件夹目录下的文件内容显示无具体文件内容。对于证据保全电脑以及勘验比对电脑中所涉及"softs/synopsys"文件夹的来源，芯动公司说明是复制客户电脑中环境变量及路径设置等信息用于软件测试运行环境所致，并非芯动公司复制安装涉案 Design Compiler 软件的结果。因芯动公司提供的勘验目录无文件内容，故勘验工作未进行代码比对。

新思公司一审起诉请求：（1）判令芯动公司立即停止使用并删除软件 Design Compiler；（2）判令芯动公司赔偿新思公司经济损失人民币 289.3 万元；（3）判令芯动公司赔偿新思公司维权合理费用人民币 10 万元。

芯动公司一审答辩称：（1）新思公司未提供有效的软件权利证据，其诉讼代理人授权存在瑕疵，授权人并非新思公司对外公开确认的公司负责人；（2）诉前证据保全取得的截屏信息已经说明被控软件不能运行，新思公司拒绝演示其软件正常运行过程进行对比，并无证据证明新思公司正版软件安装后的文件与芯动公司处保全取得的文件一致；（3）芯动公司承担多个国家级系统项目研制，即使有免费软件，芯动公司也不可能使用，以免造成安全隐患。请求一审法院驳回新思公司全部诉讼请求。

【裁判】

湖北省武汉市中级人民法院经审理认为，从计算机软件特点来说，计算机软件一般由设计者独立开发完成，基于操作系统的运行要求既会设置有关通用命令的程序架构，同时还会设置包括独立脚本运行在内实现软件功能的相关应用，以便实现软件的功能目的，其运行结果当中亦包括软件版本、版权归属和帮助文档等独有信息显示内容。因此，作为判断软件相同或实质性相似的依据，既包括两个软件的源代码、目标程序代码和文档的相同或相似，也包括软件运行命令后整体上的组织结构、输出和输入形式等方面的相同或相似。对此，新思公司可以通过举证证明被控软件存在新思公司软件独有的或错误的信息内容，从而确认两者软件的相同或相似程度，芯动公司则需要对所查询软件的存在与否以及是否具有合法来源承担举证责任。本案中，涉案软件安装在 Linux 计算机操作系统中，通过输入命令完成运行，运行所反馈信息可以确定计算机软件在电脑中的状态。针对被控电脑中的软件，新思公司在证据保全时通过输入探查命令来查询涉案软件的客观状态，其探查命令可分为两类，一类是 "which、Is-al" 等 Linux 系统通用命令，作为通用命令可以查询目录里符合条件的文件，并可输出文件信息至显示器。针对涉案 Design Compiler 软件，在使用 "which" 命令查找 Design Compiler 运行文件时，可以查询得到该文件的目录位置位于该计算机的 "softs/synopsys/Syn_ vJ-2014.09-SP2/bin" 目录下；再通过 "Is-al" 命令，可以显示该文件夹目录下的文件状态，探查路径反馈的软件名称均指向新思公司所主张的 "Design Compiler" 软件特有名称及版本号，存在与新思公司软件相同结构的文件目录配置形态，该探查结果具有确定性，可以说明被控电脑安装有与新思公司 "Design Compiler" 软件同样名称的文件夹及文件目录。另一类命令是 "dc_ shell" 自定义命令，其运行结果取决于计算机软件中对应该命令自行编制脚本文件的设置内容，证据保全时行该命令结果为"逻辑综合工具无法使用"或"站点信息不存在，你是否已安装站点"，亦是该脚本文件预先设置的反馈信息，说明被控软件不能进行运行，均属于 Design Compiler 软件相关出错信息反馈内容。另外，非 Linux 系统自带的软件运行一般需要在"PATH"中手动设置路径，而被控服务器中"PATH"环境变量中亦存在包含有新思公司软件版本名称的设置内容，说明被控电脑为运行涉案软件亦曾进行过主动设置。根据计算机软件设计的一般性原理，计算机软件名称、目录结构均是开发者进行软件编译设计后所展现的独立表现形式，从技术上讲其他软件名称、目录、文件名称与其完全相同的可能性几乎不存在。而上述探查结果获得的涉案软件的版本信息、目录结构、错误信息均与新思公司软件相同，设置路径方式亦是为了运行涉案软件，故新思科技对软件名称、文件目录的探查结果可以初步证明被控电脑存在复制、运行涉案 Design Compiler 软件的结果。虽然在勘验过程中，芯动公司亦提供其称复制于被保全电脑中的软件目录用于进行比对，其勘验结果显示在对电脑中仅有文件目录的软件路径通过上述探查命令亦可以查询得到证据保全时相同反馈信息，说明被保全电脑存在缺少软件程序文件的可能性。但因芯动公司提供勘验电脑内容系在证据保全之后自行复制完成，存在事后进行修改设置可能，而对于其经营场所电脑中涉案软件的文件目录来源，芯动公司自述复制于客户电脑的事实，并无相关企事业单位予以有效确认，亦与芯动公司强调参与多个涉密项目不会使用涉案软件的主张自相矛盾，故芯动公司辩称仅在环境变量等运行环境下复制客户软件目录的说法缺乏合理性的判断依据。因此，芯动公司的上述证据不足以证明其抗辩理由，对此应承担举证不能的责任。综上，新思公司提交的证据保全记录以及勘验比对结果可以证实被控电脑探查路径下的软件与新思公司 Design Compiler 软件之间存在软件名称、文件名称、目录结构、错误信息均相同，两者构成实质性相似，芯动公司仅复制环境变量及软件目录的说法缺乏合理性判断依据，故本案可以认定被控电脑复制了新思公司享有著作权的 Design Compiler 软件。一审判决：（1）芯动公司于判决生效之日立即停止侵权；（2）芯动公司于判决生效之日起十日内赔偿新思公司经济损失 100 万元；（3）芯动公司于判决生效之日起十日内支付新思公司为制止侵权行为所支付的合理费用人民币 94276 元。

一审判决后，双方当事人均不服，向最高人民法院提起上诉。新思公司上诉请求：（1）撤销原审判决第二项，改判芯动公司赔偿新思公司经济损失 289.3 万元；（2）撤销原审判决第三项，改判芯动公司赔偿新思公司为制止侵权行为所支付的合理费用 10 万元。其主要事实和理由：（1）一审证据充分证明芯动公司至少在 47 台电脑以及 2 台服务器上复制、安装并使用涉案软件，新思公司为此遭受的实际损失应当予以赔偿。（2）综合考虑涉案软件的市场价值以及被诉侵权行为的性质、范围、持续时间及主观恶意等方面，一审判决的赔偿数额也明显远低于新思公司的实际损失，应当予以纠正。一审证据表明，涉案软件 Design Compiler 软件 3 年 TSL 许可的销售价为 75224 美元（约为每年 25075 美元）。同时，根据证据保全及勘验对比，芯动公司的办公地点至少有 6 台服务器和 47 台安装了非 Windows 系统的台式电脑，一审法院对 6 台服务器以及依照商定的比例（即 10%）抽查的 5 台台式电脑进行了勘验，发现 6 台服务器中的 2 台以及全部 5 台台式电脑中均安装了涉案软件。因此，依此比例计算，芯动公司至少在 47 台电脑和 2 台服务器上复制、安装并使用了涉案软件。因此，新思公司的实际损失应以涉案软件的许可使用费 25075 美元/年（以 6.5 汇率折合人民币约 162988 元）乘以涉案软件在芯动公司电脑及服务器上侵权复制数量至少为 49 件计算，即许可费（162988 元）×侵权软件复制数量（49 件）= 7986412 元。仅以一年计算，该实际损失数额已远远超过一审判决所认定的数额。一审判决理应全额支持新思公司所主张的经济损失 289.3 万元。

芯动公司上诉请求：撤销原审判决，依法改判驳回新思公司原审诉讼请求。主要事实和理由：第一，一审法院程序严重违法。（1）诉前证据保全程序违法；授权文件审查程序违法；诉前证据保全申请条件不符合法定条件，属于违法进行的诉前证据保全；诉前证据保全的具体保全过程违法；诉前证据保全开示程序违法；剥夺芯动公司诉前证据保全救济途径，严重违法。（2）一审审理程序违法：新思公司2016年9月1日提供的授权手续存在瑕疵，代理人并未取得授权，无权代理新思公司进行诉讼；新思公司2018年3月29日补充的授权手续存在瑕疵，无法证明代理律师取得新思公司的授权；诉前证据保全取得程序违法，不能作为本案定案证据，依法应予排除；计算机软件侵权属专门性问题，在双方对于侵权与否存在较大争议的情况下，芯动公司为查明事实多次申请鉴定，但一审法院均未回复；芯动公司为查明事实多次申请对新思公司软件的源代码和正常运行结果的文件进行比对，但均未获支持；一审承办法官参与了诉前证据保全的取证程序，在审判前参与案件存在先入为主，缺乏程序正义。第二，一审法院事实认定错误。（1）本案涉及侵权软件的版本信息并未核实，新思公司提交的涉案软件权利证据存在瑕疵，无权主张权利。（2）新思公司提供的软件《报价单》为单方证据，既无《授权许可合同》也无支付凭证，不能认定涉案软件的市场价值。（3）没有任何文件和法律依据能确认 Peter Nash 和 Rick Runkel 有权代表新思公司签署涉及整个中国领域内的诉讼授权。（4）新思公司庭前证据勘验时，并没有实际运行，实际上是拒绝运行其正版软件。（5）一审法院遗漏重要的专家证言。第三，芯动公司从未复制、安装、使用涉案软件，不构成侵权。（1）新思公司提供的诉前保全证据显示"错误：脚本不受支持""致命错误：不能运行""警告：站点信息不可用"。（2）新思公司并未提供涉案软件的源代码进行比对，无法证明二者实质性相似。（3）诉前证据保全不完整、不客观，不能证明芯动公司使用或安装涉案软件。（4）新思公司在证据勘验过程中，拒绝运行正版软件。第四，关于经济损失赔偿部分，属于滥用自由裁量权。第五，芯动公司是国家集成电路设计知识产权授权领域排名第一的支柱领军企业，承担多个国家战略重大专项，为多个国家战略机构提供集成电路保密技术的开发，涉及国家安全，因此芯动公司不会也不敢用竞争企业的设计软件进行开发。

最高人民法院二审认为，关于芯动公司是否存在侵权行为的问题，《最高人民法院关于适用〈中华人民共和国民事诉讼法〉的解释》第九十条规定，当事人对自己提出的诉讼请求所依据的事实或者反驳对方诉讼请求所依据的事实，应当提供证据加以证明，但法律另有规定的除外。在作出判决前，当事人未能提供证据或者证据不足以证明其事实主张的，由负有举证证明责任的当事人承担不利的后果。第一百零八条第一款和第二款分别规定对负有举证证明责任的当事人提供的证据，人民法院经审查并结合相关事实，确信待证事实的存在具有高度可能性的，应当认定该事实存在。对一方当事人为反驳负有举证证明责任的当事人所主张事实而提供的证据，人民法院经审查并结合相关事实，认为待证事实真伪不明的，应当认定该事实不存在。根据上述规定，当事人对其主张的事实以及反驳对方的事实均具有相应的举证责任，否则将承担不利的后果。而证明标准应当为结合在案证据以及可以确定的其他相关事实，能够令法院确信待证事实的存在具有高度可能性。本案中，新思公司认为芯动公司未经其许可，复制、安装并使用了涉案软件，而芯动公司则予以否认，并在二审阶段提交了网上下载的涉案软件教学版予以佐证，并主张一审未对源代码进行比对，无法确定软件是否相同或实质相似。

根据《计算机软件保护条例》第三条的规定，计算机软件程序包含源程序和目标程序，同一计算机程序的源程序和目标程序为同一作品。同时根据该条例第二十四条的规定，计算机软件程序或文档存在相同或实质性相似是判断是否构成侵权的基础。但应注意的是，对软件相同或实质相似既要尽力查明客观事实，同时也需充分考虑当事人的举证能力，根据个案具体情况进行区别处理，不能将源程序的比对作为确定软件相同或实质相似的唯一标准。如果权利人已经举证证明被诉侵权软件与主张权利的软件界面高度近似，或者被诉侵权软件存在相同的权利管理信息、设计缺陷、冗余设计等特有信息，可以认为权利人完成了初步举证责任，此时举证责任转移至被诉侵权人，应由其提供相反证据以证明其未实施侵权行为。

通常实践中认为计算机软件程序构成"实质性相似"的情形有如下情形：其一为文字成分的相似，即以程序代码中引用的百分比为依据进行判断，其二是非文字成分的相似，即强调以整体上的相似作为确认两个软件之间实质上相似的依据。所谓整体上的相似，指的是两个软件在程序的组织结构、处理流程、所采用的数据结构等方面实质相似。因此，新思公司在本案中既可以程序代码相同或实质相似来主张芯动公司侵犯其软件著作权，亦可以双方软件之间组织结构、数据结构、输入输出形式等方面相同或实质相似来主张芯动公司侵犯其软件著作权。

本案中，新思公司向原审法院申请诉前证据保全，并使用命令探查方式固定芯动公司相关计算机和服务器的使用状态。根据保全结果可知，芯动公司的电脑中存在与新思公司涉案计算机软件的名称、目录结构、错误信息等方面均相同的软件信息，显示芯动公司存在侵犯新思公司计算机软件著作权的可能。芯动公司虽否认其使用新思公司软件，但一审及二审期间均未能对命令探查中发现的计算机软件标注的著作权人为新思公司作合理解释。此外，芯动公司在二审庭审中认为其未使用涉案软件而是使用其他软件进行相关芯片设计，但并未提交其实际安装使用其他软件的确凿证据。同时，芯动公司一审及本院二审阶段虽主张其电脑中包含涉案软件的相关环境变量系根据上下游需要进行设置，但一直未提交相关证据予以佐证，故对其该辩解，不予采纳，同理亦无进行源代码比对的必要。另外，其二审阶段提交的涉案软件系网络公开教学版，不论该软件是否真实，其作用仅限于学习使用，都无法否定一审法院证据保全时芯动公司电脑中的涉案软件状态。同时，芯动公司亦未对招聘时对应聘人员熟悉使用新思公司涉案软件的技能要求予以合理解释，可进一步佐证芯动公司存在使用涉案软件的可能。因此结合现有在案证据和已查明事实，一审法院认定芯动公司存在侵害新思公司涉案软件著作权的行为，并无不当。

（撰写人：徐卓斌，最高人民法院知识产权法庭法官）

38. 计算机软件附条件免费商业使用中的侵权认定责任承担

——上诉人长沙米拓信息技术有限公司与上诉人河南省工程建设协会侵害计算机软件著作权纠纷案

【裁判要旨】

软件著作权人向不特定用户提供软件，允许其免费下载并商业使用，但在用户协议中明确要求必须保留有关版权标识和链接信息，用户免费下载并在商业使用时去除该版权标识或者链接信息的，应当认定其构成侵害软件著作权人的署名权，可以判令其依法承担停止侵害、赔偿损失的责任，还可以根据侵权人过错及侵权情节视情判令其赔礼道歉。

【案号】

一审：河南省郑州市中级人民法院（2021）豫 01 知民初 382 号
二审：最高人民法院（2021）最高法知民终 1547 号

【案情】

在上诉人长沙米拓信息技术有限公司（以下简称米拓公司）与上诉人河南省工程建设协会（以下简称工程建设协会）侵害计算机软件著作权纠纷案中，米拓公司于 2019 年 7 月 26 日开发了米拓企业建站系统

〔MetInfo〕v7.0 的计算机软件，以下简称涉案建站软件），享有该款软件的著作权。该公司网站为网络用户提供涉案建站软件的免费下载。当用户在其计算机中安装建站软件时，计算机中弹出界面显示《最终用户授权许可协议》（以下简称涉案用户协议），用户浏览该协议后点击"我已仔细阅读以上协议并同意安装"按钮即可在自己计算机终端（服务器）中安装、使用建站软件。涉案用户协议部分内容记载："本《米拓企业建站系统最终用户授权许可协议》是你（自然人、法人或其他组织）与长沙米拓信息技术有限公司之间有关复制、下载、安装、使用 MetInfo 的协议，同时本协议亦适用于任何有关 MetInfo 的后期更新和升级。一旦复制、下载、安装或以其他方式使用 MetInfo，即表明你同意接受本协议各项条款的约束。如果你不同意本协议中的条款，请勿复制、下载、安装或其他方式使用 MetInfo。许可你的权利：1. 你可以在完全遵守本协议的基础上，将 MetInfo 应用于各类网站，而不必支付软件版权授权费用。2. 你可以在协议规定的约束和限制范围内根据需要对 MetInfo 进行必要的修改和美化，以适应你的网站要求。3. 你拥有使用 MetInfo 构建的网站中的全部内容的所有权，并独立承担与内容相关的法律责任。约束和限制：（1）未经米拓信息（'米拓信息'系米拓公司在该网站中的简称）官方许可，不得对 MetInfo 或与之关联的行业授权进行出租、出售、抵押或发放子许可证。（二）无论以任何用途、程度、方式（修改或美化），只要使用 MetInfo 的整体或任何部分，未获得版权标识修改许可，网站页面的版权标识（Powered by MetInfo）和米拓信息下属网站（www. metinfo. cn、www. mituo. cn）的链接都必须保留，小程序页面的版权标识（基于米拓企业建站系统）必须保留，而不能清除或修改，否则，将直接违反本协议并构成侵权。米拓信息对于非法去除版权标识和链接的网站或用户有权启用法律程序进行维权和索赔。"米拓公司在网站上同时还另行提供收费版本下载，"买断"商业套餐价格为 6999 元。米拓公司向河南省郑州市中级人民法院（以下简称一审法院）提起诉讼，主张工程建设协会未按用户协议要求保留米拓公司的版权标识和网站链接信息，侵害了米拓公司依法享有的署名权、修改权、保护作品完整权、复制权、信息网络传播权、获得报酬权等多项权利。一审法院经审理，认定工程建设协会侵害了米拓公司的署名权，判令工程建设协会停止侵害、赔礼道歉并赔偿经济损失及维权合理开支1.1万元。米拓公司、工程建设协会均不服，向最高人民法院提起上诉。米拓公司上诉主张工程建设协会并未遵守用户协议，其侵权行为超出了米拓公司的授权许可范围，应视为其未获得授权。工程建设协会上诉主张涉案建站软件系免费软件，用户协议系格式条款且强制用户保留网页链接加重了用户责任，应属无效，米拓公司存在批量商业维权行为。最高人民法院于2021年11月15日判决驳回上诉，维持原判。

【裁判】

最高人民法院二审认为，本案被诉侵害著作权的行为发生于著作权法2020年11月11日第三次修正前和民法典自2021年1月1日起施行前，本案应当适用2010年第二次修正的著作权法、2013年第二次修订的《计算机软件保护条例》和当时施行的合同法等有关法律和行政法规。涉案用户协议条款要求，属于米拓公司合法地行使《计算机软件保护条例》第八条规定的署名权等软件著作权，并不存在合同法第四十条规定的"提供格式条款一方免除其责任、加重对方责任、排除对方主要权利"的格式条款无效情形，涉案用户协议合法有效。对于涉案用户协议中的限制条款，可以从两个层面进行分析认定。第一，从合同条款解释的层面分析认定。从米拓公司网站有"免费下载"和"建站套餐"等不同栏目供用户选择使用的情况看，米拓公司在"免费下载"和"建站套餐"两个栏目中均允许用户下载（复制）、修改其开发的建站软件，该两栏目项下的软件下载使用的主要区别在于：用户付费使用则可以去除版权标识和网站链接信息，而免费使用需保留。据此，可以认定米拓公司单方制定涉案《最终用户授权许可协议》的主要目的有两个：一是积极推荐广大用户使用其建站软件；二是强调保护其署名权（要求用户保留其版权标识和网站链接信息）。从上述条款用语所表达的核心意思看，该条款重点强调以用户完全遵守该协议作为"不必支付软件版权授权费用"的条件，而不是重点强调以用户完全遵守该协议作为下载使用软件的条件。可见，该条款蕴含着这样一种含义：米拓公司在依法有效终止免费使用许可之前，其允许该类用户免费使用，但要追究擅自去除版权标识和网站链接信息者的违约责任或者侵权责任；如果用户接受该协议后，在免费使用涉案建站软件时，去除米拓公司的版权标识和网站链接信息，应认定该用户违反该协议要求保留版权标识和网站链接信息的约定，但不能认定其完全违反了可以下载使用涉案建站软件的全部约定而自始就根本不能使用。唯有如此理解，才能兼顾米拓公司的上述两项主要合同目的以及用户对协议条款的通常理解与合理期待。第二，从侵权与违约竞合的层面进行分析认定。涉案用户协议签订后，如果用户不遵守协议，则构成违约。如果该违约行为也同时符合侵权行为的构成要件，著作权人有权选择追究侵权责任或者违约责任。综合上述分析，如果用户在免费使用时去除米拓公司的版权标识和网站链接信息，仅仅违反了该协议中关于免费使用条件下须保留米拓公司的版权标识和网站链接信息的约定。上述用户下载复制涉案建站软件并进行必要修改的行为仍在米拓公司许可范围内，但去除米拓公司的版权标识和网站链接信息的行为则明显超出米拓公司的许可范围，该用户主要侵害了米拓公司的署名权，应当根据情况，承担停止侵害、消除影响、赔礼道歉、赔偿损失等民事责任。

【评析】

该案是批量商业维权案件中的一件，案件的审理除建站软件复制的事实认定外，法律上的问题有两点：一是涉案建站软件著作权受侵害具体权项的认定；二是责任承担。此外，该案二审审理时米拓公司在全国各地法院已经提起和即将提起约 1200 件类似商业维权案件，该案对全国法院如何整体上协调审理好批量维权具有进一步的启示作用。

一、认定涉案建站软件受侵害具体权项的基础是依法合理解释有关合同条款的含义

涉案用户协议载明，"你可以在完全遵守本协议的基础上，将 MetInfo 应用于各类网站，而不必支付软件版权授权费用。"本案中用户阅读该协议格式条款后下载使用涉案建站软件，超出协议许可范围，构成违约责任和侵权责任竞合，原告（著作权人）选择请求被告承担侵权责任，但认定被告的侵权责任的基础仍是被告是否以及在多大程度上超出原告许可使用的范围。明确这个问题，首先需要解释上述条款的含义。针对该条款，不同的人可能会提出两种不同理解。第一种理解是，用户如果免费下载使用涉案软件时去除版权标识和网站链接信息，违反了协议的约定，仅承担去除版权标识和网站链接信息的责任，即仅侵犯著作权人的署名权，在其他方面则没有违反协议约定。第二种理解是，用户只有完全遵守该协议才能获得使用授权，否则应视为未经授权使用，构成侵犯复制权、修改权等权利。究竟如何解释上述条款，应当依照当时施行的合同法第一百二十五条第一款规定的解释规则（对应民法典第一百四十二条关于意思表示解释的规定）进行解释，即按照合同所使用的词句、合同的有关条款、合同的目的、交易习惯以及诚实信用原则，确定该条款的真实意思。对此，二审判决依照法定解释规则对上述条款的含义进行了合理界定，这里不再赘述。这里需要补充说明的问题是，上述两种解释中，第一种解释属于对条款的正向解释，第二种解释属于对条款的反向解释。对此，我们不能忽视一般逻辑规律的运用，即对于特定条款是否一律可以进行反向解释抑或在什么条件下可以进行反向解释。根据一般逻辑规律，某一条款可否作反向（反对）解释，应根据其构成要件与法律效果间之行文及相互间逻辑关系，予以判断；对特定条款，其中构成要件为法律效果之必要条件，可为反向解释；其中构成要件为法律

效果之充分而非必要条件，则不能进行反向解释。① 具体就上述争议条款而言，能否反向解释为用户只有完全遵守该协议才可以免费使用涉案建站软件（否则视为米拓公司未授权用户使用），需取决于该协议条款所设定的构成要件（"完全遵守本协议"）对预设法律效果（免费使用），在逻辑关系上是否构成必要条件。具体合同条款中的构成要件与法律效果之间的逻辑关系如何，属于合同条款的解释问题。上述协议条款中关键词"可以"在一般文义理解上系一个表达充分条件的用语，从该条款文义上得不出用户只有完全遵守该协议才能免费使用涉案建站软件这一唯一解释结论，不排除该条款还蕴含着这样一种含义：米拓公司在依法有效终止免费使用许可之前，可以允许该类用户免费使用，但仅追究其擅自去除版权标识和网站链接信息的违约责任或者侵权责任。正如二审判决指出，唯有如此理解才能兼顾米拓公司的上述两项主要合同目的以及用户对协议条款的通常理解。据此，应当认定上述协议条款中构成要件（"完全遵守本协议"）对法律效果（免费使用），在逻辑上构成充分而非必要条件，对该条款可正向解释而不可反向解释。对该条款进行正向解释，可以认定用户接受涉案用户协议后，可以免费下载复制涉案建站软件并进行必要修改，以建设适合自己需求的网站；如果用户在免费使用时去除米拓公司的版权标识和网站链接信息，仅仅是违反了该协议中关于免费使用条件下须保留米拓公司的版权标识和网站链接信息的约定。上述用户下载复制涉案建站软件并进行必要修改在米拓公司许可范围，但去除米拓公司的版权标识和网站链接信息则明显超出米拓公司的许可范围，该用户主要侵害了米拓公司的署名权，但并未侵害米拓公司许可的复制权、修改权等其他权利。米拓公司对上述条款进行反向解释，主张用户违反上述协议中关于保留版权标识和网站链接信息的约定即侵害其全部软件著作权，工程建设协会侵犯了涉案著作权中的复制权、修改权、保护作品完整权、信息网络传播权、获得报酬权等署名权以外的其

---

① 参见梁慧星：《民法解释学》，中国政法大学出版社 2000 年版，第 272~273 页。

他著作权，缺乏事实依据。

二、人民法院审理批量维权案件应当在个案中尽可能查明批量维权规模，合理确定个案赔偿标准

涉案建站软件为开放共享软件，且使用便捷，较受用户青睐，广大不特定用户可以在保留米拓公司版权标识和网站链接信息前提下免费下载使用该软件。但是，部分用户和受用户委托的建站主体出于商业利益驱动，在免费下载使用案涉建站软件时去除了米拓公司版权标识和网站链接信息。为此，米拓公司自 2019 年开始不断在全国法院提起维权诉讼。截至 2021 年 9 月，米拓公司为保护涉案建站软件著作权已在全国法院提起批量维权诉讼，其中已由法院立案受理的案件达 700 余件，米拓公司在本案二审中称其正在或者将要起诉的案件还有约 500 件。米拓公司提起系列商业维权诉讼，已经具有相当规模，且有蔓延趋势。妥善处理、彻底化解该批规模化诉讼，关键是研究确定好权利保护力度与侵权制裁幅度的平衡点，合理确定侵权责任特别是损害赔偿标准，既依法保护权利人的合法权益、有效制裁侵权，又避免激发米拓公司以诉讼为手段谋取额外利润。这是人民法院审理批量维权纠纷与普通单一案件的重要区别，审理批量维权案件的各个法院均应当增强大局意识，尽可能摸底查明权利人整个相关维权诉讼规模，合理确定个案赔偿标准，注意总体控制权利人索赔总额。对于个案中损害赔偿金额，应当综合考虑涉案建站软件免费许可情况、商业许可的市场价格、侵权行为的性质、侵权持续期间、侵权人是否承认其侵权行为等诉讼诚信状况、权利人市场整体维权情况等因素予以合理确定。

三、各人民法院应当加强案件大数据检索，自觉整体协调批量维权案件的审理，实现公正与效率、法律效果与社会效果的统一

在该案二审审理中，经法院进行案件信息系统大数据检索，米拓公

司已经陆续在全国 21 个省、直辖市的部分中级法院已提起和待立案的 1200 余起侵害计算机软件著作权纠纷系列诉讼。从全局看，该案的审理的确有一些值得认真总结的问题。第一，在立案环节，各级人民法院应当及时利用法院案件信息系统进行司法大数据检索，一旦发现当事人有批量维权的动态，可以要求当事人说明其整体维权的情况，必要时可以报请上级法院指定某一个或者某几个法院集中审理同一批批量维权诉讼。第二，在审理过程中，法院在每个个案中均应当注意查明整个批量维权诉讼的规模。如上所述，整个批量维权的规模是确定个案赔偿的一个重要的基本事实，法院可以要求维权的原告如实全面披露。第三，加强案件类型化研究，自觉规范和统一裁判尺度。尽管批量维权诉讼分布在许多不同法院，但根据"类似案件作类似处理"的法治原则，各受案法院应当保持裁判尺度的相对统一。其主要办法就是要及时加强对批量维权案件的进一步类型化分析，细化类案裁判规则，区分不同情形以相对统一的裁判标准裁判或者调解案件；也可以由此引导当事人自行案外和解，有效平息纠纷，减少诉源诉累。就类似开源软件著作权的批量维权诉讼而言，需要规范和统一的司法裁判规则，主要包括侵权事实的技术比对、用户协议条款的解释、被侵害著作权权项范围的认定、侵权责任形式与赔偿标准确定等。总体上，对于批量维权诉讼，较为理想的做法是受案法院在当事人批量维权之初及时发现情况，报请上级法院指定某一法院集中管辖全部批量维权诉讼。

（撰写人：余晓汉，最高人民法院知识产权法庭法官）

39. 计算机软件开发合同中开发方的权利瑕疵担保责任

——上诉人济南国迅信息科技有限公司、徐某欣、王某与被上诉人欧弗瑞环保科技有限公司计算机软件开发合同纠纷

【裁判要旨】

计算机软件开发合同约定开发方负责开发源代码、委托方享有源代码著作权的，开发方负有权利瑕疵担保责任，即保证第三人不就该源代码享有任何权利。开发方违反权利瑕疵担保责任的，可以认定委托方取得软件著作权的合同目的不能实现，委托方有权解除合同。

【案号】

一审：山东省济南市中级人民法院（2020）鲁 01 民初 3195 号

二审：最高人民法院（2021）最高法知民终 677 号

【案情】

欧弗瑞环保科技有限公司（以下简称欧弗瑞公司）向山东省济南市中级人民法院提起诉讼，一审法院于 2017 年 11 月 13 日立案受理，于 2018 年 8 月 17 日作出（2017）鲁 01 民初 1953 号民事判决，济南国迅信息科技有限公司（以下简称国迅公司）、徐某欣、王某不服，向山东省高

级人民法院提出上诉。山东省高级人民法院于 2019 年 9 月 27 日作出
（2019）鲁民终 853 号民事裁定，将本案发回一审法院重审。一审法院另
行组成合议庭进行审理，于 2020 年 12 月 25 日作出（2020）鲁 01 民初
3195 号民事判决，向最高人民法院提起上诉。二审法院于 2021 年 3 月 30
日立案，于 2021 年 6 月 22 日作出终审判决。

　　欧弗瑞公司向一审法院起诉请求：（1）判令解除欧弗瑞公司、国迅
公司于 2016 年 5 月 10 日签订的《新风网络平台开发协议书》、于 2016 年
9 月 30 日签订的《新风网络平台补充协议书》（以下简称补充协议书）；
（2）判令国迅公司返还欧弗瑞公司报酬及费用 94.5 万元；（3）判令国迅
公司赔偿欧弗瑞公司利息损失；（4）判令国迅公司赔偿欧弗瑞公司公证
费、律师费损失 59650 元；（5）判令徐某欣、王某对上述第二项、第三
项、第四项债务承担连带责任；（6）本案诉讼费用由国迅公司、徐某欣、
王某承担。

　　国迅公司向一审法院提出反诉，请求：（1）判令欧弗瑞公司支付国
迅公司合同款 337500 元；（2）本案全部诉讼费用由欧弗瑞公司承担。

　　2016 年 5 月 10 日，欧弗瑞公司与国迅公司签订《新风网络平台开发
协议书》，协议约定欧弗瑞公司委托国迅公司设计开发"欧弗瑞新风网
PC、手机、微信网络平台"；报酬及费用共计 135 万元，协议签订之日即
支付制作费用 30% 作为预付款，首页及子页效果图设计定稿后支付 40%，
网络平台建设完成、交付使用后支付 25%，网络平台正常运营 18 个月后
支付剩余 5%；网络平台项目中相关程序、文件源码的版权、所有网页的
版权归欧弗瑞公司所有。欧弗瑞公司分多次向国迅公司支付了开发费用
合计 94.5 万元。

　　涉案软件为"e 口气"，涉案网络平台为"e 口气商城"。2017 年 12 月
经公证证据保全，e 口气网页"eshop-F12 开发人员工具"网页多次出现
"search v4 by 33 hao. com""content = 好商城 v4"字样，有图片显示
"shopncb2b2c""本演示来源于好商城""33hao""好商城 V3""33hao. com"
"33haologo"等内容。2018 年 1 月，经公证保全的证据显示 e 口气网页

"ekouqweb-F12 开发人员工具"记事本显示，Author：33hao, Copyright：www.haoid.cn, Create Date：Apr-01-2012, Retrofit Date：May-28-2015。

ShopNC 官网（http：//shopnc.net/）中记载，ShopNC 企业级电商系统提供商为案外人天津市网城天创科技有限责任公司，其于 2015 年 9 月 29 日作出法律声明，ShopNC 电商系统系列计算机软件的著作权和相关权益归其所有。Base－记事本显示内容为：Author：Hulihutu, Copyright：www.shopnc.net, Create date：Apr－01－2012, Retrofit Date：May－28－2014。根据域名信息备案管理系统显示，www.33hao.com 网站所有人为广东姚秀丽，www.haoid.cn 网站所有人为机械工业信息科学院。

将 ekouq 软件与 www.haoid.cn 网站和 ShopNC 官网提供的软件比对，两者不仅在前端、后台、目录中存在大量相似内容，而且从"e 口气首页"取得的 base－记事本中包含了"author：33hao, Copyright：www.haoid.cn"等内容，与 shopnc 官网"B2B2C"商城系统软件 base-记事本内容包含部分相同代码。

国迅公司系有限责任公司。原审立案时徐某欣、王某为该公司股东，徐某欣为该公司法定代表人，二人系夫妻关系。自 2014 年 1 月 2 日至 2016 年 12 月 30 日，国迅公司通过银行转账的方式分多次向王某支付 1679998 元，对此国迅公司未能作出合理解释。

欧弗瑞公司为本案支出公证费 1 万元、律师费 49650 元。

【裁判】

山东省济南市中级人民法院经审理认为：国迅公司不仅没有全面履行关于资料移交、提供说明书、人员培训等合同义务，而且对于涉案 ekouq 软件多次出现"33 hao.com""好商城""shopnc"等标识软件来源的字样不能作出合理解释，对于涉案 ekouq 软件与"www.haoid.cn"网站、及"ShopNC 官网"对应软件在网页、程序文件夹、base-记事本中的文字或图片均存在大量的相同或近似内容，国迅公司亦不能说明相同或相似内容的合法来源，欧弗瑞公司有理由相信国迅公司开发的软件存在侵犯他人软件著作权的高度可能性。国迅公司不能交付符合合同约定的软件，致使合同目的不能实现，构成根本违约，欧弗瑞公司有权解除合同。涉案合同解除后，国迅公司应返还全部合同款项并赔偿利息损失、因维权支出的公证费、律师费等损失。徐某欣、王某二人为夫妻关系，且国迅公司将大量款项转入王某个人账户，徐某欣、王某对此不能作出合理解释，证明徐某欣、王某的个人财产与公司财产混同，应对国迅公司的债务承担连带清偿责任。据此，一审法院判决解除涉案合同；国迅公司返还欧弗瑞公司已付合同款项 94.5 万元并赔偿欧弗瑞公司利息损失，以及公证费、律师费损失；徐某欣、王某承担连带责任。

国迅公司、徐某欣、王某不服，向二审法院提起上诉，请求撤销原审判决，改判驳回欧弗瑞公司的诉讼请求并支持国迅公司的反诉请求。主要理由是涉案软件已交付、能够使用，欧弗瑞公司从未对软件使用提出异议，合同目的已实现；资料移交、提供说明书、人员培训等义务是合同附随义务，在合同主要目的能实现的情况下，合同附随义务不构成解除的法定理由；本案不是侵权案件，在没有其他第三方向欧弗瑞公司或国迅公司主张权利的情况下，本案无权对是否构成侵权作出认定，否则将严重违反法律程序。

最高人民法院经审理认为：计算机软件开发合同约定开发方向委托方交付源代码，委托方取得源代码的著作权，则开发方不仅负有开发符合约定软件的义务，而且应交付源代码并就其交付的源代码负有保证第三人不享有任何权利的义务，即权利瑕疵担保责任。按照涉案合同关于"网络平台项目中相关程序、文件源码的版权归甲方所有"的约定，国迅公司在涉案合同项下的交付义务具体包括将源代码交付欧弗瑞公司，且对交付的源码负有权利瑕疵担保责任。虽然国迅公司经将网络平台的后台密码交付欧弗瑞公司，使其可以在手机端、电脑端使用，但后台登录账号、密码的交付并不能使欧弗瑞公司控制涉案软件、获取源代码，不构成涉案合同约定的完全、适当交付。涉案软件包括了"shopncb2b2c""本演示来源于好商城""33hao""好商城 V3""33hao.com"

"33haologo"的图片内容。与shopnc软件的比对来看，两者不仅在前端、后台、目录中存在大量相似内容，而且更为重要的是，欧弗瑞公司由ht-tp：//123.129.248.82/ekouq/进入"e口气首页"取得的base-记事本中包含了"author：33hao，Copyright：www.haoid.cn"等内容，与shopnc官网"B2B2C"商城系统软件base-记事本内容包含部分相同代码。国迅公司对此没有作出具有说服力的合理解释。虽然欧弗瑞公司没有提供确切证据证明各个版本的shopnc软件的公开时间，但从上述事实来看，国迅公司开发的ekouq软件中相似部分系来源于案外人具有更高可能性。据此，可以认定国迅公司对其开发的软件也没有尽到权利瑕疵担保责任。在此情况下，开发方国迅公司不能保障委托方欧弗瑞公司在约定期限内稳定使用涉案已开发软件，影响欧弗瑞公司取得开发软件著作权的合同目的的实现，欧弗瑞公司有权依据合同法第九十四条第四项的规定解除合同。欧弗瑞公司在运行软件时面临第三人要求停止使用等风险，原审法院认定欧弗瑞公司运行软件可能会侵犯他人著作权并无不当，国迅公司主张原审法院在本案合同纠纷中审理侵权超出原审审理范围，与事实不符，不予支持。因此，判决驳回上诉，维持原判。

【评析】

权利瑕疵担保责任来源于买卖合同，属于买卖合同中出卖方对标的物的瑕疵担保义务，是指出卖方应保证他所出卖的标的物不侵犯任何第三方的合法权益，任何第三方都不能对标的物提出权利要求。[①] 传统民法上的权利瑕疵可能包括以下几种情形：一是标的物所有权全部或部分为他人所有；二是标的物上附有他人合法权利，如抵押权、租赁权等；三是标的物侵害他人合法权利，如专利权等知识产权。一般而言，买卖合同中的权利瑕疵担保责任所指的权利瑕疵在买卖合同成立时就已经存在，且在合同履行中权利瑕疵没有得到补正，如嗣后产生权利瑕疵，则不构

---

① 参见江平主编：《中华人民共和国合同法精解》，中国政法大学出版社1999年版，第106页。

成瑕疵担保责任，而发生侵权、违约及风险负担的问题。[①] 买卖合同中出卖方之所以负有权利瑕疵担保责任，主要原因在于买卖合同中买受方的主要合同目的就是取得标的物的所有权，出卖方的主要合同义务包括向买方转移标的物所有权，当标的物的权利存在瑕疵时，由于买卖合同的标的物不能被重复占有，也不具有可替换性，权利瑕疵的存在将导致买方取得标的物完整所有权的合同目的无法实现。合同法对违反权利瑕疵担保责任并未特别规定买受方有权解除合同，而只规定了履行抗辩[②]，并围绕履行抗辩在合同法中形成了关于瑕疵担保责任的体系，特别是关于违反物的瑕疵担保责任特别规定了修理、更换、重作、退货、减少价款或报酬等救济，而违约责任主要围绕合同法第一百零七条展开。因此，有观点认为违反权利瑕疵担保责任是与违约责任并立的责任体系，两者并不相同。[③] 民法典关于出卖方违反权利瑕疵担保责任除保留了原合同法关于履行抗辩的规定以外，还特别规定买受方在不能转移标的物所有权的情况下可以解除合同并请求出卖方承担违约责任。

一般认为，买卖合同的标的物不包括智力成果，即智力成果由于不具备物质形态，不是物，而是物之外的另一类权利客体。[④] 质言之，知识产权的客体一般不能成为传统买卖合同的标的物。买卖合同中出卖方的权利瑕疵担保责任自然不能适用于以知识产权客体为标的的合同中。然而，在一些以知识产权客体为标的物的合同中，也存在类似转移标的物所有权为内容的合同权利义务，因而在这些合同关系中也产生了适用权利瑕疵担保责任的可能。从适用情景看，软件开发合同中适用权利瑕疵担保责任的典型情况是合同不仅约定了开发方交付符合合同约定的软件，而且约定了交付源代码，由委托方享有开发软件的著作权。这种约定类似于买卖合同中向买受方转移标的物所有权的内容，也是软件开发合同

[①] 参见崔建远主编：《合同法》，法律出版社 2016 年版，第 307 页。

[②] 合同法第一百五十二条规定："买受人有确切证据证明第三人可能就标的物主张权利的，可以中止支付相应的价款，但出卖人提供适当担保的除外。"

[③] 参见崔建远主编：《合同法》，法律出版社 2016 年版，第 305~308 页。

[④] 参见江平主编：《中华人民共和国合同法精解》，中国政法大学出版社 1999 年版，第 109 页。

中对开发方适用权利瑕疵担保责任的典型情境。不同于买卖合同，软件开发合同中的权利瑕疵在合同成立时并不存在，而是由于开发方的不当履行所致，直至交付开发成果及源代码时方才显现，因此开发方违反权利瑕疵担保责任产生的是违约责任，而不存在买卖合同中与买卖合同的违约责任并立的争论。从适用结果看，软件开发合同中开发方违反权利瑕疵担保责任将导致委托方无法实现合同目的，委托方有权据此解除合同。合同目的一般是合同的典型交易目的，即合同当事人所欲实现的法律效果，在每一类合同中是相同的，不因当事人订立某一具体合同的动机的不同而改变。① 在计算机软件开发合同中，委托方的典型交易目的是取得可以运行、使用的软件，取得软件著作权并非其典型交易目的，而可能只是其订立合同的动机，即当事人的主观目的。② 由于动机作为缔约方的主观意图往往并未外化，无法证明，仅当合同动机经由合同用语、条款体现于合同文本之中时，目的与动机同一，③ 动机上升为影响合同效力和合同履行的合同目的，开发方的不当履行导致委托方无法实现合同目的，委托方依法享有法定解除权。

与之相关的另一个问题是合同约定内容本身侵害他人技术成果的，这与开发方不当履行导致委托方无法实现合同目的不同，可能影响的是合同效力。合同法第三百二十九条规定，侵害他人技术成果的合同无效，民法典第八百五十条也作出了同样规定。侵害他人技术成果的合同与计算机软件开发合同在履行中因交付的开发成果侵害他人著作权，两者存在明显区别：前者是合同约定内容本身的瑕疵，影响的是合同效力；后者是开发方的不当履行所致，可能构成根本违约行为。在处理这两个问题时需要注意其中涉及的程序问题。对于开发方的不当履行、交付的源

---

① 参见崔建远：《合同解释论——规范、学说与案例的交互思考》，中国人民大学出版社2020年版，第206~207页。

② 参见王泽鉴：《民法学说与判例研究（第1册）》，我国台湾地区三民书局1980年版，第279页。

③ 参见王伯琦：《法律行为之标的及目的》，载《王伯琦法学论著集》，我国台湾地区三民书局1999年版，第274页以下。

代码侵害他人著作权的事实，按照民事诉讼中案件事实证明的标准，并不需要对于是否侵害他人著作权作出确切的认定。而对于技术合同侵害他人技术成果导致合同无效的，应按照《最高人民法院关于审理技术合同纠纷案件适用法律若干问题的解释》第四十四条规定进行处理，即人民法院应当依法通知有关利害关系人，其可以作为有独立请求权的第三人参加诉讼或者依法向有管辖权的人民法院另行起诉。一般而言，对于合同效力问题，人民法院应当依职权主动审查，故上述程序既可以根据当事人申请启动，人民法院也可以依职权对效力进行审查时启动。

（撰写人：雷艳珍，最高人民法院知识产权法庭法官）

40. 药品专利侵权案件中对"药品专利反向支付协议"的反垄断审查

——上诉人阿斯利康有限公司与被上诉人江苏奥赛康药业有限公司侵害发明专利权纠纷案

【裁判要旨】

"药品专利反向支付协议"是药品专利权利人承诺给予仿制药申请人直接或者间接的利益补偿（包括减少仿制药申请人不利益等变相补偿），仿制药申请人承诺不挑战该药品相关专利权的有效性或者延迟进入该专利药品相关市场的协议。在涉及药品专利权利人和仿制药申请人的药品专利侵权案件中，作为当事人主张依据或者作为法院裁判依据的有关协议具有"药品专利反向支付协议"外观的，人民法院一般应当对其是否违反反垄断法进行一定程度的审查。

对于以不挑战专利权有效性为主要内容的"药品专利反向支付协议"是否涉嫌构成垄断协议的判断，核心在于其是否涉嫌排除、限制专利药品相关市场的竞争，一般可以通过比较签订并履行有关协议的实际情形和未签订、未履行有关协议的假定情形，重点考察在仿制药申请人未撤回其无效宣告请求的情况下，药品相关专利权因该无效宣告请求归于无效的可能性，进而以此为基础分析对于专利药品相关市场而言有关协议是否以及在多大程度上造成了竞争损害。原则上，专利权利人为使仿制药申请人撤回无效宣告请求，无正当理由给予高额利益补偿的，可以作为认定专利权因仿制药申请人提出的无效宣告请求归于无效的可能性较大的一个重要考量因素，同时一般还要对假定仿制药申请人未撤回其无效宣告请求情况下相关审查结果进行预测判断。

【案号】

一审：江苏省南京市中级人民法院（2019）苏 01 民初 1090 号

二审：最高人民法院（2021）最高法知民终 388 号

【案情】

在上诉人阿斯利康有限公司（以下简称阿斯利康公司）与被上诉人江苏奥赛康药业有限公司（以下简称奥赛康公司）侵害发明专利权纠纷案中，涉及专利号为 01806315.2、名称为"基于环丙基稠合的吡咯烷二肽基肽酶 IV 抑制剂、它们的制备方法及用途"的发明专利（以下简称涉案专利），该专利已于 2021 年 3 月 5 日到期后终止。该专利权利要求 8 所限定的化合物即糖尿病用药沙格列汀片中的活性成分沙格列汀。案外人江苏威凯尔医药科技有限公司（以下简称 Vcare 公司）曾针对涉案专利提起无效宣告请求，涉案专利原权利人布里斯托尔—迈尔斯斯奎布公司（Bristol-Myers Squibb Company，以下简称 BMS 公司）为使专利权免受挑战，与 Vcare 公司签订了《和解协议》。双方约定：Vcare 公司立即撤回无效宣告请求，BMS 公司承诺其及涉案专利的继受权利人不追究 Vcare 公司及其关联方在 2016 年 1 月 1 日后实施涉案专利的行为。Vcare 公司遂撤回了无效宣告请求。之后，奥赛康公司作为 Vcare 公司的关联方，于上述约定日期后实施了研制、注册、制造、使用、许诺销售、销售沙格列汀片剂的行为。涉案专利权的继受人阿斯利康公司遂诉至南京市中级人民法院，主张奥赛康公司构成对涉案专利权的侵害。

【裁判】

南京市中级人民法院经审理认为，被诉侵权药品落入了涉案专利权利要求 1、8、11、12、13 的保护范围。根据专利法第六十九条第五项的规定，奥赛康公司就涉案两种规格的沙格列汀片向国家药品监督管理部门申报并获得注册批件的过程中，制造、使用被诉侵权药品的行为不构成对涉案专利权的侵害。根据 Vcare 公司与 BMS 公司于 2012 年 1 月 4 日签订的《和解协议》，奥赛康公司作为该协议所称 Vcare 公司的关联方，在 2016 年 1 月 1 日后制造、销售、许诺销售涉案沙格列汀片的行为亦不构成对涉案专利权的侵害。故判决驳回阿斯利康公司的诉讼请求。

阿斯利康公司不服一审判决，提出上诉，请求撤销一审判决，判令支持其全部诉讼请求。主要事实与理由为：（1）一审判决关于奥赛康公司为案外人 BMS 公司与案外人 Vcare 公司于 2012 年 1 月 4 日签订的《和解协议》（以下简称涉案《和解协议》）所称"Vcare 关联方"的认定有误。（2）即便奥赛康公司构成"Vcare 关联方"，其也不具有销售、许诺销售被诉侵权产品的权利。

此后，在二审审理期间，阿斯利康公司又以与奥赛康公司达成和解为由申请撤回上诉。

最高人民法院在二审审查有关撤回上诉申请过程中发现，涉案《和解协议》符合所谓的"药品专利反向支付协议"外观。所谓的"药品专利反向支付协议"是药品专利权利人承诺给予仿制药申请人直接或者间接的利益补偿（包括减少仿制药申请人不利益等变相补偿），仿制药申请人承诺不挑战该药品相关专利权的有效性或者延迟进入该专利药品相关市场的协议。该类协议的安排一般较为特殊，也往往较为隐蔽，可能会产生排除、限制竞争的效果，有可能构成反垄断法规制的垄断协议。

最高人民法院指出，在涉及药品专利权利人和仿制药申请人的药品专利案件中，对于具有所谓的"药品专利反向支付协议"外观的涉案协议或者和解协议，人民法院一般应当对其是否违反反垄断法进行一定程度的审查。但考虑到反垄断审查的高度专业性和复杂性，非垄断案件中的该类审查，一般仅限于初步审查。

最高人民法院认为，涉案《和解协议》属于以不挑战专利权有效性为主要内容的"药品专利反向支付协议"。其是否涉嫌构成反垄断法规制的垄断协议的判断，核心在于其是否涉嫌排除、限制相关市场的竞争。对此，一般可以通过比较签订并履行有关协议的实际情形和未签订、未履行有关协议的假定情形，重点考察在仿制药申请人未撤回其无效宣告请求的情况下，药品相关专利权因该无效宣告请求归于无效的可能性，进而以此为基础分析对于相关市场而言有关协议是否以及在多大程度上造成了竞争损害。其中，仿制药申请人如未撤回其无效宣告请求，专利权因之归于无效的可能性是首要问题。原则上，专利权利人为使仿制药申请人撤回无效宣告请求，无正当理由给予高额利益补偿的，可以作为认定专利权因仿制药申请人提出的无效宣告请求归于无效的可能性较大的一个重要考量因素。有关协议的竞争损害，一般应当主要考察其是否实质延长了专利权利人的市场独占时间、是否实质延缓或者排除了实际的和潜在的仿制药申请人的市场进入。

具体到该案，虽然涉案《和解协议》符合"药品专利反向支付协议"的外观，但考虑到其保护期限已经届满，有关可能构成的垄断违法状态已不复存在，涉案药品相关市场的进入已不存在基于涉案专利权的障碍，该案已无进一步查明涉案《和解协议》是否确定涉嫌违反反垄断法的必要性和紧迫性；同时，作为涉案《和解协议》签署方当事人的BMS 公司和 Vcare 公司并未参与该案诉讼，也缺乏涉案无效宣告请求审查程序中的相关证据，根据现有证据，该案尚难以认定 BMS 公司允许Vcare 公司及其关联方提前进入涉案专利药品相关市场是否具有除撤回无效宣告请求之外的正当理由和涉案专利权因 Vcare 公司的无效宣告请求被宣告无效的可能性，相应也尚不具备进一步查明涉案《和解协议》是否确定涉嫌违反反垄断法的条件。因此，不必再作进一步审查和处理。

鉴于经初步审查，目前难以得出涉案《和解协议》明显涉嫌违反反垄断法的结论，且无进一步审查之必要，也未发现该案存在其他可能损害国家利益、社会公共利益、他人合法权益的事由，一审判决虽因未对涉案《和解协议》作反垄断相关审查而有所欠缺，但其最终裁判结果仍属正确，故本案不存在《最高人民法院关于适用〈中华人民共和国民事诉讼法〉的解释》第三百三十七条所称不应准许撤回上诉的情形。综上所述，阿斯利康公司在本案审理期间提出撤回上诉的请求，不违反法律规定，故予以准许。

【评析】

该案是目前中国法院首起对"药品专利反向支付协议"作出反垄断审查的案件，虽然只是针对撤回上诉申请所作的反垄断初步审查，而且最终也没有明确定性涉案和解协议是否违反反垄断法，但该案裁判强调了在非垄断案由案件审理中对当事人据以提出主张或者作为法院裁判依据的协议适时适度进行反垄断审查的必要性，指明了对涉及"药品专利反向支付协议"的审查限度和基本路径，对于提升企业的反垄断合规意识、规范药品市场竞争秩序、指引人民法院加强反垄断审查具有积极意义。本文仅就对涉及"药品专利反向支付协议"的反垄断审查路径问题，在该案二审裁定理由基础上，再作一些探讨和分析，权作一家之言。

二审裁定理由述及，对于以不挑战专利权有效性为主要内容的"药品专利反向支付协议"是否涉嫌构成垄断协议的判断，核心在于其是否涉嫌排除、限制专利药品相关市场的竞争，一般可以通过比较签订并履行有关协议的实际情形和未签订、未履行有关协议的假定情形，重点考察在仿制药申请人未撤回其无效宣告请求的情况下，药品相关专利权因该无效宣告请求归于无效的可能性，进而以此为基础分析对于专利药品相关市场而言有关协议是否以及在多大程度上造成了竞争损害。对此问题如何作进一步具体分析，似可重点从以下两个方面展开。

第一，假设仿制药申请人未撤回其无效宣告请求，涉案专利权因之归于无效的可能性问题。

专利权基于特定无效宣告请求被宣告无效的可能性，原则上与专利技术方案的可专利性负相关，与无效宣告请求理由的针对性和充分性正相关。即专利技术方案的可专利性越弱，无效宣告请求理由的针对性和充分性越强，专利权因该无效宣告请求归于无效的可能性越大；反之，则可能性越小。但因仿制药申请人撤回其无效宣告请求，专利确权行政程序、司法程序并未实际推进，专利权人、无效宣告请求人遵循有关程序要求的对抗并未实际展开，直接判断涉案专利技术方案可专利性和有关无效宣告请求理由针对性、充分性的基础条件通常并不充分，故除专利权明显应当归于无效的情形外，一般需要借助其他事实推测涉案专利权因仿制药申请人的无效宣告请求归于无效的可能性。可以考虑的事实包括：专利权利人为使仿制药申请人撤回无效宣告请求所支付的对价、涉案专利权当前的效力状态、涉案专利权的其他专利确权程序进展情况及结论，等等。原则上，专利权利人为使仿制药申请人撤回无效宣告请求，无正当理由给予高额利益补偿的，可以认定药品相关专利权因仿制药申请人提出的无效宣告请求归于无效的可能性较大。

前述高额利益补偿，包括金钱补偿和其他利益补偿。对于金钱补偿是否构成高额补偿的问题，一般可以通过金钱数额大小直观判断；对于其他利益补偿是否构成高额补偿的问题，需要在个案中具体分析。鉴于药品研发和生产投入巨大，投资回报也相应不菲，药品市场进入时间对竞争者而言至关重要。药品专利相关市场的进入涉及巨大利益分配格局的调整。药品专利权利人允许其他竞争者在专利有效期内进入市场往往意味着重大利益处分。药品专利权人允许特定竞争者提前进入特别是提前较长时间进入市场，一般可以认定专利权利人给予了特定竞争者高额利益补偿。

前述的正当理由，应当是指除了为使专利权保持有效以外的其他正当理由，如为解决彼此之间的纠纷而给予对方一定的为解决纠纷所付出的合理开支，或者双方基于其他商业安排而实际存在的正当合理的交易对价。换言之，在"药品专利反向支付协议"中，交易对价一般应当是除阻止挑战专利权有效性以外的理由才能被认为是专利权利人给予无效宣告请求人高额补偿的正当理由。

第二，假设药品相关专利权因仿制药申请人的无效宣告请求而被宣告无效的可能性较大，基于有关协议的签订和履行，是否实质延长了专利权利人的市场独占时间，以及是否实质延缓或者排除了实际的或者潜在的仿制药申请人的市场进入。

一般情况下，有关协议的签订和履行是否实质延长了专利权人的市场独占时间，与是否实质延缓或者排除了实际的或者潜在的仿制药申请人的市场进入，是同一问题的两个方面，一般无需重复考量。原则上，认定有关协议涉嫌构成反垄断法第十三条所称垄断协议，仅需其具备实质延长市场独占和实质延缓或者排除市场进入两个效果中的一个效果，即可以认定协议涉嫌具有排除、限制相关市场竞争的效果。

（1）关于有关协议的签订和履行是否实质延长了专利权人的市场独占时间。

在涉案专利权因仿制药申请人提出的无效宣告请求归于无效的可能性较大的情况下，有关协议的签订和履行是否实质延长了专利权人的市场独占时间，主要取决于涉案专利权可能的确定归于无效的时点早于涉案专利保护期限届满的时点的时间长短。如果该时间很短或者专利权可能的确定归于无效的时点甚至在专利保护期限届满的时点之后，则一般可以认定有关协议的签订和履行并未实质延长专利权人的市场独占时间；反之，如果该时间较长，则可以认定有关协议的签订和履行实质延长了专利权人的市场独占时间。

所谓专利权确定归于无效的时间，是指宣告专利权无效的行政决定发生法律效力的时间，其既可能是起诉期限届满当事人未提起行政诉讼而导致有关宣告专利权无效的行政决定直接发生法律效力的时间，也可能是提起行政诉讼情形下人民法院亦认定专利权应属无效并作出维持宣告专利权无效的行政决定的裁判发生法律效力的时间。在药品专利领域，由于专利权蕴含着巨大的经济利益，专利权人通常会在专利确权行政机关宣告专利权无效之后，提起行政诉讼，并穷尽全部诉讼程序。因此，药品专利领域专利权确定归于无效的时间，一般会是有关专利确权行政诉讼终审判决生效之时。原则上，可以计算专利权无效宣告行政审查程序、一审诉讼程序、二审诉讼程序的总耗时，从提交无效宣告请求日起计算，上述总耗时届满之日即可视为专利权可能的确定归于无效的时点。

当然，在类似上述案件涉案《和解协议》这种安排的"药品专利反向支付协议"下，即当专利权利人对仿制药申请人撤回专利无效宣告请求的利益补偿方式是允许其提前进入涉案专利药品相关市场时，提出无效宣告请求的仿制药申请人进入相关市场后，相关市场不再由一家独占，而是有两个经营者，且该两个经营者因提供同质产品或者服务，客观上彼此之间也会存在一定程度的竞争。此时，可能会产生相关市场是否仍属于专利权利人独占的疑问。对此，应当认识到，虽然相关市场存在两个经营者相比于只有一个经营者可能存在一定的竞争效果，对于消费者而言有两个经营者也要优于只有一个经营者，但是，当市场上仅有为数不多的经营者时也可能形成所谓"寡头垄断"。因此，在类似上述案件涉案《和解协议》这种安排的"药品专利反向支付协议"下，对市场竞争效果的判断，重点仍应着眼于对相关市场其他竞争者的竞争影响，而非对"药品专利反向支付协议"当事人之间的竞争影响。

此外，因任何人均可依法提出专利无效宣告请求，一个仿制药申请人撤回提出无效宣告请求并不意味着其他人就不会再提出专利无效请求，此时，也会产生专利权人的市场独占时间是否会实际得以延长以及延长时间难以预测的疑问。对此问题，应当从反垄断法的立法目的来考虑。我国反垄断法第一条开宗明义指出其立法目的在于，"为了预防和制止垄断行为，保护市场公平竞争，提高经济运行效率，维护消费者利益和社会公共利益，促进社会主义市场经济健康发展，制定本法"。首先，反垄断法并非仅在垄断事实已经实际出现以后才予以规制，对于可能具有排除、限制竞争效果的行为也要纳入反垄断法的规制。因此，当所谓"药品专利反向支付协议"可能具有排除、限制竞争效果时，即涉及反垄断法的适用问题。其次，专利无效程序并非仅为解决单纯的请求人与被请求人之间的私权纠纷，而是在一定程度上涉及社会公共利益问题的法律程序。专利权是否有效及其保护范围的大小直接涉及专利权人与社会公众行为边界的划分。世界各国专利无效制度的存在且各国均普遍对无效宣告请求人条件不作特别限制，其初衷在于鼓励社会公众挑战专利权有效性。在无效宣告请求审查程序已经启动的情况下，撤回请求或者终止审查程序可能涉及社会公共利益，如果在请求人提出无效宣告请求后又申请撤回请求，应当受到一定程度的审查。这种审查既包括专利法上的审查，也可以包括反垄断法上的审查，而有关审查的核心在于是否具有正当理由和是否会损害社会公共利益。《专利法实施细则》第七十二条规定，无效宣告请求人可以撤回其请求并相应终止无效宣告请求审查程序，但是国家知识产权局认为根据已进行的审查工作能够作出宣告专利权无效或者部分无效的决定，不终止审查程序。可见，撤回专利无效宣告请求并非完全属于当事人自由处分范畴，需要从维护社会公共利益的角度受到一定程度的审查。再次，在面对所谓"药品专利反向支付协议"这种涉及药品专利的特殊问题时，需要对反垄断法的"维护消费者利益和社会公共利益"目的作出特别的关注。基于该类协议内容和相关利益安排的特殊性，协议当事人极少愿意披露此类协议，协议当事人以外的人特别是相关市场竞争者很难实际获悉。对于协议当事人和在执法、司法程序中知悉该协议的执法、司法机关而言，可以根据协议内容和相关利益安排初步判断所涉专利被宣告无效的可能性的大小，而对于并不知悉该协议的竞争者而言，则在看到已经提出的无效宣告请求被撤回后，往往会得出所涉专利被无效的可能性较小的预测，由此减弱其提出专利无效宣告请求的动机。综合上述分析，对所谓"药品专利反向支付协议"进行反垄断法上的分析时，一般情况下无需特别考虑其他人是否可能会对所涉专利权有效性提出挑战，而宜重点关注该协议是否可能具有的排除、限制竞争效果。

（2）关于有关协议的签订和履行是否实质延缓或者排除了实际的或者潜在的仿制药申请人的市场进入。

药品相关专利权是药品市场进入的最主要障碍之一。正因如此，药品专利权保护期限一旦届满，因 Bolar 例外的存在，仿制药通常会迅速进入市场，药品价格会随仿制药的市场进入出现断崖式下跌。如果药品相关专利权会因仿制药申请人的无效宣告请求而被宣告无效，仿制药申请人撤回该请求的直接效果就是，药品相关专利权本可被宣告无效而未被宣告无效，本可消除的进入药品相关市场的最主要壁垒仍然存在。自药品相关专利权本应基于被撤回的无效宣告请求可能的确定归于无效的时点至其保护期限届满的时点，仿制药申请人至少会因药品相关专利权的存在而无法进入相关市场。在没有证据证明药品相关市场的进入存在其他壁垒，如存在其他专利权或者技术秘密、严苛的技术条件、高额的资本投入等的情况下，可以认定有关协议的签订和履行实质延缓或者排除了仿制药申请人进入药品相关市场。至于其延缓或者排除市场进入的程度，可以考虑上述自药品相关专利权本应基于被撤回的无效宣告请求可能的确定归于无效的时点至其保护期限届满时点的期间时长、潜在的仿制药申请人数量，以及技术、资本等其他市场进入条件等因素综合判断。2020 年修正的专利法施行后，还应当考虑首个挑战专利成功并首个获批上市的化学仿制药的 12 个月市场独占期。

（撰写人：廖继博，最高人民法院知识产权法庭法官助理；高雪，最高人民法院知识产权法庭法官助理）

41. 垄断协议豁免的证明责任、涉及垄断协议的合同效力的认定

——上诉人台州市路桥吉利机动车驾驶培训有限公司、台州市路桥区承融驾驶员培训有限公司与被上诉人台州市路桥区东港汽车驾驶培训学校等十三家驾培单位横向垄断协议纠纷案

【裁判要旨】

被诉垄断协议实施者主张涉案协议具有反垄断法第十五条第一款第一项至第五项情形之一，不构成垄断协议的，应当提供充分证据证明：该协议具有前述五项法定情形之一所称积极的竞争效果或者经济社会效果；该协议为实现上述效果所必需，因而不会严重限制相关市场的竞争；该协议能够使消费者分享由此产生的利益。被诉垄断协议实施者不能仅仅依赖一般性推测或者抽象推定有关积极的竞争效果或者经济社会效果，而应当提供证据证明有关效果是具体的、现实的。反垄断涉及国家整体经济运行效率和社会公共利益，反垄断法关于禁止横向垄断协议行为的规定原则上属于效力性强制性规定，违反该规定的合同条款应属无效。为降低和消除经营者继续实施垄断协议行为的风险，实现反垄断法预防和制止垄断行为的立法目的，与横向垄断协议条款具有紧密关系、与之脱离即不再具有独立存在意义的合同条款，以及实质上服务于横向垄断

协议行为实施的合同条款，亦应属无效。

【案号】

一审：浙江省宁波市中级人民法院（2019）浙02知民初335号

二审：最高人民法院（2021）最高法知民终1722号

【案情】

在上诉人台州市路桥吉利机动车驾驶培训有限公司（以下简称吉利公司）、台州市路桥区承融驾驶员培训有限公司（以下简称承融公司）与被上诉人台州市路桥区东港汽车驾驶培训学校（以下简称东港公司）等十三家被诉驾培单位、原审第三人台州市路桥区浙东驾驶员培训服务有限公司（以下简称浙东公司）横向垄断协议纠纷案中，吉利公司和承融公司以其与东港公司等十三家被诉驾培单位达成的联营协议及自律公约构成垄断经营为由，向浙江省宁波市中级人民法院提起诉讼，请求确认联营协议及自律公约无效。该案中，吉利公司、承融公司与东港公司等十三家被诉驾培单位（共十五家驾培单位，均位于浙江省台州市路桥区）共同签署了联营协议以及自律公约，约定：为防止恶性竞争，共同出资设立联营公司（即浙东公司）对浙江省台州市路桥区范围内的驾培行业进行统一收费、管理及分配；每家驾培单位原先分散的辅助性服务如报名、体检、制卡、理论学习培训、模拟器学习培训等，则统一由联营公司在同一现场处理。上述协议还约定了联营公司的股本结构以及固定服务价格、限制教练车辆及教练员流动等内容的条款。联营公司在运营中实施了上述协议约定内容。联营公司成立半年后，吉利公司、承融公司退出联营公司经营管理与服务，并向一审法院起诉其他十三家驾培单位，认为联营协议及自律公约构成横向垄断协议，请求法院确认二者无效。其他十三家驾培单位及联营公司共同答辩称：（1）联营协议系出于整顿市场乱象及行业恶性竞争、方便学员报名之目的；（2）联营协议有利于降低成本、增进效率、提高中小经营者经营效率以及保护消费者利益，符合法定豁免情形。一审法院经审理查明，联营公司成立后，原先十五家驾培单位分散的辅助性服务均由联营公司统一在同一现场处理，联营公司相应收取服务费 850 元/人（包含制卡费）。一审诉讼中，联营公司恢复了各驾培单位的自主定价模式。一审法院认为，涉案联营协议及自律公约构成固定价格、限制产销量、分割市场的横向垄断协议，但联营公司统一提供辅助性服务的运营行为确可提高服务质量、降低成本、增进效率，其相应收取的服务费 850 元具有合理合法的理由，并能够使消费者分享由此产生的利益，该部分固定价格的行为可以依法豁免。据此，一审法院判决确认案涉联营协议及自律公约中构成横向垄断协议的相关条款无效。吉利公司、承融公司不服，向最高人民法院提起上诉，请求改判确认联营协议中股本结构条款无效，东港公司等十三家被诉驾培单位提出的固定价格协议豁免理由不能成立。最高人民法院于 2021 年 12 月 22 日判决撤销原判，确认联营协议及自律公约全部无效。

【裁判】

最高人民法院二审认为，根据反垄断法第十三条、第十五条的规定，在认定被诉垄断协议行为是否应当适用豁免时，首先应当界定被诉行为的具体内容，判断被诉行为是否属于反垄断法第十三条规定所禁止的行为，然后认定被诉行为实施主体提供的证据能否证明该行为存在反垄断法第十五条规定的豁免情形。在具体认定时，如果具有竞争关系的经营者达成固定价格协议、限制产量或者销量协议、划分市场协议等，落入反垄断法第十三条第一款规定的横向垄断协议范围，经营者欲以有关协议具有反垄断法第十五条第一款第一项至第五项规定情形为由主张豁免，则其应当举证证明三项重要事实：第一，有关协议具有上述五项法定情形之一；第二，有关协议为实现上述五项法定情形之一所必需，因而不会严重限制相关市场的竞争；第三，有关协议能够使消费者分享由此产生的利益。对于上述三项重要事实，经营者应当提供充分证据证明相关协议具有上述五项法定情形之一项下所指积极的竞争效果或经济社会效果，且该效果是具体的、现实的，而不能仅仅依赖一般性推测或者抽象推定。就本案中东港公司等被诉十三家驾培单位所援引的反垄断法第十五条第一款第二项规定的豁免情形而言，首先，该经营者需要提供相关证据（例如达成固定价格等垄断协议之前与之后相关市场的服务质量、驾驶培训成本、驾驶培训效率情况等），以对比说明其通过统一服务规范、标准或者实现专业化分工等手段，切实达到提高服务质量、降低服务成本、增进效率的实际效果；其次，该经营者需要提供相关证据证明为实现提高产品质量、降低成本、增进效率所必需，且并未严重限制台州市路桥区为中心的机动车驾驶培训服务市场的竞争；最后，该经营者还需要提供相关证据（例如垄断协议达成之前与之后消费者交费标准、参加培训服务的成本以及便利程度等）证明消费者确实从中受益。就本案中东港公司等被诉十三家驾培单位所援引的反垄断法第十五条第一款第三项规定的豁免情形而言，该经营者需要提供证据证明其作为中小企业相对于某些大企业处于弱势，在竞争中处于不利地位，其签订垄断协议增强了中小企业的竞争力，提高了中小企业的经营效率；同时，该经营者也应当举证证明消费者从中受益的情况。

本案中，浙东公司统一向消费者（驾驶学员）收取的 850 元服务费中包括制卡费 200 元，余下 650 元对应的服务包括统一为驾驶学员提供报名、体检、理论学习培训以及模拟器学习培训等。在浙东公司成立前，上述费用均由涉案十五家驾培单位自行收取。浙东公司统一收取服务费的行为实质性地将上述服务价格予以固定，该部分服务费与涉案十五家驾培单位自行收取的费用共同构成本案中固定价格的横向垄断协议，根据其性质和一般市场规律，该类横向垄断协议一般具有排除、限制竞争的效果。东港公司等被诉十三家驾培单位依据反垄断法第十五条第一款第二项、第三项的规定提出豁免主张，其应当提供证据具体证明该横向垄断协议所产生的积极效果，但其未提供证据证明在浙东公司成立前，涉案十五家驾培单位在学员报名、体检、理论学习等服务项目中收费的具体价格，未提供证据证明浙东公司成立后其统一提供服务的行为如何以及在何种程度上实际降低了成本并提高了服务质量、增进了效率，也没有提供证据证明浙东公司固定收取的850元费用相比此前各驾校在相关服务项目上自行收取的费用更为低廉。因此，根据东港公司等十三家被诉驾培单位提供的证据，尚不足以认定浙东公司针对统一提供的辅助性服务固定收取850元费用的行为构成反垄断法第十五条规定的豁免情形。一审法院在经营者没有提供真实、有效证据支持其豁免主张情况下，主要根据一般经验推定浙东公司统一提供服务将带来有利于降低成本、提高质量、增进效率等效果，直接认定该项统一收费符合垄断协议豁免情形，不符合反垄断法第十五条关于经营者应当证明垄断协议豁免情形及条件的规定，应予纠正。

反垄断涉及国家整体经济运行效率和社会公共利益，原则上应当将反垄断法关于禁止垄断行为的规定作为效力性强制性规定，违反该规定的合同条款无效。根据合同法第五十六条的规定，合同部分无效，不影响其他部分效力的，其他部分仍然有效。该条法律规定意味着，如果合同内容可分且相互不影响的，合同部分无效不导致其他部分无效；如果合同无效部分会影响其他部分效力的，其他部分也应无效。合同内容可分一般是指将无效部分分离出来，还能够使一项可以有效的行为继续存在，且不与当事人的行为意图或者目的相悖。同时，判断合同或者合同条款是否因违反反垄断法而无效时，还应该考虑消除和降低垄断行为风险的需要，有利于实现反垄断法预防和制止垄断行为的立法目的。首先，综观涉案十五家驾培单位签订联营协议及自律公约的动因、目的、主要内容和实际履行等情况，联营协议第三条关于股本结构的条款并无独立有效的意义和价值。该十五家驾培单位本为处于激烈竞争中的经营者，其以"防止恶性竞争"等为由，共同协商设立联营公司固定价格、限制数量等，其行为的实质和目的主要在于合谋排除、限制竞争；而涉案十五家驾培单位在联营协议第三条中约定各自出资共同设立联营公司，是其实施上述横向垄断协议、实现市场垄断目的的主要手段。从浙东公司作为联营公司根据联营协议所承担的管理职能、设立后实际从事的业务看，其是涉案十五家驾培单位实施横向垄断协议的中枢和关键环节，除此之外，难以看出联营协议第三条关于注册资本与股本结构的约定在协议各方（即涉案十五家驾培单位）之间还有其他独立存在的意义和价值。其次，为预防和制止涉案垄断行为之目的，联营协议第三条关于股本结构的条款亦应认定无效。如果认定联营协议第三条仍然有效而继续约束各方，则实际上为被诉十三家驾培单位保留了信息沟通、协调一致行动的渠道，存在未来再次实施横向垄断协议的风险和可能，不利于预防和制止涉案垄断行为。故联营协议第三条是与联营协议及自律公约中有关横向垄断协议条款密不可分而无独立存在意义的条款。为消除有关经营者再次实施横向垄断协议的风险，联营协议第三条应当随同有关横向垄断协议条款一并认定无效。联营协议及自律公约中有关横向垄断协议条款和联营协议第三条关于浙东公司注册资本与股本结构的约定基本上构成联营协议及自律公约的主要内容乃至全部内容，认定上述条款均无效即相当于认定联营协议及自律公约全部无效，故直接判决确认联营协议及自律公约全部无效。

【评析】

本案横向垄断协议纠纷审理主要反映两个层面的问题：一是垄断协议豁免的证明要件与证明责任；二是反垄断法下认定垄断协议及其相关条款效力的价值目标与具体规则。

一、关于垄断协议豁免的证明要件与证明责任

垄断协议豁免，是指经营者的有关行为虽然构成横向或者纵向垄断协议，但在符合法定情形下又最终排除反垄断法禁止性规定的适用，这是具体利弊权衡的结果，即考量特定垄断协议的实际经济效果大于其对经济秩序损害的抉择。我国反垄断法对于垄断协议采取一般禁止和特殊豁免相结合的规制方式，该法第十五条具体规定了豁免情形与有关举证责任。该条规定从诉讼程序看，其主要内容是主张豁免的要件事实与证

明责任。根据一般文义解释的方法，不难看出反垄断法第十五条规定的豁免要件事实共有三项：第一，有关协议具有该条规定的七项法定情形之一；第二，如果经营者主张依据该第一款规定的前五项情形豁免，则有关协议系为实现该五项法定情形之一所必需，因而不会严重限制相关市场的竞争；第三，如果经营者主张依据该第一款规定的前五项情形豁免，有关协议能够使消费者分享由此产生的利益。这是对豁免要件事实的整体把握，由于反垄断法第十五条规定较为原则和抽象，具体适用过程中，需要准确理解法定豁免情形，并结合具体案情进行必要的经济分析，具体体现反垄断法豁免审查中的利弊权衡过程。就本案中经营者所援引的反垄断法第一款第二项和第三项豁免情形而言，第二项"为提高产品质量、降低成本、增进效率，统一产品规格、标准或者实现专业化分工"，其中"为提高产品质量、降低成本、增进效率"是目标，"统一产品规格、标准或者实现专业化分工"是手段，这类协议可以简称为"标准化或专业化卡特尔"，法律规定该类协议豁免的预设目标是该类协议有助于提升行业整体经济效率并最终惠及消费者。例如"标准化卡特尔"可以提高同类产品相互之间的可替代性和兼容性，长远看有利于推动同类产品之间的竞争和提高市场透明度，便于消费者和用户比较选择对其合适的产品；"专业化卡特尔"可以使有关企业从全能型企业转变为专业化企业，使得企业实现经济上的合理化，提高规模经济和市场竞争力，但可以得到豁免的"专业化卡特尔"不会导致产生或者加强市场支配地位。① 反垄断法第一款第三项"为提高中小经营者经营效率，增强中小经营者竞争力"，该类协议可以简称为"中小企业合作卡特尔"，可适用的情形一般是相对于大企业，中小企业处于弱势，在竞争中处于不利地位。② 法律规定"中小企业合作卡特尔"豁免的目标仍是推动市场有效竞争，为消费者提供价廉质高的产品或者服务，限制主要是不导致市场

---

① 参见王晓晔：《反垄断法》，法律出版社 2011 年版，第 118~119 页。

② 参见全国人大常委会法制工作委员会经济法室编：《中华人民共和国反垄断法条文说明、立法理由及相关规定》，北京大学出版社 2007 年版，第 83 页。

势力、不严重限制竞争。

上述豁免要件事实由主张豁免的经营者举证证明是毋容置疑的，但反垄断法对该经营者举证证明的程度没有具体规定，由此产生一个问题，即系争垄断协议的积极经济效果能否仅根据一般经验法则推定，而不由经营者提供证据予以具体证明。无论从反垄断法规定垄断协议豁免的目的出发，还是从反垄断法第十五条第二款规定经营者"证明"责任的一般要求看，经营者应当在个案中提供证据具体证明系争垄断协议实际上具体产生了积极经济效果，而不能仅仅进行推定，否则所谓"积极经济效果"仍可能是想当然的，而并非具体的和现实的。为了保证反垄断法规定豁免所期待的"积极经济效果"得到落实，应当要求主张豁免的竞争者提供其达成和实施垄断协议前后有关产品或者服务价格、质量、成本或者效率等经济效果对比的数据，来具体证明"积极经济效果"的真实存在且该"积极经济效果"切实由该垄断协议所产生。这里还包含一个比例原则，即为达"积极经济效果"必需实施特定垄断协议且实施该垄断协议所产生负面影响相对较小。本案中，主张豁免的经营者无论在法定豁免情形的内涵上，还是在法定证明责任的具体要求上，均不符合反垄断法第十五条的规定，二审判决对此进行分析说明，这里不赘述。总之，反垄断法规定的垄断协议豁免是严格的和具体的，经济效率、竞争损害、消费者受益是审查中应当具体分析考量的重点内容。

二、关于反垄断法下认定垄断协议及其相关条款效力的价值目标与具体规则

反垄断法本身没有规定垄断协议的效力。认定垄断协议的效力还需统一归口至民事基本法（原合同法、现民法典合同编）中依照有关具体规定进行认定。根据本案当时施行的合同法第五十二条第五项（民法典第一百五十三条）、第五十六条（民法典第一百五十六条）及《最高人民法院关于适用〈中华人民共和国合同法〉若干问题的解释（二）》第十四条的规定，认定合同效力的规制有二：第一，合同违反法律、行政

法规的效力性强制性规定的无效；第二，合同部分无效，不影响其他部分效力的，其他部分仍然有效。反垄断涉及国家整体经济运行效率和社会公共利益，反垄断法关于禁止横向垄断协议行为的规定原则上属于效力性强制性规定，违反该规定的合同条款应属无效。为此，《最高人民法院关于审理因垄断行为引发的民事纠纷案件应用法律若干问题的规定》（2020 年修正）第十五条作了专门规定。司法实践中对此基本上并无争议，问题主要是认定特定协议中直接构成垄断协议的条款无效后，协议中剩余条款是否也认定无效。基本规则仍是上述民事基本法规则，同时就本案争议的公司股本条款而言还涉及公司法中公司的取缔问题，由此一来，认定系争股本条款的协议需要从民事基本法、公司法、反垄断法三个层面分析权衡。第一，在民事基本法层面，合同部分条款无效是否也同时导致其他条款也无效，关键在合同条款的可分性。合同内容可分一般是指将无效部分分离出来，还能够使一项可以有效的行为继续存在，且不与当事人的行为意图或者目的相悖。如果合同内容可分且相互不影响的，合同部分无效不导致其他部分无效；如果合同无效部分会影响其他部分效力的，其他部分也应无效。第二，在公司法层面，依法成立的公司不宜轻易取缔。基于公司法上尽可能维持企业存在的基本精神，对瑕疵设立的公司应坚持原则有效前提下严格适用例外撤销规则，对公司瑕疵设立行为原则上不轻易地否定其效力而作出无效处理，而是在认定其效力的基础上允许公司尽量采取措施予以补救；只有在公司设立违反法律法规效力性强制性规定，且无法更正的，才确定无效进而解散公司。① 浙东公司依法成立，联营协议第三条第二款系股本结构条款，认定该条款无效的直接后果涉及公司解散的法律后果，因此，在公司法层面认定股本结构条款的效力应当慎重。第三，在反垄断法层面，我国反垄断法第一条首先明确该法宗旨是"预防和制止垄断行为"。从该立法目的出发，判断合同或者合同条款是否因违反反垄断法而无效时，还应该考

---

① 参见施天涛：《公司法论》，法律出版社 2018 年版，第 98~103 页。

虑消除和降低垄断行为风险的需要；如果相关合同条款很可能继续发挥
经营者实施垄断行为的渠道作用，则应当一并认定无效。本案经营者成
立浙东公司的最初起因和日常营运基本上就是实施和维系横向垄断经营，
如果继续维持股本结构条款的效力，则留下经营者继续实施垄断经营的
平台。正如古典经济学家亚当·斯密在其《国富论》中指出："从事相同
贸易的人们即使是为了娱乐和消遣也很少聚集在一起。一旦聚会，其结
果往往不是阴谋对付消费者，便是筹谋抬高价格。"① 鉴于原本有竞争关
系的经营者维持联络平台本身具有较高的垄断经营可能和风险，而垄断
协议的反竞争效果一般是比较突出的，从有利于实现反垄断法预防和制
止垄断行为的立法目的，应当认定本案中股本结构条款无效。至于公司
法与反垄断法关系的协调，应当注意处理两个层面的关系。其一，竞争
是市场经济的基本准则，反垄断法被誉为市场经济宪法或者被视为经济
法的核心，在我国社会主义法律体系中，"反垄断法是市场经济的基础性
法律制度"，在理论上反垄断法相比公司法等其他法律应当具有更优越的
地位，如果其他法律的规定与反垄断法的规定冲突，原则上应当以反垄
断法的规定为准。其二，如果设立公司本身和实际经营就是实施垄断经
营，应当视为公司设立违反反垄断法的强制性禁止性规定或者损害自由
竞争等社会公共利益，也应当予以撤销。整体上审视反垄断法，其是一
部具有较强政治政策性和经济理论性的部门法，它以政治政策为鲜明导
向，以经济理论为规范基础，在上层的政治政策和基础的经济规律之间
发挥工具作用，但反垄断法又相对原则和抽象，同时我国反垄断法治起
步较晚，执法司法经验尚不丰富，反垄断法的适用还需要紧紧围绕其立
法目标在实践中不断增强规律性认识，本案的审理即是人民法院探索规
律、总结经验的一个例证。

（撰写人：余晓汉，最高人民法院知识产权法庭法官）

① ［英］亚当·斯密：《国民财富的性质和原因的研究》，商务印书馆、三联书店 1974 年版，
第 122 页。

42. 垄断协议行政处罚数额的司法审查

——上诉人海南盛华建设股份有限公司与被上诉人海南省市场监督管理局反垄断行政处罚纠纷案

【裁判要旨】

反垄断法第四十六条第一款规定"上一年度销售额"的具体理解问题，实际上是反垄断行政处罚的合法性与合理性问题。对于反垄断行政处罚的合法性与合理性的审查，应当重点考量：该行政处罚是否在法律规定的处罚标准和范围之内；该行政处罚是否具有足够的威慑作用，能够实现反垄断法关于预防和制止垄断行为的立法目的；该行政处罚是否符合过罚相当原则。具体审查时，应当结合垄断行为的危害性程度、经营者的主观恶意、经营者在违法行为中所处的地位和作用、是否已经并处没收违法所得、经营者是否存在抗拒行政查处或者主动停止违法行为的情节等个案具体情况，以有利于实现反垄断法预防和制止垄断行为的立法目的和确保个案处理结果公正为指引，进行综合判断。

【案号】

一审：海南省第一中级人民法院（2021）琼96行初48号

二审：最高人民法院（2021）最高法知行终880号

【案情】

在上诉人海南省市场监督管理局与被上诉人海南盛华建设股份有限

公司（以下简称盛华公司）反垄断行政处罚纠纷案中，盛华公司于 2017 年起在海南省消防协会消防维保检测行业分会组织下达成并实施消防安全检测价格的横向垄断协议，该公司经营业务范围有 20 余项，其 2018 年年度销售额 1 亿元，其中开展消防安全检测业务的经营收入为 93.9 万元。海南省市场监督管理局于 2019 年 9 月对盛华公司进行垄断立案调查，于 2020 年 11 月作出处罚决定，对盛华公司处以 2018 年销售额 1 亿元 1% 的罚款即 100 万元。盛华公司不服处罚决定，向海南省第一中级人民法院（以下简称一审法院）提起行政诉讼。一审法院认为，海南省市场监督管理局以盛华公司实施横向垄断协议所取得的销售收入和正常业务中未实施价格垄断行为所取得的销售收入一并作为处罚基数来计算处罚金额，属于对反垄断法第四十六条第一款中"上一年度销售额"的错误理解。故判决撤销上述行政处罚，责令海南省市场监督管理局对有关垄断行为重新作出处理。海南省市场监督管理局不服，向最高人民法院提起上诉。最高人民法院于 2022 年 1 月 26 日判决撤销原判，驳回盛华公司的诉讼请求。

【裁判】

最高人民法院二审认为，就本案争议的反垄断行政处罚的合法性与合理性而言，应当重点审查考量三个层面的问题：第一，系争反垄断行政处罚是否在反垄断法第四十六条针对达成并实施垄断协议所规定的处罚幅度之内，以确定行政执法机构裁量具体罚款数额是否超出法定标准和范围。第二，系争反垄断行政处罚是否具有足够的威慑作用，以实现反垄断法第一条确立的预防和制止垄断行为等立法目的。第三，系争反垄断行政处罚是否符合行政处罚法第四条第二款及反垄断法第四十九条的规定所体现的过罚相当原则，以避免对轻微违法行为给予过重的处罚或者对特别严重的违法行为给予过轻的处罚。

根据反垄断法第四十六条第一款的规定，经营者违反本法规定，达成并实施垄断协议的，由反垄断执法机构责令停止违法行为，没收违法所得，并处上一年度销售额百分之一以上百分之十以下的罚款。首先，从文义解释的角度看，该条款规定计算罚款基数时仅表述为"上一年度销售额"而没有作进一步限定。对该"销售额"的含义实践中可能存在多种理解，包括：全部产品或者服务的销售额、涉案产品或者服务的销售额、中国境内涉案产品或者服务销售额、相关市场销售额、全球销售额等。在"上一年度销售额"存在多种理解情况下，需要结合立法目的和一般法律适用原则探究其合理含义。其次，从法律目的解释的角度看，反垄断法的直接立法目的是预防和制止垄断行为。鉴于垄断行为的危害不仅限于其违法经营的范围，还损害市场竞争机制和经济运行效率，垄断行为通常对市场经济的危害性较大，总体上对垄断行为应当处以较为严厉的处罚，方能起到有效的威慑作用，否则难以实现反垄断法预防和制止垄断行为的立法目的，因此，将反垄断法第四十六条第一款规定的"上一年度销售额"原则上解释为全部销售额具有合理性。最后，从过罚相当的角度看，行政处罚法第四条第二款规定，设定和实施行政处罚必须以事实为依据，与违法行为的事实、性质、情节以及社会危害程度相当；反垄断法第四十九条规定，反垄断执法机构确定具体罚款数额时，应当考虑违法行为的性质、程度和持续的时间等因素。据此，审查反垄断执法机构确定的具体罚款数额是否合法适当，需要结合个案具体情况，以有利于实现反垄断法预防和制止垄断行为的立法目的和确保个案处理结果公正为指引进行综合判断。具体可以考虑如下因素：垄断行为的危害性程度，如垄断行为的性质（横向垄断协议通常比纵向垄断协议对市场竞争的危害性更大）、持续时间、所涉及的市场范围、违法销售额及对经营者全部业务的影响等；经营者的主观恶意，如是否明知故犯、恶意违法；经营者在违法行为中所处的地位和作用，如是否属于垄断行为组织者或者主导者等；是否已经并处没收违法所得；经营者是否存在抗拒行政查处或者主动停止违法行为的情节；等等。

就本案盛华公司从事的涉案垄断行为而言，海南省市场监督管理局已经考虑了盛华公司的垄断违法经营销售额情况，且原本应当根据其垄断违法销售情况计算其违法所得予以没收，并同时处以罚款，但该局并没有直接没收违法所得，而是笼统按其2018年度销售额100734213.88元百分之一处以罚款1007342.13元。海南省市场监督管理局作出该罚款处罚时，已经考虑盛华公司达成并实施垄断协议的主观意愿不强、部分检测业务未严格按照垄断协议执行等较轻违法情节，但是盛华公司垄断业务一年的相关销售额已达939218.43元，且该违法行为持续时间超过两年。综合考虑最终处罚数额应当包含没收违法所得和罚款两项处罚，并结合涉案垄断行为的危害性及持续时间等因素，上述处罚结果在反垄断行政处罚的法定幅度内，符合反垄断法预防和制止垄断行为的立法目的，也并未明显违反过罚相当原则。一审法院在综合考量被诉处罚决定的合法性与合理性方面有所欠妥，予以纠正。

【评析】

本案反垄断行政处罚纠纷，触及理论和实践中长期争论的一个反垄断法热点问题，即反垄断法第四十六条第一款规定的"上一年度销售额"的理解。由于我国反垄断法规定相对原则，相关行政执法标准长期不尽一致，当事人诉诸司法，但司法目前尚不宜作出划一的解释，解决问题出路主要是立足个案，围绕立法目的、在法条的文义范围内，遵循过罚相当原则，分析认定系争反垄断行政处罚的合法性与合理性。这种解决办法是基于对我国反垄断法规定罚款计算的单一结构及其困境的认知，围绕反垄断法立法目标寻求的平衡。

首先，我们应当大致看到解释反垄断法第四十六条第一款规定的"上一年度销售额"所面临的困境。反垄断法第四十六条第一款规定："经营者违反本法规定，达成并实施垄断协议的，由反垄断执法机构责令停止违法行为，没收违法所得，并处上一年度销售额百分之一以上百分之十以下的罚款；尚未实施所达成的垄断协议的，可以处五十万元以下的罚款。"首先，从文义解释的角度看，该条款规定计算罚款基数时仅表述为"上一年度销售额"而没有作进一步限定，由此引起对该"销售额"含义的多种理解，包括：全部产品或服务的销售额、涉案（产品）销售额、中国境内涉案产品（市场）销售额、相关销售额、相关市场销售额、全球销售额、中国销售额、中国某一特定区域销售额等。在"上一年度销售额"存在多种通常理解情况下，需要结合立法目的和一般法律原则探究其合理含义。其次，从目的解释的角度看，反垄断法的直接立法目的是预防和制止垄断行为，鉴于垄断行为的危害不仅限于其违法所得，还损害市场竞争机制和经济运行效率，垄断行为通常对市场经济的危害性较大，总体上对该类垄断行为应当处以较为严厉的处罚，方能起到有效的威慑作用，据此不排除将反垄断法第四十六条第一款规定的"上一年度销售额"解释为全部销售额的合理性。特别是在垄断违法经营影响巨大、性质特别严重情况下，确有必要以全部销售额作为基数确定罚款上限进行严厉惩处；此时反垄断执法机构以经营者上一年度全部经营业务销售额作为计算罚款的基数，主要是基于严厉处罚垄断经营、增加罚款幅度的需要，仅涉及以全部经营业务销售额为计罚依据，而不是以全部经营业务作为处罚的对象。如果将反垄断法第四十六条第一款规定的"上一年度销售额"限缩解释为垄断违法经营及其相关业务的销售额，至少在反垄断罚款幅度的上限方面不利于反垄断执法机构对严重垄断行为进行严厉处罚，难以实现反垄断法预防和制止垄断行为的立法目的。其次，从过罚相当的角度看，如果一律将反垄断法第四十六条第一款规定的"上一年度销售额"解释为全部销售额，则不排除在某些垄断违法行为轻微（特别是经营者垄断经营业务销售额在其全部综合经营业务销售额占比极低）情形下，以经营者全部销售额为基数按法定最低比例百分之一计罚仍然偏高，导致处罚畸高、威慑有余的不当结果。由此看出，如果试图简单划一地将"上一年度销售额"解释为全部销售额抑或垄断违法业务及其相关销售额，均会面临难以两全的问题。

其次，我们应当看到"上一年度销售额"统一解释困境的制度原因。通过一定程度的比较法研究，我们不难看出该困境在制度上源于我国反垄断罚款制度结构相对单一。可以说，中国、美国、欧盟是世界上最有影响力的三大反垄断法治区域，但中国反垄断法治起步较晚，在制度建设过程中也曾经借鉴吸收欧美等域外法治经验，同时也形成中国自己的特色。在反垄断行政处罚计算上，美国、欧盟与中国存在明显差异：（1）美国法院以受违法行为影响的美国境内的营业额为基础确定罚款依据的营业额，即美国反托拉斯法中"受违法行为影响的商业量"，另外，区分公司和个人规定了罚款上限的具体的数额。（2）欧盟委员会2006年发布了《根据2003年1号条例第23条实施罚款的指南》，详细规定了确定反垄断罚款数额的"两步法"，即先确定罚款的基础数额，然后再针对个案调整罚款基础数额。具体讲，欧盟对罚款基础数额确定的公式为［罚款基础数额=销售价值×比率（≤30%）×年数+进入费（针对恶性卡特尔）］，其中销售价值是指企业获得的直接或间接与违法行为相联系的产品或服务的价值，与美国反托拉斯法中"受违法行为影响的商业量"的概念内涵是一致的。罚款基础数额确定之后，委员会可以根据个案情况对最终罚款数额予以增加或减少，明确以上一年度总营业额10%的封顶。（3）德国联邦卡特尔局2013年6月25日公布了最新制定的《卡特尔违法行为处理程序中的罚款确定指南》，其中明确指出："作出处罚决定之前的上一年度该企业全球营业额的10%"只是罚款框架的上限，并不是计算罚款数额的基数。与此同时，指南规定了计算罚款数额的"三步法"：（1）确定罚款基数。确定罚款基数需要对违法企业的"获利或者造成损害的潜力"进行评估，一般以该企业在实施垄断行为期间所取得的与该行为涉及产品或服务有关的国内营业额为基准，再乘以10%的比率。（2）确定罚款倍数。根据违法企业的大小，需要将第一步确定的罚款基数乘以一定的倍数，为了保证处罚的威慑力。（3）罚款数额的调整。考虑因素包括：违法者在卡特尔中所扮演的角色，违法者在相关市场上的地位，违法者所处产业价值链的位置，作出违法行为的故意或者过失程度等。从上文初步比较法分析看出，欧美反垄断罚款规范存在初步计算罚款的基数和最终调整罚款上限的基数的"二元结构"：一是以垄断违法销售额作为初步计算处罚数额的基数；二是以全部销售额为基数按照一定的比例

（如10%）封顶。这种制度设置，可以在遵循过罚相当原则的基础上，对严重垄断违法行为可以进行足够高额的处罚，保持反垄断法应有的威慑性。而我国反垄断法并没有规定较为复杂的计罚步骤及二元化的计算基数，将罚款幅度统一规定为"上一年度销售额1%~10%"，这种单一的计罚结构导致计罚弹性不足。

最后，司法实践应当在法治原则指导下务实地解决有关制度困境。如上所述，如果一味盯着反垄断法第四十六条第一款规定的"上一年度销售额"，试图寻求划一的标准，的确令人纠结，同时也未免不切实际。在当前加强反垄断执法维护公平竞争市场环境的历史背景下，反垄断执法机构正面临日益繁重的反垄断调查和处罚任务，执法的公正与效率应当适当兼顾，特别是在反垄断执法机构未采取没收违法所得而单处罚款情况下，应当允许其有较大的罚款幅度。具体地讲，依照反垄断法第四十六条第一款的规定，反垄断执法机构对达成并实施垄断协议的违法行为人可以处以"没收违法所得，并处上一年度销售额百分之一以上百分之十以下的罚款"。"违法所得"是指垄断行为存续期间因该行为多得的收入或减少的支出，认定"违法所得"时需要考虑据以计算的主客观因素。鉴于反垄断行政执法面临垄断经营的隐蔽性、经营者垄断违法经营业务与其他合法经营业务的关联性、区分不同销售额的难度、垄断经营持续的时间长短、是否能够实际处以没收违法所得等一系列复杂问题。在"违法所得"无法科学合理认定时，反垄断执法机构往往不予没收违法所得，而在确定罚款时一并予以考虑。在实际执法过程中，反垄断执法机构在多数案例中并未采取没收违法所得，而是单处罚款。从实践的角度看，反垄断法第四十六条第一款规定"上一年度销售额"的具体理解问题，实际上是垄断行政处罚的合法性与合理性问题。考量这个问题，主要涉及三个层面的原则：第一，坚持行政合法原则，行政处罚应当在法定幅度范围内（包括在法条可能解释的文义范围内）；第二，重点突出有利于实现反垄断法预防和制止垄断行为的目标；第三，坚持行政合理原则，重点是过罚相当原则。目前，人民法院在个案审理中，尚难以囊括反垄断行政执法的各种复杂情形，就系争"上一年度销售额"的含义作出划一的界定；而只能主要根据反垄断法的立法目的、过罚相当原则，结合具体案情，审查有关反垄断执法机构在系争"上一年度销售额"所可能具有的含义之内作出行政处罚结果的合法性与合理性。在个案中，特定反垄断处罚只要符合上述原则，具有合法性和合理性，人民法院原则上可以支持该反垄断处罚，而不必一味纠结于"上一年度销售额"的统一理解。我们应当认识到，反垄断法具有较强的政治政策性，在适用上具有较突出的实用主义色彩，这一点明显有别于普通民事法律基于概念法学而偏好形式逻辑的特点。这在法理上无可厚非，正所谓"目的是解释法律的最高准则"。这是反垄断法的特质，我们必须遵从，要围绕其立法目标去思考如何理解与适用具体法条。

（撰写人：余晓汉，最高人民法院知识产权法庭法官）

43. 反垄断执法机构行政不作为的认定

——上诉人杭州格凯商贸有限公司与被上诉人国家市场监督管理总局其他知识产权行政纠纷案

【裁判要旨】

法律、法规和规章未对反垄断书面举报的调查设定期限的，可以综合考虑作为调查对象的涉嫌垄断行为的行为性质、调查难度、调查范围等因素确定反垄断执法机构履行法定职责的合理期限。当事人于反垄断执法机构履行法定职责的合理期限内提起行政诉讼，主张反垄断执法机构构成行政不作为的，不予支持。

【案号】

一审：北京市第一中级人民法院（2020）京 01 行初 309 号
二审：最高人民法院（2021）最高法知行终 112 号

【案情】

国家市场监督管理总局（以下简称市场监管总局）于 2020 年 1 月 8 日收到杭州格凯商贸有限公司（以下简称格凯公司）的《履行法定职责申请书》，格凯公司请求市场监管总局依法查处广西玉柴机器专卖发展有限公司（以下简称玉柴专卖公司）滥用市场支配地位、达成并实施垄断协议的垄断行为，并认为上述垄断行为导致格凯公司无法从市场上采购

"玉柴"品牌的配件，无法履行与案外人签订的采购合同，严重侵害格凯公司合法权益。格凯公司认为，根据行政诉讼法第四十七条第一款的规定，市场监管总局未在两个月的法定期限内履行查处职责，构成行政不作为。2020年5月15日，格凯公司向北京市第一中级人民法院（以下简称一审法院）提起行政诉讼，请求判令市场监管总局履行法定职责，对格凯公司的申请作出处理并回复。

市场监管总局向一审法院提交了两组证据：证据1~7为市场监管总局收到的格凯公司提交的《履行法定职责申请书》及相关举报材料，拟证明格凯公司提供的材料不足以支撑市场监管总局开展立案调查。证据8和证据9分别为2020年3月11日、2020年5月26日市场监管总局反垄断局工作人员与格凯公司委托诉讼代理人的通话记录，拟证明市场监管总局已经开展积极的核查，并要求格凯公司补充相关证据，没有不作为。

【裁判】

北京市第一中级人民法院经审理后认为：关于本案涉及的对垄断协议及滥用市场支配地位等两类行为的反垄断执法的办案期限，反垄断法及市场监管总局制定的部门规章对此均未作明确规定。行政诉讼法第四十七条第一款的规定只能理解为是对原告提起履责之诉的起诉期限的规定，并不能理解为对被告履行法定职责的期限的规定。考虑到反垄断执法的特殊复杂性，法律、法规及规章并未明确规定市场监管总局对涉嫌垄断行为进行查处的期限，且市场监管总局答辩称，针对格凯公司提供的举报线索，已决定由市场监管总局直接办理并开展核查，应认定格凯公司提起本案诉讼时，市场监管总局对格凯公司的举报事项处于正在履责状态之中，格凯公司认为市场监管总局未在两个月的法定期限内履行法定职责，没有事实及法律依据。

一审法院判决：驳回格凯公司的诉讼请求。

格凯公司不服，向最高人民法院提起上诉，主要理由为：（1）一审判决适用法律错误。行政诉讼法第四十七条的本意是通过赋予申请人起诉的权利督促接到申请的行政机关及时履行职责，更好地保护申请人的合法权益，特别是在紧急情况下，行政机关接到申请即应履行职责。（2）市场监管总局一审提交的9项证据中第1~7项均为格凯公司向市场监管总局申请履职时提交的材料，只能证明市场监管总局收到了格凯公司的履职申请及证据；第8项、第9项证据是市场监管总局的电话记录文字稿，一审法院并未采信这两项证据。市场监管总局应承担举证不能的责任。请求撤销一审判决，支持格凯公司在一审的全部诉讼请求。

市场监管总局二审辩称：市场监管总局对举报线索的处理依法合规、并无不当。格凯公司请求两个月内作出处理并回复缺乏法律依据。市场监管总局接到举报线索后，按照法律法规规定，积极迅速开展了线索核查，目前取得的相关证据材料尚不足以立案，核查工作还在推进中。

二审法院认为，根据反垄断法对涉嫌垄断行为调查的程序规定和实体判断标准，并结合对涉嫌垄断行为的性质、相关调查行为的难易程度、影响范围等因素的综合考量，至格凯公司向一审法院起诉时，市场监管总局对举报事项仍处于合理的调查期限内，不构成行政不作为。

二审法院判决：驳回上诉，维持原判。

【评析】

反垄断执法工作必须坚持依法行政，不断提升反垄断执法的法治化、规范化水平。司法监督将有助于明确反垄断执法的实体执法标准和程序正当性，促进反垄断行政执法标准与司法标准更加协调统一。反垄断法实施以来，人民法院受理的垄断行政案件数量较少，本案是首个起诉市场监管总局在反垄断执法中不履行法定职责的行政纠纷案件。案件争议焦点集中于市场监管总局是否构成行政不作为，同时涉及对行政诉讼法第四十七条第一款的理解。二审裁判基于司法对行政行为合法性及合理性的审查，结合反垄断执法机构的法定职责以及反垄断执法的特点展开说理，重点围绕如何认定反垄断执法机构行政不作为展开论述。

一、如何理解行政诉讼法第四十七条第一款

行政诉讼法第四十七条第一款规定："公民、法人或者其他组织申请行政机关履行保护其人身权、财产权等合法权益的法定职责，行政机关在接到申请之日起两个月内不履行的，公民、法人或者其他组织可以向人民法院提起诉讼。法律、法规对行政机关履行职责的期限另有规定的，从其规定。"关于该条款的理解，分析如下：

首先，对行政诉讼法第四十七条的理解，应从文本出发，结合法律条文之间相互关系以及相关司法解释的规定等确定其具体内涵。行政诉讼法第四十七条隶属于行政诉讼法第六章"起诉和受理"，该条的前后条文均是关于起诉期限的规定。同时，《最高人民法院关于适用〈中华人民共和国行政诉讼法〉的解释》（以下简称行政诉讼法司法解释）第六十六条规定："公民、法人或者其他组织依照行政诉讼法第四十七条第一款的规定，对行政机关不履行法定职责提起诉讼的，应当在行政机关履行法定职责期限届满之日起六个月内提出。"由此可知，行政诉讼法第四十七条第一款规定了对行政不作为起诉期限的起算点，即行政机关接到申请之日起两个月，而行政诉讼法司法解释第六十六条规定了起诉期限的终止点，即在行政机关履行法定职责期限届满之日起六个月。因此，正如立法机关将行政诉讼法第四十七条解读为关于行政机关不履行法定职责的起诉期限的规定[①]，第四十七条第一款应当理解为是对行政不作为起诉期限起点的规定。

其次，关于行政诉讼法第四十七条的本意是通过赋予履职申请人起诉权利来督促行政机关及时履行职责的主张不能成立。该主张混淆了行政诉讼法与行政法的不同功能。行政行为复杂多样，其具体行政程序亦有差异。行政机关的履责期限是由行政法予以规范的内容，不能因为目

---

① 参见全国人大常委会法制工作委员会行政法室编著：《中华人民共和国行政诉讼法解读》，中国法制出版社 2014 年版，第 130 页。

前尚缺乏规范某些行政行为的行政法，就对行政诉讼法的条文进行扩张解释。

二、如何认定反垄断执法机构是否构成行政不作为

首先，反垄断执法机构负有对书面举报进行必要的调查的法定职责。反垄断法第三十八条第一款规定："反垄断执法机构依法对涉嫌垄断行为进行调查。"该条第三款规定："举报采用书面形式并提供相关事实和证据的，反垄断执法机构应当进行必要的调查。"因此，反垄断执法机构的法定职责包括对提供相关事实和证据的书面举报进行必要的调查。

其次，在调查完结前，反垄断执法机构不负有对外披露案件查办情况的法定职责。反垄断法第四十四条规定："反垄断执法机构对涉嫌垄断行为调查核实后，认为构成垄断行为的，应当依法作出处理决定，并可以向社会公布。"根据该条规定，对于反垄断案件的查处结果，反垄断执法机构"可以"向社会公布，而非"应当"向社会公布。对于调查终结并作出处理决定的案件情况，反垄断法尚且没有要求反垄断执法机构一律必须对社会公布，故对于正在调查之中的案件，基于保障案件调查的需要，不宜认为反垄断执法机构应承担对外披露案件调查情况的法定职责。

最后，如何认定反垄断执法机构对举报事项的合理调查期限。行政处罚法、反垄断法以及部门规章对反垄断调查行为未设定法定期限的，并不意味着反垄断执法机构不需要在一个合理期限内履行法定职责。对于合理期限的确定，要根据涉嫌垄断行为的性质、相关调查行为的难易程度、影响范围等因素综合考量。由于反垄断调查对企业经营活动和社会经济秩序都将造成影响，为提高执法的准确性、严肃性，防止权力不当行使甚至滥用，反垄断法对调查行为采取的措施以及相关行政程序作出了更加审慎的规定。反垄断法第三十九条要求，采取相应调查措施的，"应当向反垄断执法机构主要负责人书面报告，并经批准"。上述因素都

导致反垄断调查所需的时间通常远多于一般的行政执法。

三、本案裁判要点

本案中，首先，反垄断法和相关法规均没有明确规定格凯公司请求市场监管总局依法查处的涉嫌垄断行为的调查期限。根据格凯公司提交的《履行法定职责申请书》，格凯公司请求市场监管总局依法查处的事项涉及对滥用市场支配地位、达成并实施垄断协议等两类垄断行为的调查。关于调查期限，反垄断法第六章"对涉嫌垄断行为的调查"中并没有相关规定；市场监管总局制定的《禁止滥用市场支配地位行为暂行规定》《禁止垄断协议暂行规定》等规章，亦未对调查期限作出规定。同时，《禁止滥用市场支配地位行为暂行规定》第二十五条第一款规定："反垄断执法机构经过对涉嫌滥用市场支配地位行为必要的调查，决定是否立案。"《禁止垄断协议暂行规定》第十七条第一款规定："反垄断执法机构经过对涉嫌垄断协议的必要调查，决定是否立案。"显然，就格凯公司请求市场监管总局依法查处的事项，市场监管总局只有经过必要的调查后，才能决定是否立案。反垄断法和相关法规均没有明确规定立案前的调查期限。

其次，格凯公司向市场监管总局书面举报玉柴专卖公司的涉嫌垄断行为，对涉嫌垄断行为的事实进行描述并提供了相关证据，市场监管总局应对格凯公司的书面举报进行必要的调查。

再次，格凯公司举报的垄断行为涉嫌滥用市场支配地位以及达成并实施垄断协议，如前所述，反垄断执法机构需要经过必要的调查，决定是否立案。根据市场监管总局陈述，由于本案举报线索发生地涉及广西、浙江、江苏等多个省、自治区，市场监管总局已决定由该局直接办理并开展核查；且认定某一行为是否构成垄断行为，需要经过复杂审慎的取证、评估及论证。本案中，格凯公司于2020年1月8日向市场监管总局提交书面举报，于2020年5月15日向一审法院起诉。根据反垄断法对涉嫌垄断行为调查的程序规定和实体判断标准，以及市场监管总局的相关部门规章和其内部案件处理规则，至格凯公司起诉时，市场监管总局对举报事项仍处于合理的调查期限内。结合市场监管总局已就举报事项与格凯公司进行联系，并综合考虑格凯公司所举查处的事项以及其所提供相关事实和证据，市场监管总局不构成行政不作为。

另外，关于市场监管总局是否应承担举证不能的责任。行政诉讼法第三十四条第一款规定："被告对作出的具体行政行为负有举证责任，应当提供作出该具体行政行为的证据和所依据的规范性文件。"法律对行政不作为案件举证责任没有单独作出规定。市场监管总局向一审法院提交的证据1~7，虽然是格凯公司向市场监管总局申请履职时提交的材料，但市场监管总局已说明提交上述证据是用以证明根据格凯公司提供的现有材料，尚不能认定举报事实，还需取得被举报人进一步的材料才能认定，故证据1~7可以实现相关证明目的。证据8、证据9分别为2020年3月11日、2020年5月26日市场监管总局反垄断局工作人员与格凯公司委托诉讼代理人通话记录打印件，电话内容均是市场监管总局就举报事项希望格凯公司补充提交材料。上述通话记录均显示打印自"国家工商总局机关办公系统"，记录内容和形式符合工作规范。虽然市场监管总局未提交电话录音予以核对，但格凯公司承认2020年5月26日接到市场监管总局电话，并认可通话内容涉及所举报事项及所提交材料的情况。另外，从记录内容看，两次通话均是市场监管总局就举报事项与格凯公司联系，并非发生在调查取证、采取强制措施、现场执法等法律、行政法规或部门规章要求行政机关进行录音录像以保留证据的过程中。如果要求行政机关对任何通话均进行录音并保存以备核查，未免导致行政执法成本过高。结合本案情况，最高人民法院认为，证据9具备合法性、真实性和关联性，应予采信。此外，市场监管总局向一审法院提交了反垄断法及市场监管总局的部门规章等文件，作为其所依据的规范性文件。综上，最高人民法院认为，鉴于反垄断调查有严格的保密要求，且市场监管总局在格凯公司起诉时仍处于对被举报事项的合理调查期限之中，市场监管总局已经完成相应的举证责任。

（撰写人：何隽，最高人民法院知识产权法庭法官；刘清启，最高人民法院知识产权法庭法官助理）

44. 违约与垄断之诉是否构成重复诉讼的判定

——上诉人商丘市龙兴制药有限公司与被上诉人湖北拓思医药有限公司垄断协议纠纷管辖权异议案

【裁判要旨】

涉及同一合同的合同之诉和垄断协议之诉，分别涉及合同法律关系和反垄断法律关系，诉讼标的不同，即便所涉当事人相同或者后诉的诉讼请求实质否定前诉裁判结果，其亦不构成重复诉讼，但原则上宜由一个法院合并审理为宜。

【案号】

一审：湖北省武汉市中级人民法院（2021）鄂 01 知民初 6 号
二审：最高人民法院（2021）最高法知民辖终 187 号

【案情】

商丘市龙兴制药有限公司（以下简称龙兴公司）与湖北拓思医药有限公司（以下简称拓思公司）签订《代理协议》，约定龙兴公司将其生产的奥硝唑原料药授权拓思公司全国独家经销，如发生争议，向拓思公司所在地人民法院起诉。

双方发生争议后，拓思公司先向湖北省咸安市咸宁区人民法院提起诉讼，要求龙兴公司承担违约责任并继续履行《代理协议》。龙兴公司在答辩期间以该案涉及垄断纠纷为由提出管辖权异议，经过一审及二审，其管辖权异议被驳回。

后龙兴公司向武汉市中级人民法院提起本案诉讼，要求确认《代理协议》为垄断协议，同时指控拓思公司的行为构成滥用市场支配地位行为。拓思公司在答辩期间亦提出管辖权异议，认为本案不涉及垄断纠纷，龙兴公司就同一事实向原审法院提起诉讼属于重复起诉。原审法院裁定，将本案移送湖北省咸宁市咸安区人民法院审理。龙兴公司不服，向最高人民法院提起上诉，请求裁定本案由原审法院继续审理。

【裁判】

武汉市中级人民法院认为，龙兴公司的诉讼请求"判令双方签订的全国独家《代理协议》为垄断协议""判定拓思公司相关行为构成滥用市场支配地位"系对相关法律事实的认定，未表明龙兴公司与本案有直接利害关系；此外，龙兴公司的诉讼请求"判定拓思公司相关行为构成滥用市场支配地位"所述的"相关行为"的内容不具体、不明确。龙兴公司基于诉讼请求"判令双方签订的全国独家《代理协议》为垄断协议""判定拓思公司相关行为构成滥用市场支配地位"提起的诉讼不符合《中华人民共和国民事诉讼法》（以下简称民事诉讼法）（2017年修正）第一百一十九条规定的起诉条件。结合龙兴公司的诉讼请求"双方签订的全国独家《代理协议》为无效协议"及立案时提交的证据，原审法院认为本案系合同纠纷案件。龙兴公司证据《代理协议》的主要内容为龙兴公司就其生产的奥硝唑原料药授权拓思公司全国独家经销的相关事宜所作约定，该《代理协议》不具备法律所禁止的垄断协议的性质。因此，本案不属于垄断纠纷案件。根据《代理协议》第八条第二款的约定，在协议履行过程中发生争议，向拓思公司所在地人民法院起诉。湖北省咸宁市咸安区人民法院系拓思公司住所地人民法院，因此，湖北省咸宁市咸安区人民法院对本案享有管辖权。拓思公司对管辖权提出的异议成立。

据此，本案一审法院裁定将本案移送湖北省咸宁市咸安区人民法院处理。

龙兴公司不服，提起上诉，请求撤销原审裁定，裁定本案由原审法院继续审理。龙兴公司认为：（1）原审裁定认定事实错误。本案的相关诉讼请求均与龙兴公司有直接利害关系。双方于2019年2月25日签订了奥硝唑原料药全国独家《代理协议》。确定《代理协议》是否为垄断协议及是否合法，直接关系到龙兴公司能否进行正常生产和销售及是否承担违约责任。原审法院认定《代理协议》不具备法律所禁止的垄断协议性质没有法律依据。奥硝唑原料药生产企业龙兴公司和奥硝唑原料药经营企业拓思公司签订的《代理协议》第三条第1.2.3项就奥硝唑价格、产量规模等有详尽的约定，该约定明显违反法律规定。原审法院未经开庭审理就直接认定该案不属于垄断纠纷案件，无事实根据。原审法院认定拓思公司对管辖权提出的管辖权异议成立，无法律依据。拓思公司以合同纠纷为由于2020年9月在湖北省咸宁市咸安区人民法院提起诉讼，要求龙兴公司承担违约责任。本案是龙兴公司因垄断纠纷为由起诉至原审法院。两个案件的案由、诉讼请求和诉讼依据都不一样，明显是两个案件。同时湖北省咸宁市咸安区人民法院系基层法院，对反垄断案件无管辖权，原审法院裁定将本案移送湖北省咸宁市咸安区人民法院审理，明显违反了法律规定。（2）原审法院在程序上严重违法。原审法院在未开庭审理的情况下以相关行为内容不具体、不明确为由直接认定龙兴公司的诉讼请求不成立，未审先判，把诉讼中的实体问题当成程序问题来审，是明显的程序违法。（3）原审裁定适用法律错误。龙兴公司具有诉讼主体资格。龙兴公司与本案有直接利害关系，有具体的诉讼请求和事实、理由，属于人民法院受理民事诉讼的范围和受诉人民法院管辖。根据《最高人民法院关于审理因垄断行为引发的民事纠纷案件应用法律若干问题的规定》的规定，本案应由原审法院管辖，原裁定将垄断案件移送给无管辖权的湖北省咸宁市咸安区人民法院管辖，属于明显的适用法律错误。（4）该案件因涉嫌药品垄断，市场监督管理部门已经启动了反垄断调查。

最高人民法院认为，本案为垄断协议纠纷管辖权异议上诉案件，根据当事人的诉辩主张，本案争议的焦点问题是：（1）本案是否构成重复诉讼；（2）原审法院对本案是否具有管辖权。

一、本案是否构成重复诉讼

《最高人民法院关于适用〈中华人民共和国民事诉讼法〉的解释》第二百四十七条第一款规定："当事人就已经提起诉讼的事项在诉讼过程中或者裁判生效后再次起诉，同时符合下列条件的，构成重复起诉：（一）后诉与前诉的当事人相同；（二）后诉与前诉的诉讼标的相同；（三）后诉与前诉的诉讼请求相同，或者后诉的诉讼请求实质上否定前诉裁判结果。当事人重复起诉的，裁定不予受理；已经受理的，裁定驳回起诉，但法律、司法解释另有规定的除外。"依据该规定，判断是否构成重复诉讼应当比较当事人、诉讼标的、诉讼请求三个构成要素，是否存在当事人相同、诉讼标的相同、诉讼请求相同或者后诉的诉讼请求实质上否定前诉裁判结果的情形。就本案双方当事人之间的纠纷而言，（2020）鄂1202民初3390号案为合同之诉，双方当事人争议的是涉案合同当事人是否构成违约、涉案合同是否应当继续履行的问题；本案为垄断之诉，双方当事人争议的是涉案协议是否构成垄断协议的问题。两案纠纷所涉诉讼标的不同，不满足《最高人民法院关于适用〈中华人民共和国民事诉讼法〉的解释》第二百四十七条第一款第二项关于后诉与前诉诉讼标的相同这一要件，因而本案不构成重复诉讼。

二、原审法院对本案是否具有管辖权。

《最高人民法院关于审理因垄断行为引发的民事纠纷案件应用法律若干问题的规定》第四条规定："垄断民事纠纷案件的地域管辖，根据案件具体情况，依照民事诉讼法及相关司法解释有关侵权纠纷、合同纠纷等的管辖规定确定。"民事诉讼法第三十四条规定："合同或者其他财产权益纠纷的当事人可以书面协议选择被告住所地、合同履行地、合同签订地、原告住所地、标的物所在地等与争议有实际联系的地点的人民法院管辖，但不得违反本法对级别管辖和专属管辖的规定。"本案中，龙兴公司与拓思公司在签订的《代理协议》中约定，本协议在履行过程中发生争议，应首先通过协商的方式解决，协商不成，向拓思公司所在地人民法院起诉。上述约定不违反法律对级别管辖和专属管辖的规定，故龙兴公司有权向拓思公司所在地有管辖权的人民法院起诉。

《最高人民法院关于审理因垄断行为引发的民事纠纷案件应用法律若干问题的规定》第二条规定："原告直接向人民法院提起民事诉讼，或者在反垄断执法机构认定构成垄断行为的处理决定发生法律效力后向人民法院提起民事诉讼，并符合法律规定的其他受理条件的，人民法院应当受理。"民事诉讼法第一百一十九条规定："起诉必须符合下列条件：（一）原告是与本案有直接利害关系的公民、法人和其他组织；（二）有明确的被告；（三）有具体的诉讼请求和事实、理由；（四）属于人民法院受理民事诉讼的范围和受诉人民法院管辖。"本案中，龙兴公司是与本案具有直接利害关系的法人，有明确的被告，有明确的诉讼请求和事实、理由，亦属于人民法院受理民事诉讼的范围，故龙兴公司的起诉符合民事诉讼法第一百一十九条规定的起诉条件，原审法院应予受理。

民事案件的案由应当依据当事人主张的民事法律关系性质确定，在诉讼过程中，当事人主张的法律关系性质与法院根据案件事实进行审理作出的认定不一致的，如果当事人变更法律关系的性质和诉讼请求导致法院无管辖权，应当将案件移送至其他有管辖权的法院审理。本案中，龙兴公司起诉要求确认双方签订的全国独家《代理协议》为垄断协议，同时指控拓思公司的行为构成滥用市场支配地位行为。根据龙兴公司的主张，本案系涉及因垄断行为引发的民事纠纷。《最高人民法院关于审理因垄断行为引发的民事纠纷案件应用法律若干问题的规定》第三条规定："第一审垄断民事纠纷案件，由知识产权法院，省、自治区、直辖市人民政府所在地的市、计划单列市中级人民法院以及最高人民法院指定的中级人民法院管辖。"同时，《最高人民法院关于同意南京市、苏州市、武汉市、成都市中级人民法院内设专门审判机构并跨区域管辖部分知识产权案件的批复》第四条第一款规定，原审法院管辖发生在湖北省辖区内的垄断纠纷的第一审知识产权民事案件。拓思公司的住所地位于湖北省咸宁市，属于原审法院辖区，故原审法院对本案具有管辖权。

（撰写人：袁晓贞，最高人民法院知识产权法庭法官；蔡明月，最高人民法院知识产权法庭法官助理）

45. 合同订立是否存在虚假意思表示的认定

——上诉人江苏中关村科技产业园控股集团有限公司与上诉人斯太尔动力（江苏）投资有限公司、被上诉人斯太尔动力（常州）发动机有限公司、原审第三人斯太尔动力股份有限公司技术秘密许可使用合同纠纷案

【裁判要旨】

关于当事人是否以虚假意思表示订立合同的判断，一般可以按照如下"三步法"认定：一是审查合同主给付义务是否具备特定类型合同项下主给付义务的基本特征；如不具备，则可以初步认定订立合同时存在虚假意思表示。二是根据当事人订立合同前后的情况和实际履约行为等事实，进一步认定订立合同时所隐藏的真实意图。三是综合全案案情，如果上述两个方面的认定可以相互吻合并能够排除合理怀疑，则可以最终认定当事人以虚假意思表示订立合同。

【案号】

一审：江苏省高级人民法院（2018）苏民初 12 号
二审：最高人民法院（2021）最高法知民终 809 号

【案情】

在上诉人江苏中关村科技产业园控股集团有限公司（以下简称中关

村公司）与上诉人斯太尔动力（江苏）投资有限公司（以下简称斯太尔江苏公司）、被上诉人斯太尔动力（常州）发动机有限公司（以下简称斯太尔常州公司）、原审第三人斯太尔动力股份有限公司（以下简称斯太尔股份公司，斯太尔江苏公司、斯太尔常州公司、斯太尔股份公司以下统称三斯太尔公司）技术秘密许可使用合同纠纷案中，斯太尔股份公司与江苏中关村科技产业园洽谈在当地投资建厂事宜。根据当地的招商引资政策以及斯太尔股份公司计划投资的项目规模，该公司预计可获得 2 亿元综合奖励。双方的关联公司签订涉案技术许可协议，由中关村公司支付 2 亿元许可使用费获得斯太尔股份公司柴油发动机的全部商业秘密和核心技术，中关村公司将该笔款项打入其指定的账户并对该笔资金进行监管。上述合同签订 4 个月后斯太尔股份公司出具回购方案，承诺以 2 亿元价格回购合同约定的商业秘密和核心技术。该笔交易披露后，中国证监会予以关注并开展调查。斯太尔股份公司后续未在当地投资建厂。中关村公司向江苏省高级人民法院提起诉讼，主张涉案技术许可协议是为招商引资需要签订，并非双方真实意思表示，应当无效，斯太尔股份公司及关联公司应当返还 2 亿元资金。一审法院认为，涉案技术许可协议应系当事人为先行兑现 2 亿元投资奖励资金而签订，双方以虚假的意思表示实施的民事法律行为，故涉案技术许可协议系无效合同，故判决斯太尔江苏公司应向中关村公司返还 2 亿元资金。中关村公司、斯太尔江苏公司均不服，向最高人民法院提起上诉。最高人民法院于 2021 年 7 月 7 日判决驳回上诉，维持原判。

【裁判】

　　最高人民法院二审认为，根据民法总则第一百四十六条的规定，虚假意思表示的特征在于：双方当事人都知道自己所表示的意思不是真实意思，民事法律行为本身欠缺效果意思，双方均不希望此行为能够真正发生法律上的效力。对于双方当事人签订特定类型合同是否存在虚假意思表示，一般可以按照以下"三步法"进行具体认定：（1）根据涉案技术许可协议项下主给付义务的真实情况，初步认定合同双方当事人是否存在虚假意思表示。涉案技术许可协议在名义上属于我国法律规定的一类典型合同，即技术合同中的技术许可合同。在我国法律体系中，对典型合同分类定性的基本依据是合同项下的主给付义务（含给付标的）。就一般技术许可协议而言，有关主给付义务为两项：一是许可方向被许可方提供约定的技术，被许可方获得技术后可以在约定期限按照约定方式使用；二是被许可方向许可方支付约定的许可使用费，许可方收取许可使用费后一般可自由支配。本案中，涉案技术许可协议项下，两项主给付义务均不具备上述一般技术许可协议项下主给付义务的基本特征，主要表现为两方面：一是许可方斯太尔江苏公司不仅不能自由支配被许可方中关村公司支付的许可使用费2亿元，而且其全资母公司斯太尔股份公司还要如数返还中关村公司；二是中关村公司并不能在合同约定有效期10年内实际使用约定技术，而是在订约后11个月内拟由斯太尔股份公司以2亿元"回购"涉案技术。基于涉案技术许可协议项下两项主给付义务均不具备一般技术许可协议项下被许可方可依约使用技术、许可方可自由支配许可使用费的基本特征，可以初步认定双方当事人并无签订法律意义上的技术许可协议的真实意思表示。（2）根据合同订立前后的情况和履约行为等相关事实，进一步认定双方当事人订立合同的真实意图。中关村产业园有关部门及中关村公司与斯太尔股份公司、斯太尔江苏公司均明知当地政府投资鼓励和奖励政策背景。从涉案技术许可协议签订和履行的过程看，该协议双方当事人并没有意图约定被许可方可以根据其实际使用技术的进展及效果，分期分批允许许可方自由支配相应部分的许可使用费；涉案技术许可协议签订前后，中关村产业园管委会参与对斯太尔江苏公司获得的2亿元技术许可使用费的监管，这说明涉案技术许可协议的履行（特别是上述2亿元款项的使用）与江苏省溧阳市当地政府有相当密切的关联，可以印证该2亿元款项系当地政府通过中关村公司支付的投资奖励金。三斯太尔公司不能合理说明中关村公司与斯太尔江苏公司签订涉案技术许可协议另有其他真实意图。如果不认定斯太尔股份公司、斯太尔江苏公司拟获得投资奖励的意图，单纯根据涉案技术许可协议签订和履行以及技术"回购"方案所构成的整个交易链条看，中关村公司一直未实际使用技术，斯太尔江苏公司最终也不能获得任何技术许可使用费（2亿元许可使用费最终需以"回购"形式返还），斯太尔江苏公司从中除获得2亿元暂存其账户中的几个月利息之外，并不能获得交易利益或者利润。在此情况下，否定斯太尔股份公司、斯太尔江苏公司具有获得投资奖励的意图显然不合常理。（3）综合全案案情，最终认定合同双方当事人是否存在虚假意思表示。本案上述根据中关村公司与斯太尔江苏公司双方主给付义务对其意思表示虚假性的认定，与根据双方当事人订立合同前后的情况和履约行为等相关事实对双方订立合同所隐藏的真实意图的认定，可以相互吻合，并能够排除合理怀疑。据此，本案有充分事实和法律依据最终认定该双方当事人以虚假的意思表示订立合同。中关村公司有权请求原审法院认定涉案技术许可合同无效并判令斯太尔江苏公司返还中关村公司已付款2亿元。

【评析】

本案技术秘密许可使用合同纠纷争议焦点主要是合同双方当事人是否存在虚假意思表示（即通谋虚伪①）。（双方）虚假意思表示是民法典第一百四十六条规定的概念和规则。法律规定较为抽象，具体到实践运用中需要从认识论和方法论两个方面摸索总结规律，其中全面准确认识虚假意思表示规则的内涵是正确认定的基础和前提，具体认定方法则直接关系论证说理的实际效果和对类型化问题法律思维的规范。正是从这个意义上，本案二审判决提出认定通谋虚伪"三步法"。

一、关于（双方）虚假意思表示概念和规则的内涵

民法典第一百四十六条所规定的虚假意思表示，实际上是指双方当

---

① 通谋虚伪，相比其同义词"虚伪表示"或者"虚假意思表示"，更能体现双方当事人均明知所表示的意思并非其真意的特征。

事人共同虚假意思表示，在民事法律行为体系中意思表示层面中有其特有含义和地位，其是意思表示瑕疵（意思与表示不一致和意思表示不自由）中双方共同（通谋）故意为与其真实意思不一致的类别，首先区别于意思表示不自由（基于外部因素，包括欺诈和胁迫）类别；其次区别于意思与表示不一致类别中当事人无（故）意的不一致情形（包括错误、误传、重大误解）；再次区别于当事人故意不一致情形中的表意人单方故意不一致（真意保留）情形，真意保留原则上有效（例外无效情况是表意人故意不一致为相对人所明知），[①] 而双方虚假意思表示（通谋虚伪）的效力则需要根据是否存在隐藏行为分别认定。通过上述三个层次的区分，（双方）虚假意思表示的含义及其在民事法律行为法律体系中的位置应当清晰地呈现出来。民法典第一百四十六条规定："行为人与相对人以虚假的意思表示实施的民事法律行为无效。以虚假的意思表示隐藏的民事法律行为的效力，依照有关法律规定处理。"根据该法规定，（双方）虚假意思表示的特征在于：双方当事人都知道自己所表示的意思不是真实意思，民事法律行为本身欠缺效果意思，双方均不希望此行为能够真正发生法律上的效力。（双方）虚假意思表示在结构上包含两层行为：外部伪装行为和内部隐藏行为；但（双方）虚假意思表示与隐藏行为并不总是一一对应的，有的虚假意思表示不一定有隐藏行为（如以逃避债务为目的的假装财产赠与）。如果有虚假意思表示而无隐藏行为，则以该虚伪表示实施的民事行为无效。如果虚假意思表示背后存在隐藏行为（如名为买卖实为担保、名为赠与实为买卖等），则以虚假意思表示为名义所实施的民事法律行为因双方共同作出虚假意思表示而认定无效，但隐藏的民事法律行为却是双方共同意思表示，该隐藏行为的效力取决于其是否符合有关该行为效力的法律规定，符合有关有效规定要件则有效，反

---

① 我国合同法、民法总则和民法典均无关于真意保留的规定，但我国立法机关和民法学界均明确真意保留与虚伪表示（通谋虚伪）之间的区别。参见黄薇主编：《中华人民共和国民法典总则编释义》，法律出版社 2020 年版，第 386 页；梁慧星：《民法总论》，法律出版社 2017 年版，第 181 页。

之则不能认定有效（包括无效、效力待定等情形）。① 本案协议双方所隐藏的拟获得政府投资奖励的真实意图并不构成另一种隐藏的民事法律行为，故不存在以隐藏的民事法律行为认定行为效力的问题，仅根据双方共同意思表示不真实认定协议无效即可。如果进一步深究双方真实意图所隐藏的行为，则应当是非法提前套取政府资金的行政行为，属于一种脱法行为，也应当认定无效；同时本案也不存在中关村公司所在地政府向斯太尔江苏公司兑现投资奖励的事实基础。

二、关于认定（双方）虚假意思表示"三步法"的法理基础

在明确制度内涵基础上，在法律问题的分析论证中，如何确立合理的论证架构或者层次是一项值得重视的工作。在办案过程中，通过检索认定（双方）虚假意思表示（通谋虚假）的案例，各有其分析认定的章法，由此产生究竟以何种方式分析论证更为合理，取得更为理想的效果的思考。根据有关法理分步推理，本案二审判决尝试采用"三步法"分析论证，试图构建一种类型化的表达形式。

首先，判断意思表示真伪的法律基准是双方当事人意思表示名义上的民事法律行为的真伪。这个名义上民事法律行为的真伪基本上主要是其权利义务关系的真伪，如果当事人并没有形成与该名义行为相符的真实权利义务关系，则可以判断该名义上民事法律行为虚假，当事人意思表示亦虚假。对于合同关系而言，在我国法律体系（合同法或者民法典）体系下，对典型合同分类定性的主要或者基本依据是合同的主给付义务（含给付标的）。对于双方当事人签订合同是否存在虚假意思表示，首先可以根据主给付义务的真实情况进行判定。本案二审就是首先以此为基准进行初步判断。基于涉案技术许可协议项下两项主给付义务均不具备一般技术许可协议项下被许可方可依约使用技术、许可方可自由支配许

---

① 民法典第一百四十六条未规定虚伪表示（通谋虚伪）在当事人与第三人之间是否无效，留下法律漏洞，通说认为虚伪表示双方当事人不得以虚伪行为无效对抗善意第三人。参见梁慧星：《民法总论》，法律出版社 2017 年版，第 182 页。

可使用费的基本特征，可以初步认定双方当事人并无签订法律意义上的技术许可协议的真实意思表示。

其次，缔约背景可能在缔约前影响当事人意思，履约行为可能在缔约后事实上变更当事人意思，缔约背景和履约行为是进一步分析认定双方当事人意思表示真伪的重要的相关事实。本案二审在初步认定双方当事人以虚假意思表示订立合同情况下，根据双方缔约背景和履约行为等相关事实，认定中关村公司与斯太尔江苏公司签订涉案技术许可协议所隐藏的真实意图是配合斯太尔股份公司利用江苏省溧阳市人民政府的有关招商政策获得政府先行兑现的 2 亿元招商奖励金，进一步检验和印证对当事人意思表示虚假的初步认定。

根据证据规则认定通谋（故意）应当排除合理怀疑，故应当综合全案案情，最终认定合同双方当事人是否存在虚假意思表示。在我国民事诉讼法及其司法解释中，证明标准被确定为三级：原则性证明标准（高度盖然性证明标准）、降低的证明标准（适用于程序事项有关的事实认定）、提高的证明标准，主要体现在《最高人民法院关于适用〈中华人民共和国民事诉讼法〉的解释》第一百零八条、第一百零九条和《最高人民法院关于民事诉讼证据的若干规定》（2019 年修改）第八十六条的规定中。根据《最高人民法院关于适用〈中华人民共和国民事诉讼法〉的解释》第一百零九条和《最高人民法院关于民事诉讼证据的若干规定》（2019 年修改）第八十六条第一款的规定，人民法院认定欺诈、胁迫、恶意串通事实的认定采取提高的证明标准即"人民法院确信该待证事实存在的可能性能够排除合理怀疑"。（双方）虚假意思表示即为通谋，而通谋虚伪在性质上明显区别于一般过错而更接近恶意串通等故意行为，①应当参照上述提高的证明标准予以认定。本案二审判决最后综合全案案情排除合理怀疑，认定认定该双方当事人以虚假的意思表示订立合同。

总之，本案二审判决认定（双方）虚假意思表示采用"三步法"，

---

① 民法典第一百四十六条规定的（双方）虚假意思表示与第一百五十四条规定的恶意串通有所不同，前者是指双方所为意思表示均非真意，而后者指双方表达的意思均是其内心真意。

是综合理论与实践、实体法与程序法，对依法认定、充分说理、清晰论证的一次探索，相信对于如何合理架构虚假意思表示的分析论证层次有一定的参考借鉴作用。

（撰写人：余晓汉，最高人民法院知识产权法庭法官）

46. 争议标的为给付货币的合同履行地的认定、是否属于技术合同的确定

——上诉人航电建筑科技（深圳）有限公司与被上诉人上海盖讯信息技术有限公司劳务派遣合同纠纷管辖权异议案

【裁判要旨】

（1）《最高人民法院关于适用〈中华人民共和国民事诉讼法〉的解释》第十八条第二款关于"合同对履行地点没有约定或者约定不明确，争议标的为给付货币的，接收货币一方所在地为合同履行地"之规定所称"争议标的"，是指当事人诉讼请求所指向的具体合同义务。诉讼请求为给付金钱的，不应简单地以诉讼请求指向金钱给付义务而认定争议标的即为给付货币，而应当根据合同具体内容明确所指向的合同义务。

（2）合同主要条款为派遣人员要求、派遣工作期间、人员级别评估、人员费用结算，且人员费用结算的主要依据为人员级别评估而非技术开发成果，合同亦未明确约定技术开发有关具体权利义务的，一般可以认定该合同属于劳务派遣合同而非技术开发合同。

【案号】

一审：上海知识产权法院（2020）沪 73 知民初 987 号
二审：最高人民法院（2021）最高法知民辖终 73 号

【案情】

2017年6月28日，航电建筑科技（深圳）有限公司（以下简称航电公司）与上海盖讯信息技术有限公司（以下简称盖讯公司）签订《航电软件开发服务项目劳务派遣协议书》（以下简称《劳务派遣协议书》），约定盖讯公司接受航电公司委托，为航电公司提供软件开发服务，双方合作模式采取人员外派和项目程序开发服务外包结合的形式；盖讯公司在每月5日按照航电公司确认的人员实际评估及级别向航电公司提出上月付款要求，航电公司在收到付款要求后10个工作日内以转账方式支付给盖讯公司。在合作过程中双方产生纠纷，盖讯公司以航电公司并未按照约定支付服务费为由，向上海知识产权法院提起诉讼，要求航电公司支付服务费及违约金。航电公司在提交答辩状期间，提出管辖权异议，一审法院裁定驳回。航电公司不服，向最高人民法院提起上诉，请求撤销原审裁定，将本案移送至广东省深圳市福田区人民法院审理。

【裁判】

上海知识产权法院经审理认为，根据民事诉讼法（2017年修正）及相关司法解释规定，因合同纠纷提起的诉讼，由被告住所地或者合同履行地人民法院管辖。合同对履行地点没有约定或者约定不明确，争议标的为给付货币的，接收货币一方所在地为合同履行地。虽然涉案合同的名称为劳务派遣协议书，但该合同约定航电公司委托盖讯公司提供软件开发服务，双方的合作模式为人员外派和项目程序开发服务外包相结合，人员派遣业务亦包含了技术开发服务，合同履行过程中涉及计算机软件开发标的是否完成、完成程度、是否符合标准等技术性问题，因此，本案属于计算机软件开发合同纠纷，根据《最高人民法院关于北京、上海、广州知识产权法院案件管辖的规定》第一条第一项规定，知识产权法院管辖所在市辖区内的第一审计算机软件民事案件。本案中，盖讯公司因计算机软件开发纠纷向原审法院起诉请求判令航电公司支付服务费及违约金，为金钱给付之诉，而盖讯公司的住所地位于上海市长宁区，属原审法院辖区，原审法院据此对本案享有管辖权。故原审法院裁定驳回航电公司对本案管辖权提出的异议。

航电公司不服，提起上诉，请求撤销原审裁定，将本案移送至广东省深圳市福田区人民法院审理。航电公司认为：（1）本案应为劳务派遣合同纠纷而非计算机软件开发合同纠纷。航电公司拟进行软件开发，因此双方就委托盖讯公司派遣员工至航电公司处提供程序开发服务签订了《劳务派遣协议书》。该协议项下的费用支付以实际派遣人数及天数为主要依据，而并非以某个软件开发完成作为结算条件，协议未约定具体的软件开发任务，合同履行过程中也并不涉及计算机软件开发标的是否完成、完成程度、是否符合标准等技术性问题。本案不属于知识产权法院管辖范围，不应由原审法院管辖。（2）被告住所地及合同履行地均在深圳市福田区，故应将本案移送至广东省深圳市福田区人民法院审理。由于《劳务派遣协议书》第十八条第二款约定将争议提交各自归属地仲裁委员会仲裁，属于约定不明，视为未约定。从《劳务派遣协议书》内容以及盖讯公司邮件可见，盖讯公司将人员派遣至航电公司的主要办事机构所在地深圳市福田区。此外，虽然航电公司的注册地址在前海，但主要办事机构所在地在深圳市福田区，《劳务派遣协议书》的首部、起诉状中航电公司的实际经营地以及《房屋租赁合同》均可证明。

盖讯公司认为，（1）原审裁定认定事实清楚，适用法律正确。虽然涉案合同名称为《劳务派遣协议书》，但是盖讯公司为航电公司提供的服务为软件开发服务，人员派遣至航电公司处所做的工作也是软件开发。至于双方关于服务费用以何种标准计算，无论是依据开发软件的多少或者完成程度还是依据派遣员工人数及工作天数，均为双方合意的结果，无法改变盖讯公司提供软件开发服务的本质。（2）本案为金钱给付之诉，接收货币一方所在地为合同履行地。因双方争议管辖的约定属无效约定，根据民事诉讼法及相关司法解释规定，本案应由原审法院管辖。即使本案为劳务派遣合同纠纷，本案仍为金钱给付之诉，也应由合同履行地即盖讯公司住所地上海市长宁区人民法院管辖。

最高人民法院认为，根据本案案情及当事人的诉辩主张，本案的争议焦点为：（1）本案纠纷属于计算机软件开发合同纠纷还是劳务派遣合同纠纷；（2）本案管辖法院的确定。

一、本案纠纷属于计算机软件开发合同纠纷还是劳务派遣合同纠纷

双方签订的《劳务派遣协议书》虽然约定由盖讯公司为航电公司提供软件开发服务，但是合同的主要条款约定的是关于委托派遣人员、派遣期间、派遣人员的级别评估及结算单价等内容，并未对软件开发的相关权利义务作出明确约定。该协议项下的费用支付以航电公司所确认的派遣人员的实际评估及级别为主要依据，而非以某个软件开发完成作为结算条件，显然该协议未涉及具体的软件开发任务，系劳务派遣协议。因此，涉案协议为盖讯公司派遣技术顾问服务人员至航电公司处提供专业开发的劳务派遣协议，并非具体的计算机软件开发协议，故本案纠纷不属于计算机软件开发合同纠纷，而是劳务派遣合同纠纷。

二、本案管辖法院的确定问题

本案双方当事人虽然约定了仲裁，但是约定的仲裁机构为两个以上，双方未能达成一致，故仲裁协议无效。

因劳务派遣合同纠纷不属于知识产权法院管辖的第一审民事案件，故原审法院对本案不具有管辖权。

民事诉讼法（2017年修正）第二十三条规定："因合同纠纷提起的诉讼，由被告住所地或者合同履行地人民法院管辖。"《最高人民法院关于适用〈中华人民共和国民事诉讼法〉的解释》第十八条第二款规定："合同对履行地点没有约定或者约定不明确，争议标的为给付货币的，接收货币一方所在地为合同履行地。"该规定所称"争议标的"是指当事人诉讼请求所指向的具体合同义务。诉讼请求为给付金钱的，不应简单地

以诉讼请求指向金钱给付义务而认定争议标的即为给付货币，而应根据合同具体内容明确其所指向的合同义务。本案系劳务派遣合同纠纷，当事人在本案中诉请履行的义务是支付劳务派遣服务费，故可以以此确定合同履行地为接收货币一方所在地。上海市为接收货币一方所在地的合同履行地，本案可由上海市相关有劳务派遣合同纠纷管辖权的基层法院审理。盖讯公司住所地位于上海市长宁区，上海市长宁区人民法院对该案具有管辖权。

根据民事诉讼法（2017年修正）第三十五条规定，两个以上人民法院都有管辖权的诉讼，原告可以向其中一个人民法院起诉。本案中，虽然原审法院对本案不具有管辖权，但盖讯公司选择在上海市的人民法院起诉，故本案应由上海市长宁区人民法院管辖。航电公司住所地等其他管辖连结点的存在，并不影响上海市长宁区人民法院对本案行使管辖权。航电公司主张将本案移送至广东省深圳市福田区人民法院审理的上诉理由缺乏依据，最高人民法院不予支持，本案移送上海市长宁区人民法院审理。

（撰写人：袁晓贞，最高人民法院知识产权法庭法官；蔡明月，最高人民法院知识产权法庭法官助理）